老年心理學

張志杰、王銘維 主編

本書系統地闡述了老年群體的心理和行為特徵
通過本書,我們將學會如何更多地關注和關愛老年群體

崧燁文化

老年心理學
目錄

目錄

前言

第一章 緒論

第一節 老年心理研究的重要性 ... 11
一、老年心理研究被忽視的原因 ... 11
二、老年心理研究的必要性 ... 12
三、老年人口比例 ... 13

第二節 年齡的概念 ... 14
一、老年期的界定 ... 15
二、年齡的定義 ... 16
三、年齡歧視 ... 19

第三節 老化的理論 ... 21
一、老化研究的歷史及發展 ... 22
二、老化理論的各種觀點 ... 24
三、理論模型 ... 26

第四節 發展的影響因素和老化研究中的問題 ... 30
一、發展的影響因素 ... 30
二、老化研究中的問題 ... 33
三、理解老化:解讀老年人的新視角 ... 35

第二章 老年心理學的研究方法

第一節 老年心理學的研究設計 ... 42
一、年齡、群組、測量時間 ... 42
二、橫斷研究設計 ... 43
三、縱向研究設計 ... 45
四、時間滯後研究設計 ... 48
五、序列研究設計 ... 49

第二節 老年心理學的研究方法 54
一、實驗研究 55
二、相關研究 57
三、自然研究 58
第三節 老年心理學的模型 60
一、機械模型、機體模型和情境模型 60
二、生物 - 心理 - 社會模型 62
三、生物 - 心理 - 社會模型下的老年心理學研究 64

第三章 老年人的生理變化
第一節 感覺系統的老化 73
一、視覺 74
二、聽覺 81
三、味覺和嗅覺 84
四、軀體感覺 85
第二節 腦的老化 87
一、腦結構和機能的變化 88
二、腦老化對心理活動的影響 90
三、常見的老年人腦部疾病 93
第三節 如何應對感知覺和腦的退化 96
一、積極面對 96
二、延緩腦衰退 98

第四章 老年人的記憶
第一節 記憶系統概述 107
一、記憶的概念 107
二、記憶的分類 110
三、記憶系統及其加工過程 115
第二節 老年人的記憶 116

一、老年人生活中的記憶 ... 117
　　二、老年人對記憶的認知 ... 121
　第三節 老年人記憶能力的改善 ... 126
　　一、老年人記憶的可塑性 ... 126
　　二、老年人記憶的改善方法 ... 128

第五章 老年人的智力

　第一節 概述 ... 139
　　一、因素理論流派 ... 140
　　二、結構理論流派 ... 142
　　三、認知加工理論流派 ... 144
　第二節 老年人智力的測量方法 ... 149
　　一、測驗的基本特點 ... 150
　　二、個體智力測驗 ... 151
　　三、團體智力測驗 ... 155
　　四、智力測驗的不足 ... 157
　第三節 老年人智力發展的相關研究 ... 159
　　一、智力的研究範式 ... 159
　　二、老年人智力發展的四階段 ... 162
　　三、典型智力老化模型 ... 163
　　四、智力的終生發展觀 ... 164
　　五、影響智力發展趨勢變化的因素 ... 165
　第四節 智力衰退及其預防措施 ... 170
　　一、幾種主要的失智症 ... 170
　　二、智力衰退的預防措施 ... 176
　　三、提高認知儲備，預防智力衰退 ... 178
　第五節 智力和日常問題的解決 ... 179
　　一、心理測驗及其生態效度 ... 180

二、日常任務的解決……………………………………………………180

第六章 老年人的人格和社會性發展

　　第一節 老年期的人格發展……………………………………………191
　　　　一、人格特質理論………………………………………………192
　　　　二、心理發展階段理論…………………………………………194
　　　　三、人格認知理論………………………………………………197
　　　　四、生命回顧……………………………………………………198
　　　　五、老年人的人格特徵…………………………………………200
　　第二節 老年人的社會性………………………………………………203
　　　　一、老化的社會理論……………………………………………203
　　　　二、對老年人的刻板印象………………………………………205
　　　　三、老年期的社會文化…………………………………………206
　　　　四、家庭與社會關係……………………………………………208
　　第三節 人格和社會性發展與老年人幸福感…………………………212
　　　　一、自我控制感與幸福感………………………………………213
　　　　二、認知模式與幸福感…………………………………………214
　　　　三、一致性模式和社會比較論…………………………………215

第七章 老年人的心理健康與維護

　　第一節 老年人的心理健康概述………………………………………225
　　　　一、心理健康的概念……………………………………………225
　　　　二、心理健康的標準……………………………………………226
　　　　三、老年人常見心理問題………………………………………227
　　　　四、老年人心理發展的主要矛盾………………………………228
　　第二節 家庭與老年人的心理健康……………………………………230
　　　　一、成年親子關係與老年人的心理健康………………………231
　　　　二、空巢老人的心理健康………………………………………234
　　第三節 老年人常見的心理衛生問題…………………………………238

一、痴呆 238
　　二、老年憂鬱 240
　　三、老年焦慮症 243
　第四節 老年人心理健康的維護與促進 246
　　一、從成功老齡化到積極老齡化 246
　　二、老年人心理健康的自我維護 247
　　三、家庭和社會對老年人心理健康的維護和促進 ... 248

第八章 工作、退休與休閒

　第一節 工作 259
　　一、老年人再就業的必要性 260
　　二、老年人再就業的影響因素 261
　　三、老年人再就業的心理學基礎 262
　第二節 退休 264
　　一、什麼是退休 264
　　二、退休帶來了什麼 265
　　三、退休規劃 267
　　四、退休心理問題 268
　第三節 老年休閒生活 273
　　一、休閒概述 273
　　二、影響老年人休閒生活的主要因素 274
　　三、提高休閒生活質量的對策 276

第九章 死亡與臨終關懷

　第一節 對死亡的認識 287
　　一、死亡的定義與死亡過程的分期 288
　　二、死亡的標準 288
　　三、生死的選擇權 289
　　四、安樂死 290

第二節 臨終關懷 292
　一、臨終關懷的發展歷史 292
　二、臨終關懷的服務對象 293
　三、臨終病人的心理特徵 294
　四、怎樣面對死亡 295
　五、給予臨終者更好的照顧 299
　六、臨終關懷的目的 299
第三節 臨終關懷事業的發展 300
　一、臨終關懷事業發展的社會背景 301
　二、臨終關懷發展中存在的現實問題 301
　三、關於臨終關懷發展策略的展望 302
　四、老年人臨終關懷的意義 303

附錄一 課後習題答案

前言

當前人口老齡化已成為一個全球面臨的社會現象。根據聯合國人口老齡化的標準，一個國家 60 歲及以上的老年人口占人口總數的比例超過 10%，或 65 歲及以上的老年人口占總人口的比例高於 7%，這個國家或地區就進入了老齡型國家或老齡型社會。

隨著日益增長的老齡人口，我們不得不面對隨之而來的一系列問題，並由此引發了大量有關老年群體的科學研究。其中，老年心理學作為探討老年心理活動的特點和規律的學科，日趨受到社會的關注。

本書旨在以通俗易懂和科學的方式來介紹老年心理學的相關研究成果，增強我們對老年群體的心理和行為特徵的科學理解，促進社會對老年群體的關注和關愛。

全書共分九章，第一章緒論主要概述老年心理學的研究對象、研究歷史及相關的老化理論；第二章簡要介紹老年心理學的研究設計和方法；第三章至第六章介紹老年期的感知覺能力以及記憶、智力、人格和社會性特點；第七章著重介紹老年人的心理健康標準、常見心理疾病及其心理健康的維護；第八章從社會環境的角度，介紹老年人工作、退休及休閒生活的心理意義；第九章闡述了老年人面對死亡以及臨終關懷的相關內容。

撰寫伊始，我邀請到王銘維教授與我一同擔任本書的主編，王教授長期從事老年退行性疾病以及老年心理疾病的臨床和研究工作。王教授的加入增加了我完成本書的信心。王教授和我一同協商制定了本書的寫作大綱。

本書在撰寫過程中力求遵循以下三個基本原則：

1. 科學性：在撰寫過程中我們參閱了大量權威的文獻資料，力求達到對概念和原理的準確表述。

2. 可讀性：我們力求以簡練的文字，通俗易懂的方式來表述有關的研究過程和結果。

3. 實用性：本書在每章後都提供有自測練習題，以供讀者評估自己對於知識的掌握程度。

本書各章的撰寫者分別為：賈茜、張志杰（第一章），劉馨元、張志杰（第二章），劉紅麗（第三章），李銘心（第四章），高瑩穎（第五章），劉馨元（第六章），楊林霖、張一雪（第七章），張鷗（第八章），張方、賈茜（第九章）。劉馨元在最後的統稿過程中做了大量的工作。最後由我和王銘維教授統稿和定稿。衷心感謝出版社任志林編輯為本書的撰寫所提供的無私幫助。本書在撰寫過程中，借鑑和參考了大量有關老年心理學的文獻資料和前沿研究成果，在此對這些作者致以深深的謝意。

由於我們的能力和水準有限，加之時間倉促，在撰寫過程中還存在很多疏漏和不足之處，懇請各位專家和讀者批評指正，以期在今後的修訂過程中能使之更加完善。

張志杰

第一章 緒論

每個人都會接觸到老年人，也許是你年老的親人，也許是你工作中所要面對的客戶，而總有一天，我們也會成為老年群體中的一員，老年人與我們的生活是密不可分的。但你真的對老年人有深入的瞭解嗎？或許你只是偏見地認為老年人只是生命力日漸衰退的一個群體。本章將帶你邁出認識老年世界的第一步，向你介紹老年心理研究的重要性以及對老年階段的不同劃分方法，最後還會簡單介紹一些有關老年發展的理論以及個體在發展中會受到哪些因素的影響、產生怎樣的問題等內容。

第一節 老年心理研究的重要性

人在漫長的一生中會經歷不同的時期，多數人都會進入最後一個階段——老年期。發展心理學對青少年及之前的年齡階段給予大量關注，由此產生了許多著名的研究成果，相比之下，對老年期的關注則少了很多。那麼，導致這種現象的原因有哪些？且隨著人類平均年齡的普遍增長和老年人口比例的逐漸上升，對老年人的關注越來越具有現實意義，老年研究的重要性也逐漸顯現出來。

一、老年心理研究被忽視的原因

我們可以發現有關老年人的心理學理論和科學研究較少，而對兒童心理的研究卻非常多，造成這種現象的原因有哪些呢？一是人們普遍認為個體的發展大都發生在幼兒和青少年階段，而個體一旦成年，人格及能力等各種特點就趨於平穩，不會再有更深入的發展和改變。發展心理學領域的兩階段論觀點曾得到大多數人的認可，這種觀點認為人的生理和心理功能在個體成熟時到達頂峰之後便要開始經歷逐漸衰退的過程。如果單從這種理論視角來看，確實不必過多關注老年期心理的研究，因為個體的發展在成年初期達到頂峰後就只有走下坡路的結果。

但是這種假設受到了很多質疑，畢竟個體的發展是一個複雜的過程，而兩階段理論卻把這種發展設想得太過簡單。與之相對的畢生發展理論認為，發展貫穿於人的一生，發展的形式具有多樣性，全部發展過程是由獲得和喪失相結合組成。畢生發展觀是一種積極的、樂觀的老年心理變化觀，認為衰老在一定程度上是可以透過干預得到改善。

第二個導致人們較少關注老年心理的原因是，由於醫療水準和生活條件的限制，以前老年人的數量和所占比例都相當的少，人口平均年齡較低。直到 20 世紀末 21 世紀初，隨著一些已開發國家逐步過渡到高齡化社會，人們對老年人和老年期的研究才開始增多。那麼為什麼我們要更加關注老年期的研究？是哪些原因導致了近些年來對老年期和老化理論的關注？以下內容將會對這些問題進行論述。

二、老年心理研究的必要性

（一）科學因素

直到近幾年，人們對成年發展的認識和研究還停留在對成年人的測驗和觀察上，也就是說，從科學的視角上來看，因為以往研究的樣本都來自於青年人，所以很難確定這些研究結果是否適用於老年人，如果不適用，那麼它們的科學價值將受到侷限。

從發展的角度來看，來自成年人和老年人的不同發現也會對個體的整個發展過程的理解有很大的幫助。例如，如果一個青年人對近期發生的事件有著良好的記憶而老年人對很久之前發生的事件記憶能力更好，這也許可以說明不同年齡階段的人擁有不同的思考和思維的方式。

（二）個人因素

從個人的立場上看，有關老年期和老化的知識能在生活上為人們提供很大幫助。大多數人都終會步入老年期，因此對老年心理的研究可以帶來很多實際用途。例如，應該怎樣規劃退休以後的生活，選擇怎樣的居住環境，或是怎樣處理與他人之間的人際關係。不僅如此，對老年期的深入理解還有助於理解他人，因為每個人都會與老年人接觸，自己的親人、朋友也許都已經

步入老年，你也許會發現親人或朋友似乎有聽力和理解的障礙，那麼，如何在這種情況下提高溝通和理解的效率？你也許會發現自己的父母已經變得健忘，或者自己的朋友和年輕時相比變得不愛外出或不愛交際，這些或許都和性格及生活方式隨年齡的改變有關。

（三）社會現實因素

隨著老年人在社會人口中所占比例的增加，老年人得到越來越多的社會關注，一些健康服務人員接觸到老年人的機會也會大大增多。醫生、護士、心理學工作者、社會工作人員、醫務人員等也許會發現，他們同老年人一起度過的時間越來越長。老年大學中老年學生的數量也逐年增多，所以如何提供一個適合老年人學習的條件是課程規劃中的重要內容；在企業中，職員也許會一直工作到老年，因此老闆應該能夠理解年齡偏長的員工的需求以及他們具備哪些過人的能力；在超市、社區、銀行等服務行業的工作人員如果能夠瞭解一些老年人的知識，在面對老年顧客時就更能夠應對自如；另外，隨著老年人市場的開拓，更多地以老年人為受眾的項目和設計會被開發出來，而在這些行為的背後，都需要對老年心理的研究進一步加深和有關老年人的理論作為支撐。

三、老年人口比例

如今，在已開發的地區老年人（65歲以上）的人口比例不斷提高，但是，在未開發或開發中的地區老年人的人口比例較低。從表1-1中我們可以看到非洲、北美洲、拉丁美洲、亞洲、歐洲和大洋洲的老年人口比例。人口學家描述了社會人口變化的幾個階段。

農業社會或工業化之前的社會均有很高的出生率和死亡率，較高的出生率是由於對生育控制的能力低，較高的死亡率則是由於惡劣的衛生條件、營養的缺乏和醫療技術低下所致，在這種社會的人口構成中，老年人只占很少的比例；隨著社會工業化進程的提升和科技的發展，社會人口進入第二個階段，死亡率逐漸下降但是出生率依然保持較高的水準，社會的總體人口數上升；當社會發展到第三個階段，由於出生率的降低，人口增長速度隨之降低，

老年人口的比例出現明顯的增長;在第四個社會階段,社會人口的出生率和死亡率都會變得極低,社會總體人口增長得十分緩慢,各個年齡階段的人口數變得平均,雖然新生兒數量少了,但是他們在出生後可以享有更好的生活條件,擁有更長的壽命。

表1-1　各大洲65歲以上人口所占比例

地區	65歲以上人口所占比例(%)
非洲	3
北美	12
拉丁美洲	6
亞洲	6
歐洲	16
大洋洲	10

現在越來越多的國家處於社會發展的第三和第四個階段,老年人口比例的增加也是學習和研究老年心理學和老化的一個重要影響因素。人口學的資訊既可以幫助我們認識到老年群體的需求,幫助我們瞭解過去和現在的人口特點,也可以用來預測未來的人口總數和比例,雖然不一定十分精確,但確實可以為我們做出的規劃提供一些指導。

複習鞏固

1. 簡要闡述我們為什麼要研究老年人和老化現象?
2. 簡要闡述社會人口發展的四個階段?

第二節 年齡的概念

人們在日常生活中經常會用到「老年人」這一概念。例如,在公車上要給老年人讓座,老年人可以享有一些醫療優惠等等。那麼,老年人究竟是指哪些人呢?不同的人對老年人的理解不同,一般情境下,透過觀察體貌特徵、行為表現,以及詢問年齡等方式可以判斷一個人是否可以稱之為老年人。下

第二節 年齡的概念

面就向大家介紹通常是怎樣劃分作為人生階段之一的老年期的，以及老年期內部更加詳細的年齡劃分方法。

一、老年期的界定

從人的一生發展的角度來看，每一段人生都會有相似的特徵及相對應的任務和發展規律，通常用年齡將這些階段進行劃分。在1994年以前，國際上通常將人口分為三個年齡階段：0至14歲為少兒人口，15至64歲為勞動年齡人口，65歲以上的則為老年人口。隨著經濟的發展和人們生活水準的變化，又由於各個國家的國情不同，每個國家對年齡的劃分會有一些細微的差異，特別是對老年期這一階段的劃分各有不同。

例如，很多開發中國家將55歲以上的個體劃分為老年人，而已開發國家則將老年期界定在65歲以上，日本則定為70歲。隨著社會的發展，越來越多的國家逐漸進入高齡化社會，聯合國及世界衛生組織(WHO)和教育科學文化組織(UNESCO)將65歲以上的老年人占總人口7%以上的社會，稱之為高齡化社會。社會人口的老化，來自醫療衛生和社會生活的進步使得死亡率降低和平均壽命延長。以美國為例，1900年，超過65歲的人只有4%，2000年則達到13%，美國老年人口在100年內增長了12倍之多，65歲以上的人口增長了3倍多。

正如上文所述，以往的研究一直將人類年齡分為三個階段——兒童年齡、勞動年齡和老年年齡，老年群體被稱為第三年齡。但是，一些老年學專家經過大量研究分析後認為，人類壽命已經得到延長，不同年齡層次老人的身體和精神狀況還是具有很大差異的，高齡老人和低齡老人在身體健康狀況方面存在著明顯的差異，因此用一個年齡階段來概括整個老年群體是不科學的。

並且老年群體內部可以被分成兩個階段，由此引出了「第四年齡」的概念。第四年齡的老人是指85歲以上的高齡老人，他們經常在戶內活動，一般普遍帶有三種以上疾病，且自理能力比較差，需要他人照顧。相對於「第四年齡」，第三年齡的老人在60至85歲之間，他們相對健康，有自理能力，是較活躍的老年群體。這種細緻的劃分有利於對處於不同階段的老年人採取

不同的措施和對策。例如，對於處在第三年齡階段的老年群體，可以適當鼓勵他們多參加戶外運動，以更加積極、健康的方式來對待生活。對於第四階段的老年人，應該更加關注如何解決他們的生活照料問題、醫療保健以及精神上的慰藉問題。

除了以「第四年齡」這一角度對老年群體進行更細緻的劃分以外，還有其他一些老年研究者將老年群體劃分為初老、中老以及老老三類。初老是指65至74歲的老人，他們的健康狀況良好，仍可以在崗位上工作，具有活動能力以及參與社會活動的動機。中老是指75至84歲的老人，他們多患有一種以上的慢性病，並且在心理上可能會有一些障礙，社會參與力和社會活動能力比較低。

老老期的人多在85歲以上，多數已經癱瘓在床，需要依賴他人的照料，並且可能伴有精神上的疾病和神志不清的現象。在以上對老年群體的劃分中可以看出，不同年齡層次的老年人的身心健康狀況及其行為模式還是有很大差異的。因此，「老年人」一詞的範圍是相當寬泛的，將老年群體進行更細緻的劃分更便於掌握其身心狀況和特點。

以上內容從年代年齡的方面討論了老年的標準，這種是被大家所廣泛接受的年齡標準。除此之外，還有心理年齡和社會年齡的劃分，因此按照年代年齡標準來說，當一個人進入65歲後就是「老」了，但是按照其他年齡標準來衡量也許不一定就是老。人到老年，正是進入生活最充實、智慧最成熟、經驗最豐富的階段，是人類精神世界的寶貴財富。因此要改變那種人生七十古來稀的觀念，做到年高而不老，壽高而不衰，努力開創人生的第二個春天。

二、年齡的定義

（一）年代年齡

年代年齡 (chronology age) 是指從出生到現在所經過的時間，是以時間為單位所計算的年齡，這是一種使用最廣泛的年齡計算方式。比如，當別人問你多大時，通常回答的都是年代年齡。除了這種年齡計算方式以外，還有

生物年齡、功能年齡、心理年齡、社會年齡等多種年齡，年代年齡並不能在以上幾個維度對個體進行準確的描述。

（二）生物年齡

一個人的生物年齡 (biological age) 與他的壽命長短有關，是指一個人身體的老化程度。如果一個人可以活 70 年，那麼他在 65 歲時就被認為生物年齡很高，但如果一個人可以活到 90 歲，那麼他在 65 歲時還擁有一個較年輕的生物年齡，所以同樣處在年代年齡 65 歲的地段，不同個體的生物年齡是不同的。因為不能精確地推測出一個人的壽命到底會有多長，所以這種判斷生物年齡的方法是帶有不確定性的。另一種確定個體生物年齡的方法是透過他的機能組織和身體狀況來判斷，也可以透過與同齡人的比較來推測生物年齡的高低。

（三）功能年齡

功能年齡 (functional age) 與一個人在特殊領域的能力有關。正如生物年齡一樣，功能年齡也可以與同年代年齡的人進行比較，如果一個人在同齡人中可以更好地掌握某一方面的技能，那麼他就有年輕的功能年齡。如果一個 85 歲的老人可以做到在夜間很好地駕駛，那麼他比其他不能在夜間開車或是不會開車的老人具有更年輕的功能年齡。同一個個體在不同的功能領域功能年齡是不同的，例如這位 85 歲可以在夜間駕駛的老人或許因患有嚴重的關節炎而不能行走。在體育運動領域，可以認為一個 35 歲的運動員功能年齡較大，而一個 60 歲的企業董事或是國家領導人就不會被認為年齡大了。

（四）心理年齡

心理年齡 (psychological age) 與一個人能否很好地適應環境有關，如一個人是否能夠運用認知、性格、社會技巧去適應新的環境，或是能夠主動體驗新的經驗和活動。如果一個人能夠很好地適應這些變化，那麼他的心理年齡比較年輕，如果一個人在適應新事物上有些困難或是總是重複之前的行為，那麼他的心理年齡比較老。也就是說，在對待周圍環境和周圍事物時，靈活性強的人心理年齡較小。

(五) 社會年齡

社會年齡 (social age) 與這個社會大多數成員普遍認為的個體應該在什麼年階段做什麼事以及應該如何行為有關。例如，人們普遍認為 20 多歲之前應該上學，30 歲左右結婚，30 多歲時生小孩，40 歲時立業。如果一個人到了 40 歲不但沒有結婚，還和父母住在一起，就可以認為他們有較小的社會年齡。如果一個人 40 歲了才剛剛進入職場，那麼他則比那些工作多年又處於管理階層的人有較小的社會年齡。曾經有一個調查表明，人們會對一個 45 歲、結婚 20 年並育有兩子、處於公司中層管理崗位的女士持有積極的態度，而對一個 45 歲、結婚 5 年、在基層工作的女士持有消極的態度，因為這個女士並沒有完成這個社會對中年人的一個期望，並且她的社會年齡要比她的實際年齡小很多。

生活中的心理學

兩位老人的不同生活寫照

一位 70 歲的老人剛剛過完他的生日，他依然相信自己的身體是年輕的並且充滿了活力，儘管在早晨剛剛醒來的時候會覺得身體有一些僵硬，但早飯後一次輕鬆的散步便讓這一整天都變得美好起來。為了保持身體的靈活，老人堅持騎單車並且練習太極拳，老人的母親已經活到了 90 歲，並且可以自理生活，很少需要他人的幫助。儘管老人的家族裡有這樣長壽的背景，他並不把他現在的生活狀態完全歸因於遺傳，因為他確實也為自己的身體健康做了很多事。比如，他會儘量多吃蔬菜和水果，儘量避免甜食和酒精，並且依照醫生的囑咐堅持每天測量血壓。除此以外，老人還喜歡和密友們在一起打打麻將，或是在好天氣時打高爾夫球。老人認為，一種積極且平衡的生活方式是保持健康的關鍵所在。

下面這位老人卻不覺得生活得如此得意了，年齡相近的兩個老人，為什麼對生活的感受有這麼大的不同？

這位老人今年 67 歲，最近他發現他在閱讀報紙時已經變得很困難了，因為他要費很大力氣才能辨認清楚報紙上的字跡，索性他現在只透過看電視

或者聽收音機來瞭解新聞。上個星期，老人和他的妻子剛剛參加了一個和朋友們的聚餐，但是感覺不像以前那麼愉快了，因為他總覺得朋友說話的聲音有些含糊，他必須費勁地去聆聽，如果幾個人一起說話，就聽得更困難了。因此，老人建議妻子一次只約見一個或者兩個朋友，這樣的話打擾和噪音就會少一些。之後的一些日子裡，老人變得不喜歡社交活動，他覺得安靜的生活在自己的世界裡會少一些麻煩，兒女也不似從前那樣理解他了……

三、年齡歧視

年齡歧視是指對老年人的一種歧視態度，這種歧視態度來自一系列不合理的想法或信念。它以一種消極的想法和刻板印象把老年人都視為相似的群體。這種歧視大都包含了對老年人認知能力、社會能力的消極判斷。在美國，年齡歧視已經成為僅次於種族歧視和性別歧視的第三大歧視，而和其他兩種歧視不同的是，每個人都可能會成為年齡歧視的對象，因為不出意外的話，我們都會有成為老年人的一天。

心理上的老化，是每個人都要經歷的，但是這種老化在一定程度上可以受到個人的掌控。例如，可以透過建立良好的生活習慣，培養進取的人格態度將老化的負面影響降到最低。但是社會的老化卻往往不受個人的意願所控制，雖然它也是每個人都能感受到的。社會的老化是指社會對老年人所設定的行為模式和社會制度，社會往往認為，老年人因為年齡已大就應該具有不同的行為準則和社會規範，當然這種社會的觀點有利也有弊。

例如一些好的社會規範，在公共交通工具上應該給老人讓座，這是一種尊老敬老的規範。但是，社會上仍有一種無形的壓力影響著老年人的生活和發展。例如，一般大家都認為老年人無須再過分追求事業的成就，應該靜靜地在家含飴弄孫、頤養天年，再比如，我們時常會聽到類似「都這麼老了，還……」這樣的話語，所以許多現存的社會上的行為模式和社會制度對老年人是不太公平的，帶有不少年齡歧視的成分。

例如，社會上一般對老年人有很多誤解，老年人如果對自己沒有正確的認識，加上別人也不能以正確的眼光看待，久而久之就會使自己的行為朝向

他人所期望的那樣，形成自我實現的預言。例如以下這些社會上常見的對老年人的誤解，很多人認為老年人是體弱多病的，長久以來，疾病和衰老這兩個詞常常被人聯繫在一起，但是事實並非如此，絕大多數處於初老階段的老人都擁有健康的身體，甚至有三分之二的75歲以上的老人都是相當健康的，因此老不一定代表有病，老也可以很健康地生活。

另外，很多人認為老年人的行為模式很類似，例如認為老人體弱多病、依賴性大、固執、嘮叨、糊塗，好像老年人都是一個模子裡塑造出來的，人越老越向著同一個方向發展。事實上，由於個人人生經驗的不同，應該是人越老個體之間的差異性越大，就像美國發展心理學家紐加頓所說：「個體的生命就像一把逐漸展開的扇子，當活得越久，彼此之間的差異性就越大。」

除了以上兩種對老年人的誤解之外，更普遍的誤解是認為老年人的心智有很大的退化，事實上，隨著年齡的增長，個體的某些心智確實有逐步減退的現象，卡特爾對智力的劃分可以更深刻地解釋老年心理的發展走向，他將智力劃分為流體智力 (fluid intelligence) 和晶體智力 (crystallized intelligence)，流體智力是指在資訊加工和問題解決過程中所表現出來的能力，它較少地依賴於文化和知識的內容，而主要取決於個人的稟賦。流體智力在青年時期達到高峰以後確實會逐漸下降，但是這種減退是十分緩慢的，緩慢到可以使老年人有足夠的時間去適應這種改變。

心智的結構是很複雜的，例如晶體智力，反而會隨著年齡的增長而逐漸增加，因此老年人會變得睿智成熟，常識和經驗越來越豐富，解決問題的能力也變得越來越好，這些都是晶體智力增長的結果。有些研究證實，經常進行腦力活動會使流體智力的衰退幅度降至最低，這就如同鍛鍊身體的肌肉一樣，經常鍛鍊心智的「肌肉」可以有效地阻擋心智的衰退，因此，對於老年人而言，如果想保有健康的生理和心理功能，最好的途徑便是不斷地使用它。當然，除了以上比較常見的對老年人的偏見和誤解外，還有很多社會上存在的對老年人的一些刻板印象，如老年人的工作效率比較低，老年人對性不再感興趣，老年人是寂寞孤獨的等等。

雖然年齡歧視這種現象確實在現實生活中存在，但人們對待老年人的態度並不完全都是消極的。有研究發現，大學生們對老年人的看法是多樣的，有消極的觀點也有積極的觀點。例如，有些人認為老年人是「頑固的」、「過時的」，也有人認為是「慷慨的」「博愛的」。人們經常讚揚老年人更加擁有一些良好的品質，例如有責任感、有理解力，但是人們也常常認為老年人是不能勝任事情的、虛弱的。這些類似的想法在很多國家都能體現出來，在美國、比利時、哥斯大黎加、日本、韓國等國家都發現了類似的對老年人的看法，這種現象表明了年齡歧視是在全球範圍內普遍存在的一種對老年的偏見和消極態度。

最近，又發現了一種新的對老年人的歧視態度，那就是人們普遍認為老年人需要同情和憐憫，因為老年人總是感到無助或是十分需要他人的認可和追捧。年齡歧視的存在會產生很多消極的影響，也許隨著老年人人口比例的增多，這種現象會逐步減少，但還是應該儘量控制年齡歧視的產生，多多普及有關老年人的知識，營造一個平等、和諧的，適於大家生存和生活的社會。因為每個人都會有年老的那一天，客觀地看待老年人，從行為上尊重老年人，從某種角度上來看也是在尊重自己。希望透過以上的探討可以使大家對老年人有進一步的認識，更瞭解老年人的心理行為特徵，從而更易於和老年人相處。

複習鞏固

1. 簡要闡述如何對老年期進行界定以及老年期內部可以分為幾個階段。
2. 簡要概括幾種年齡定義的劃分。
3. 結合實際社會現象說說你怎麼看待年齡歧視現象。

第三節 老化的理論

隨著年齡的增加，老化是每一個個體必須面對的階段，老化不僅是身體機能的生物性衰退，也會導致認知、情緒等方面的衰退和變化。老化理論的

發展已是由來已久，下面將從生物、心理和社會性三個方面來對老化這一過程進行闡述和解釋。

一、老化研究的歷史及發展

早期的一些學者已經對個體的發展和老化進行了探索。例如，透過對梵語、聖經或者古老寓言來探索人體發展與老化的奧祕，他們甚至透過一些考古學的發現去解釋在不同年齡階段個體發展的不同。這種早期的觀點從某種角度來看是在向外傳遞著一些世界觀，例如在聖經中會提到遵循上帝的指示可以長命百歲，或將高齡的女人看作是女巫，這些說法都不免帶有一些神祕色彩，但也是對個體老化的一種解讀。

20世紀40年代以後，人們對老化的研究進入到了一個更加科學的階段，逐漸拋棄了帶有神學和宗教意味的解讀，轉向一種較嚴謹、科學的觀點。研究者們首先運用現象學的手法，對老化這一現象進行系統的觀察和描述，之後建立起一個模型，由此來描述不同的年齡階段之間有著怎樣的聯繫，個體由健壯到衰老發生著怎樣的變化，最後透過一些科學的理論對這種模式和現象加以解釋。

儘管人們對老化研究的興趣可以追溯到幾個世紀之前，但對老化的科學研究是近期才開展的，一些著名的研究者 (Birren, 1996; Birren & Schroots, 2001; Schroots, 1996) 打開了老化的科學研究之路。1835年，比利時數學家和天文學家阿道夫 (Adolphe) 出版了一本描述不同年齡階段的人的身體和行為特點的書。1884年，高爾頓 (Galton) 在倫敦發起了一項健康展覽，他描述了9000名從5到100歲的人的身體和精神狀況，後來，高爾頓的資料被很多科學家進行了分析。1992年，霍爾 (G.S.Hall) 出版了一本書——《衰老：人們的後半生》(Senescence: The Second Half of Life)，這本書從生理學、醫學、解剖學和哲學等方面論述了老化的過程，其中還有一部分內容關係到了心理學。在19世紀後期和20世紀初，由於一些實際的需求，如訓練老師，向家長提供一些教育孩子的方法，發展心理學家們將更多的注意放在了兒童身上。

第三節 老化的理論

　　而在 1933 年，布勒 (Charlotte-Buhler) 出版了一本從生理和心理學兩個方面描述個體畢生發展的書籍，後來布勒的這本書被看作是畢生發展心理學的基礎。1927 年，美國史丹佛大學心理系建立了一個系統研究心理老化的科學實驗室，這個實驗室是由麥爾斯 (Walter R. Miles) 建立的。那時加州人常認為人太老了就找不到工作，這個實驗室起初就是由於這個原因而建立，之後五年的時間麥爾斯對老化又做了進一步研究。1939 年，華盛頓大學的生物學家路易斯 (St. Louis) 編寫了一本名為老化問題的書，書中的內容不僅包含了醫學方面，還包含了社會、心理學的內容。在 1941 年美國公共健康服務中心組織了一場有關精神健康和老化的大會。

　　總體來說，在 19 世紀 30 年代末和 40 年代初，對老化的科學研究已經開始在美國成型。老化研究曾經由於美國加入二戰而短暫停止，但在戰爭結束後，研究又開始復甦並且相繼成立了一些專門研究老化的協會。1945 年，老年學協會成立。隨後老年協會和新成立的美國老人協會開始聯合出版有關老年化研究的科學期刊。在同一時間，國際老年協會成立，開始組織一些有關老化科學研究的全國性或國際性的會議。

　　隨著科學發展，一些新的發現也有助於老化的研究。比如，在生物學領域中一些精密儀器的改進，可以越來越精準地判斷個體細胞的老化程度，這些都有益於老化研究的進展。除此以外，研究設計的進步也進一步促進了老化理論的發展。研究設計從方法論的角度提升了老化研究的科學性。例如，要求老化理論能夠區分隨著年齡的增長所帶來的個體變化與不同年齡階段個體差異有何相同與不同之處。這就類似於我們現在經常使用的橫向設計和縱向設計。橫向研究是指在相同的時間對不同年齡的被試進行研究，進而得出發展的規律；縱向研究是指對被試的追蹤研究，從而得出個體心理發展的規律。隨著這些實驗設計變得更加科學和嚴密，對個體老化的研究具有很大的益處。

二、老化理論的各種觀點

（一）生物學的有關理論

　　生物學領域首先對個體老化進行了探究，生物學理論認為，生物老化影響著所有有生命的個體。個體隨著年齡的增長而發生著變化。並且生物老化的過程不同於病理過程，由年齡增長而引起的個體老化的原因是因人而異的。早期一些觀點認為，個體老化是由於個體的機能組織受到了隨機的破壞，或是個體發生的變化是遺傳和基因設定好的程序。這種理論認為，衰老的過程就像電腦編碼的程控過程。近期的一些觀點也從不同的角度對個體的老化做出瞭解釋，例如人體中的能量是有限的，生命的長度和生命的潛能都會受到人體能量的限制，這些能量應按照預定計劃消耗，當大量的細胞耗損，不能及時得到修復時，機體功能就受到影響。

　　免疫系統的退化會導致個體的衰老，隨著年齡的增長，免疫系統功能下降、淋巴細胞功能下降，對疾病感染的抵抗力降低。隨著個體的衰老，自體免疫疾病增多。另外該理論還認為，老化使得機體對外來異物的辨認與反應降低，導致感染與癌症患病率增加。自由基理論認為，所有生物的衰老和死亡是由一個受遺傳因素和環境因素影響的共同過程負責，衰老是細胞成分氧化損傷累積的結果，是由氧自由基反應引起的。荷爾蒙理論認為，過多的類固醇可以引發個體的迅速衰老，身體中的一些有氧代謝物累積後引起細胞凋亡。從微觀的角度出發，還有研究者認為，生物細胞的保護與修復功能的退化是導致個體老化的重要因素。

（二）心理學的有關理論

　　心理學領域則與生物學領域不同，它更加關注個體在認知上的變化或是在情緒體驗、人格上的變化。心理學家在對老年心理變化的研究過程中出現了兩種不同的觀點。一種觀點認為，人自出生到機體成熟，直到成年期，其心理活動的變化屬於「發展」期，成年以後先有一段時間的穩定期，然後便開始衰退，年齡越老心理活動的衰退便越明顯，這種變化只能稱作「老化」而不能叫做「發展」，這是一種消極的悲觀的心理觀。與以上觀點相反的心

理發展觀為「畢生發展觀」，這是 20 世紀 70 年代以來歐美國家出現的新的發展心理學的觀點，認為個體的發展是貫穿一生的，發展的形式具有多樣性，整個發展總是由獲得和喪失的結合組成。

畢生發展觀是一種積極的、樂觀的老年心理變化觀，認為衰老在一定程度上是可以透過干預得到改善的。流質能力的發展與年齡有著密切的關係，一般人在 20 歲之後，流質能力的發展達到頂峰，30 歲以後將隨著年齡的增長而降低，也就是說，在老年階段流體智力是呈一種下滑趨勢的，表現為記憶障礙、思維固執、注意力難以集中、持久性差等等。晶體智力是指獲得語言、數學等知識的能力，它決定於後天的學習，與社會文化有著密切的關係，晶體智力在人的一生中一直在發展，只是在 25 歲以後發展的速度逐漸平緩，也就是說老年期的晶體智力不但沒有下降，還會保持一種持續增長的狀態。

除了從晶體智力和流體智力的角度對老化進行評判，日常能力是近年來新提出的一種綜合能力，是指一個人如何透過自己的日常經驗有效解決一些日常環境中的問題，這種能力包含了很多方面，比如認知動機、一些實用的認知能力和社會環境分析能力等。研究者發現日常能力並不隨著個體的年齡增長而退化，反而會逐漸提高。有一種觀點認為，日常能力是個人認知能力與當時環境需求的結合，即個人是否能夠對周圍的環境進行判斷，之後將自己的認識能力有效地運用在當下的問題情境中去。傳統的智力測量多集中於對基本心理能力的評估上，然而，對這些能力的評估並不能反映老年個體問題解決的水準的實際情況。

研究者在比較了心理測量學家所關注的智力與人們日常生活中所運用或感知到的智力之後認為，理解成人的智力概念有必要考慮個體在日常生活中獲得的實用性知識，也即日常知識應是成人智力的組成部分，探究成人的智力發展或評估成人的智力水準必須考察成人解決日常問題的能力。這種智力概念往往又被研究者稱作日常問題解決能力 (everyday problem solving)。人與生存環境的不斷適應是個體生命全程發展的本質特徵，能否解決每個生命階段所面對的核心任務是個體適應的關鍵。

成人個體面臨的主要任務已不再是像兒童、少年時期那樣發展形象思維，提高完成學業的能力和掌握與社會文化相關的符號系統。應對日常生活實際中遇到的各種問題是成人適應的主題，而這些問題僅靠形式思維是難以解決的。進入成年期以後，工作經歷與生活經驗的累積使得不斷增加的個人主觀意識與已獲取的客觀文化知識不斷整合，成人個體處理問題的方式越來越表現出相對性和多樣性，不僅要容忍事物的複雜性、模糊性或矛盾性，還要調適好感情與理智、精神與肉體、自我與他人等多種衝突。對成年晚期的個體來說，保持甚至增進日常問題解決能力，以擺脫對獨立性喪失的恐懼更是生存的核心內容。

因此，日常問題解決的研究成為考察成人發展本質的重要切入點。有研究者將成人日常問題解決能力分為工具性問題解決能力和人際性問題解決能力。所謂工具性問題解決 (instrumental problem solving)，是指從事日常生活中對個體的生存具有工具性意義，但不涉及人際情感因素的問題解決活動，如買菜、洗澡、打電話、辨識方向等。換言之，解決這些問題的活動是個體生存的工具。所謂人際性問題解決能力 (interpersonal problem solving)，是指處理社會關係情境中出現的人與人之間引發的情緒反應問題，如緩和夫妻矛盾、消除朋友間的誤會。

從對解決日常問題能力的理論可以看出與基本認知能力之間的差別，那麼這種日常能力在人的一生中具有怎樣的發展趨勢呢？日常能力在老年時期又會有怎樣的發展？一些研究表明，這種能力在老年期不會出現明顯的下滑，反而會在穩中有升，這更多的是一種經驗的積累，機體的生物性衰退或許並不對這種能力產生過多的消極影響。例如我們經常說到「智慧老人」一詞，雖然人到老年可能出現體能的下降、注意抑制功能的衰退、記憶和思維的衰退，但老年人這種解決日常問題的能力尤其是解決人際性問題的能力不會發生較大變化。

三、理論模型

選擇和補償的最優化理論模型 (Selective Optimization With Compensation Model of Aging，以下簡稱 SOA) 和老化的生態模型

(Ecological Model of Aging) 是老化研究中兩種較新的理論模型。這兩種模型都對老化和老年期提出了一個基本的理論框架，並且可以幫助我們更深入地理解老年人。SOA 理論模型主要關注老年人應對老化所選擇的策略，生態理論模型則更強調環境作用，儘管兩者在關於老化的詳細過程有一些分歧，但它們都認為老化是一種適應的過程，並且都以一種積極的視角來看待老化。

（一）選擇與補償的最優化理論模型

SOA 理論模型建立在這樣一個假設上，每個個體的發展過程就是一個逐步適應的過程，適應自己變化及周圍環境的變化，人們能夠做出改變，進一步學習，並且喚醒保存的能力，這種能力在一般條件下和環境中是不會被用到的（圖 1-1）

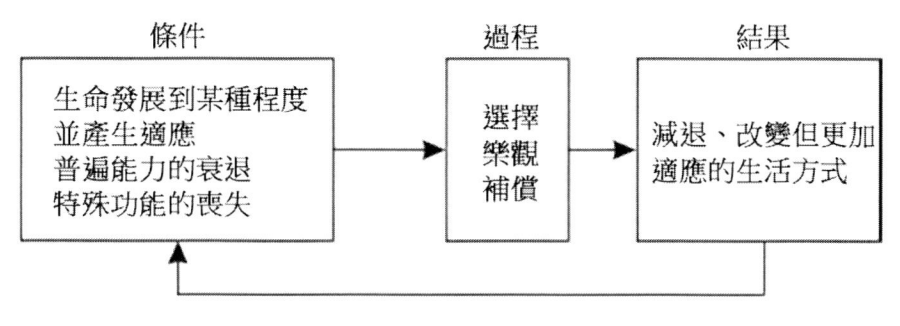

```
條件                    過程              結果
┌──────────────┐      ┌──────┐        ┌──────────────┐
│生命發展到某種程度│      │選擇  │        │減退、改變但更加│
│並產生適應      │ ───→ │樂觀  │ ───→   │適應的生活方式  │
│普遍能力的衰退  │      │補償  │        │              │
│特殊功能的喪失  │      │      │        │              │
└──────────────┘      └──────┘        └──────────────┘
       ↑                                      │
       └──────────────────────────────────────┘
```

圖1-1　選擇與補償的最優化理論模型的動態呈現

SOA 理論模型的另外一個假設是，在個體發展的一生中都會體驗到得到和失去，在老化的過程中，人們可能會體驗到更多的失去，如聽力、視力的退化、記憶力的退化等。儘管在老年期失去比得到的比例更大一些，個體內部保存的潛力也逐漸減少，但這並不意味著會失去一切，一些策略的使用可以最大限度地得到成功老化的機會。比如，老年人為了避免失去，可以將努力投入到一個可以繼續保持的功能領域中。不同的個體可能會選擇不同的領域，所以說這種選擇也是一種策略，有時候個體對某一領域的認知還是需要做出調整的，積極樂觀的態度不但從量的角度關注生活，更要從質的角度關注生活。

当失去發生時,一種新的策略可以作為補償代替這種失去,如果記憶力衰退了,一個人可以透過記筆記來補償這種失去,如果聽力和視力不像之前那麼敏銳了,個體可以透過戴眼鏡和戴助聽器來進行補償。SOA 理論模型主要來源於畢生發展的觀點,它可以解釋隨著個體的老化,人們是怎樣適應各種領域的變化的。如在感覺方面、認知方面、生物方面、社會關係方面等,如果個體在經歷這些變化的過程中能夠用選擇性的、積極的、補償性的策略來應對,那麼它們就可能達到一種成功的、積極的老化。

(二) 老化的生態模型

老化的生態模型認為,個體與環境間的相互作用決定了個體的適應水準,這種適應水準可以透過對個體情緒和行為的觀察來測得。正如圖 1-2 所示,個體都是具有一定的綜合能力的,這種綜合能力包括生理上的、感覺上的、認知上的和一些社會能力。周圍的環境會給個體帶來挑戰和壓力,這種挑戰和壓力會對個體的綜合能力產生需求。如果想要產生一種積極的適應,個體的能力等級就要與他所處的環境所帶來的壓力相匹配。

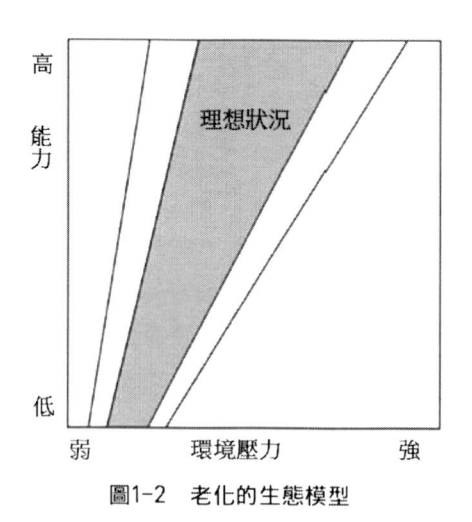

圖1-2 老化的生態模型

在圖中,灰色區域代表了一種理想的適應狀況,灰色區域兩邊的兩個白色區域則代表了適應不良的情況,來自環境的壓力過大或過小都會導致這種情況的出現。灰色區域中的積極適應是由於個體能力和環境壓力相匹配的結

果,一個人如果能力比較低,那麼他在低壓力的環境下也可以適應得很好,但是多數情況下周圍的環境還是很具有挑戰性的。但如果一個環境所帶來的壓力極低,也還是無法向一個能力較低的個體提供足夠的刺激的。隨著一個人的能力水準上升,如果想要達到積極適應的狀態,他所需的環境壓力也應該較大。

同時,隨著個體能力的提高,個體所對應的灰色區域的面積也在擴大,這說明能力高的人能夠適應的壓力範圍較大,而能力低的人能夠適應的能力範圍則較小。但是,如果一個人的能力很強,他卻生活在一種刺激極小的環境中,這也會產生不良的適應狀態。在早期的生態理論模型中,會將老年人看成被動接受環境壓力者,現在則更加強調人與環境之間的互動性。與其將老年人看作是消極的接受環境的影響,不如將其看成是與環境相互作用的發起者,因為能力較高的個體是能夠發現並開發環境中的資源的。

生活中的心理學

老年人保持好記性與自信很重要

美國《老年醫學期刊》近來的一篇文章說道,如果你不相信自己老了以後能有一個好記性,那麼你很可能真的會變成一個愛忘事的人;但如果你自信會有個好記性,那麼良好的記憶力很可能就不會離開你。

美國布蘭戴斯大學的心理學家們對 335 名年齡從 21 歲到 83 歲的成年人進行了一項測試,要求他們回憶之前看到的一張詞彙表,表中 30 個詞彙被分成水果類和鮮花類等等。測試結果表明,在中年人和老年人中,那些對認知控制能力比較自信的人,測試成績也就比較好。

負責此次研究的心理學教授瑪吉拉赫曼說,如果你對保持好記性有信心,那麼好記性就會降臨。她在報告中寫道:「你越是有信心用一些方法可以使自己記住某些事兒,那麼你就越有可能盡力尋找適合的方法和有效地利用才智,就越不會擔心忘掉那些事。」人們年輕時候的記憶力問題,往往歸咎於注意力不集中或其他一些因素。而老年人的記憶問題則往往會被人們理解為年紀大了之後的一種智力的下降。拉赫曼說,許多人將記憶力降低看成是「人

變老過程中無法避免、不可挽回和控制的一部分。」然而,「這些想法是有害的,因為它們往往與悲傷和焦慮有關,讓人不去努力採取必要的措施就放棄了。」

複習鞏固

1. 簡要闡述選擇與補償的最優化理論模型。

2. 簡要闡述老化的生態模型。

第四節 發展的影響因素和老化研究中的問題

有很多因素會對人們的一生發展產生影響。在個體發展的過程中,不但會受到在一個特殊的年齡階段所帶來的影響,同樣也會受到那個年代所發生的事件和周圍環境的影響,如氣候、文化氛圍等,最後,一些突發的或預料不到的事件也會對個體產生影響,比如早年喪偶、事故或是中獎等。發展心理學家將這些因素劃分為三類:不同年齡階段的普遍影響、歷史因素的普遍影響、特殊生活事件的影響。下面將從這三個方面對個體發展的影響因素進行詳細的解釋。

一、發展的影響因素

(一) 不同年齡階段的普遍影響

這種影響因素大都是和階段年齡相關的生物因素或是環境事件的影響。比如說,在青少年時期身體的生理發育或是女性絕經這一事件都會對個體的發展產生影響。普遍情況下,這種影響因素會在每個個體特殊的年齡階段體現出來。除此之外,不同年齡階段的普遍影響還體現在個體生活的社會環境中。比如,在一種特定的文化氛圍中,不同年齡階段的人們會去做不同的事情,包括何時進入校園讀書,何時步入婚姻,何時退休等等。例如處於15至18歲的人在中學校園生活,18至22歲的人會去大學深造,在20至30歲這一年齡段的多數人們會進入婚姻的殿堂,而到了60歲人們開始準備迎來退休生活。

第四節 發展的影響因素和老化研究中的問題

在上一節中曾提到過「社會年齡」這一概念，它是指整個社會對其成員所抱有的期望，即在什麼樣的年齡階段做相應的事。但是隨著社會的發展，似乎對什麼樣的年齡階段做什麼事情有了很大的靈活性，雖然 15 至 18 歲的孩子大都會在中學裡讀書，但是不同年齡階段的成人去大學深造也已經變得很普遍，也就是說在大學裡可以看到不同年齡階段的成人，而不僅侷限於 18 至 22 歲了。所以，雖然多數人選擇在 20 至 30 歲結婚，但也有很多人將結婚生子的年齡推遲到 30 至 40 歲，同樣，人們的退休年齡也變得越來越靈活了。

（二）時代歷史因素的普遍影響

時代歷史因素也是影響個體發展的一個重要因素，這種因素來源於特定年代的一個事件或者來自於某個歷史時期的社會變革，比如瘟疫、戰爭，或是經濟發展的某一階段，如蕭條時期、恢復時期、繁榮時期等。除此以外，社會文化的影響也可以包含在這類的影響因素之中，如撫育兒童的方式方法、對性別角色的期盼、對性行為的態度等。這些特殊的因素大都與當時的歷史事件有關，比如疾病、戰爭、新的科學技術的引進。

例如，在 20 世紀 40 年代第二次世界大戰期間，男性大都參加了戰爭，所以女性成為社會的主要勞動力就成了一種比較普遍的現象；在 20 世紀 80 年代中期，由於愛滋病的流傳，人們對性行為的態度也變得保守了許多；20 世紀 90 年代，電腦的普及改變了人們的交流方式和對資訊獲取的方式，人們只需在自己的電腦上進行操作，就可以閱讀到理想的書目或是購買需要的物品。對於老年人來說，不斷提高的醫療條件和醫保政策也許就是一個重要的時代歷史因素。

（三）特殊的生活事件

以上兩種因素都比較偏重於考慮一個群體普遍性的一面，而特殊的生活事件這一因素則更加強調個體特殊性和偶然性的一面，這種因素不會影響到社會的大多數成員，並且不一定和年代年齡和歷史因素有關，但卻可以對個體造成重大的影響。比如，患上罕見的疾病，遭遇一場事故，中樂透，與配偶離異等等，這些都可以被看作是發生在個人身上的特殊生活事件。

雖然年齡階段的影響、時代歷史因素的影響和特殊生活事件的影響在本書中被清晰地劃分為三個不同的因素，但是在現實情況中，這三種因素卻是相互影響的。例如，時代歷史因素會影響個體年齡階段的發展，越南戰爭作為時代歷史因素對青壯年的影響要高於對中年人和老年人的影響，因為中年人和老年人較少有參與戰爭的。1929 年股市的崩盤和隨之而來的經濟蕭條對當時正在養家餬口的人來說產生了直接的影響，這種影響還延續到了較年輕的一代，因為他們不得不輟學找工作來支撐家庭的開銷。

像這樣的例子還有很多，一個人的職業生涯常會受到那個時期經濟事件的影響，電腦革命和當今人們對電腦的依賴對不同年齡階段的人產生的影響是不同的。隨著電腦成為教育系統不可或缺的一部分，現在的青少年已經可以熟練地操控它並且會透過它獲得資訊了，而相比之下，老年人在學習和工作中卻很少使用電腦，比如，大部分老年人還保持著在筆記本上進行財務記錄的習慣。透過學習，老年人同樣可以適應和掌握電腦，但與青年人不同的是，老年人不會像青年人一樣對電腦和網路有那麼大的依賴感。

雖然從定義上看，生活中特殊事件與年齡是沒有聯繫的，但實際上，同一種事件在不同年齡階段發生對個體產生的影響還是有很大不同的。一個人在 20 歲時中了大獎和他在 60 歲時中大獎的感受是不同的，當然對其個體影響也不同；一個人在 25 歲時離異與在 60 歲時離異也會明顯地產生不同的影響。所以總體來說，這三類影響因素對個體的發展是交互產生作用的，它們是相互區別但又是相互融合的，正因為如此，如想要完整地理解它們是如何對個體產生影響的，就需要心理學家、社會學家、生物學家和社會歷史學家的共同合作和努力。

生活中的心理學

89 歲老人為無名抗日烈士守墓 65 年

65 年前的一場與日的殊死戰鬥使他失去了戰友，據霍雙玉老先生本人回憶，當時在戰鬥中，敵人一枚砲彈落下，一位戰士為了掩護他與他一起撲倒，事後他搖晃著那名滿身是血的戰士，而那名戰士卻用最後的力氣向他吐出了

幾個字：「我寧死也不當亡國奴！」老人說，那句話深深地感動了他……在這場激烈的戰鬥後，23具烈士的遺體被送到霍雙玉所在村莊，當天，村民們都自發地從自家的炕上拿下涼蓆，裹在烈士們身上，入夜後，霍雙玉和幾個村民把他們悄悄掩埋。

從此，這23座墳墓矗立在該村，同時也矗立在霍雙玉的心中。此後，每年的清明節和烈士們犧牲的日子，霍雙玉老人必定要來上墳，帶來祭奠用的是平時捨不得抽的煙和只有過年才能吃得上的點心。在平時，這位老人也會來這看看，和戰士們說說心裡話。這23名走得匆忙的烈士都沒有留下名字，為了讓這些烈士找到自己的親人，多年來，老人一直堅持在給這些他目睹犧牲的烈士尋親，據老人的親屬說，老人先後寫過數百封信，但是，所有努力最終都沒有換來希望中的結果。不過，在老人的看護下，這23座無名烈士墳墓，還是走過了65年的風風雨雨，屹立不倒。

從這個感人的故事裡，我們能夠看到一位89歲老人內心中的堅持，也可以看到抗日戰爭那段歷史對老人的生活所帶來的影響。如果老人出生在現代，肯定會擁有一個不同的人生，但是這個世界上不會有如果，一切事物的發展都是偶然與必然的結合，個體的發展也一樣。

二、老化研究中的問題

在發展心理學中一直存在著兩個很重要的問題，這兩個問題對老年人和老化問題的研究都具有特殊的意義。一個議題是遺傳和環境在個體發展中的作用，另一個議題就是個體發展的這一過程究竟是連續性的量變還是階段性的質變。

（一）遺傳與環境

在很多有關個體發展的研究中，遺傳與環境是常被提到的兩個因素。遺傳主要是指基因和生物學因素的影響，例如雙親壽命短者，其子女的壽命也較短；同卵雙胞胎的兩人壽命差異比異卵雙胞胎要小；女性的壽命長於男性；長壽老人的遺傳物質結構和功能比較穩定，DNA損傷程度較小，修復功能較強，不易受外界理化因素的影響。環境主要指一些外部條件，如生活環境、

教養方式、生活經歷等的影響。例如，由於氣溫越高，機體的代謝率越高，而導致壽命縮短，氣溫過高或者過低均會導致短壽；輻射和環境中化學因素也會導致機體一些器官的早衰；空氣新鮮、無工業汙染、良好的水土資源和飲食可造成抗衰老的作用。

另外，長壽老人的生活往往是清心寡慾、生活規律、起居有常、戒煙少酒、適當運動和清潔衛生的。在早期，發展心理學家們對個體的發展究竟應該歸因於遺傳還是環境產生了很多爭論，而現在，人們越來越偏向於認為，個體的發展是由兩者之間的交互作用產生的。

在老年人的身上，遺傳和環境的交互作用已經持續了相當長的時間，因此，很難再去探討這兩個因素中哪一個因素產生的影響更大一些。

不同的人在老化的過程中具有很大的差異，為什麼有些人在他們的老年期能夠保持身體的健康活力和良好的認知能力，而另一些人卻因為疾病早逝或是很早就表現出了老化的症狀？身體和精神的損壞在多大程度上是來自基因和遺傳，又在多大程度上受到像生活環境和生活經歷的影響？發展心理學家們經常將擁有相似基因的雙胞胎放在一起進行研究對比，去觀察他們在不同的年齡階段有哪些相似的發展，又存在哪些不同的發展，在分開撫養或是在不同環境條件下生活的雙胞胎，他們的性格、行為方式、認知能力、健康狀況以及壽命長短又具有哪些相似和不同之處。以上這些問題恐怕需要透過長期的、科學的研究才能找到答案。

（二）量的研究與質的研究

當想要研究不同年齡階段的人具有怎樣不同的表現，或是相同年齡階段的人在不同時間上會有怎樣不同的表現時，常常會用到兩種方法，一種是量的研究，另一種是質的研究。比如說，如果想要研究青年人和老年人在解決問題的方面有何不同，一種方法是可以比較兩組被試所需的解決問題的時間多少，這就是用到了量的指標；另一種辦法是可以關注兩組被試解決問題的策略有何不同，即選擇了質的指標。但常常質與量的指標之間會存有某種聯繫，比如使用一種解決問題的策略所耗費的時間會比使用其他策略所耗費更

長的時間。研究者們有的偏好使用定量的指標，有的偏好使用定性的指標，兩種研究方法無所謂好壞之分，我們只需選擇更加適合的方法。

總體來說，遺傳與環境尤其是兩者之間的交互作用對個體的影響是研究者需要考慮的問題。同時，對於不同年齡階段的人在量上和在質上的不同行為表現也是應該被關注的一點。這兩個問題的兩個方面都對充分理解老年期與人生其他階段有何差異具有重要作用。

三、理解老化：解讀老年人的新視角

人們對老化過程持有三種不同的觀點。早期觀點為標準老化觀，這種老化觀主要是對現象的描述，關注老年人的行為水準、功能狀態的平均值，概括了老年人普遍的老化過程。之後有人提出了成功老化觀，這種觀點強調隨著個體的老化，老化的過程可以區分為兩種結果，一種是普遍的平均結果，一種是理想的結果，也就是說老化可以分為普通的和可能達到的兩種狀態。積極老化觀是一種最新的觀點，它部分來源於積極心理學的興起，一個人甚至在面對逆境時也可以體會到快樂和平和的感覺，積極的思想可以為人們提供力量和源泉，使他們有能量可以面對老化所帶來的身體和心理的挑戰。

羅伯特認為，積極老化觀比成功老化觀更加綜合、包容性更強，積極老化從根本上挑戰了老化的刻板印象，鼓勵個體有意識地面對自己老化的事實，建立一種充滿生機的老年生活，老年人自身在整個生命週期中，不僅在機體、社會、心理方面保持良好的狀態，而且會積極地面對老年生活。作為家庭和社會的重要資源，為了提高生活質量，要使老年人健康、積極地參與社會的機會儘可能發揮到最大，繼續為社會做出有益貢獻，從而讓所有進入老年的人，包括那些虛弱、殘疾和需要照料的人，都能提高其生活的能力和生活質量。即使一個人由於老化而受到了身體和心理的限制，他也可以充分體驗生活並且找到生命的真諦。

複習鞏固

1. 簡要分析哪些因素影響了個體的發展。

2. 遺傳與環境是怎樣對個體產生影響的？

拓展閱讀

美國心理學家發現老年人更容易樂觀

不少人進入中老年時期後，會變得比從前樂觀、開朗。美國研究人員發現，這是因為中老年人更願意把注意力集中在積極的事件上，把不好的東西拋諸腦後。

美國東北大學心理學家德里克·伊薩克韋茲與喬治亞理工學院心理學系主任弗雷達·布拉查德-菲爾茨為探尋快樂老人的祕密，進行了一系列的研究。他們給老人和年輕人看一系列面部表情不同的照片，一段時間後，讓他們回憶照片中人物的樣子。研究人員發現，老年人對那些滿面笑容的照片印象最深刻。

另一個研究表明，人年紀漸長後，更願意主動出擊，尋找能讓自己高興的事情，他們會「清理」朋友圈子，把那些讓自己不開心的人「驅逐」出去。另外，老年人面對失敗和失望通常持「順其自然」的態度，以獲得更大的精神滿足。這些研究意味著，老年人更多關注生活中積極的事情，看待事物的角度更「陽光」。與他們相比，年輕人倒容易想不開，遇到問題總是煩惱不已，直到有好事發生，才能把他們的注意力吸引開。一些年輕人的快樂「源泉」甚至來自於他人的不幸。

但是伊薩克韋茲說，他們的發現還不足以直接證明「越老越快樂」這一現象，仍需要進一步深入研究。找到老年人快樂的祕密「不像說起來那樣容易」，伊薩克韋茲說，「從平均水準來看，老年人比年輕人快樂，我們想要知道到底是什麼原因。」

本章要點小結

1. 人們常常將興趣點放在如何減緩老化和如何延長人的壽命，對老化和老年期的科學研究是最近才興起的。

第四節 發展的影響因素和老化研究中的問題

2. 如今老年人口的比例越來越高，人們認識到人的整個一生包括老年期在內都在不斷地發展。

3. 從科學的角度、個人的角度和社會現實的角度，對老年人和老化的研究都是必要的。

4. 年齡可以透過年代進行定義（指從出生到個體當時所經過的時間），同時也可以從生物學、心理學和社會學的角度進行定義。

5. 老年期可以被劃分為初老（65-74 歲）、中老（75-84 歲）、老老（85 歲以上）三類，其中老老人群的數量更為顯著地增加。

6. 年齡歧視是指對老年的一種歧視的態度，這種態度來自於一系列不合理的想法和信念。它以一種消極的想法和刻板印象把老年人看成一個相似的群體。

7. 生物學領域首先對個體的老化進行了探究，生物老化影響著所有有生命的生物體，個體隨著年齡的增長而發生著變化，並且生物老化的過程不同於病理過程，由年齡增長而引起的個體老化的原因是因人而異的。

8. 日常能力是指一個人透過自己的日常經驗有效地解決一些日常環境中的問題的能力，這種能力包含了很多方面，比如認知動機、一些實用的認知能力和社會環境的分析能力等。

9. 在人的一生中，個體的發展會受到三類因素的影響，它們是：不同年齡階段的普遍影響，歷史因素的普遍影響，特殊生活事件的影響。

10. 對於個體發展研究的兩個主要問題是：發展更多是受遺傳影響還是受環境影響，個體發展中的改變是量變還是質變。

11. 選擇和補償的最優化理論模型和生態理論模型可以幫助我們更深入地理解老化過程和老年期，這兩個模型都闡述了個體怎樣進行老化過程的適應，透過適應的過程來達到積極老化和成功老化。

關鍵術語表

兩階段論 a two stages of life

畢生發展觀 the life-span developmental perspective

晶體智力 Crystallized intelligence

流體智力 fluid intelligence

日常能力 everyday competence

選擇補償最優化理論模型 Selective Optimization With Compensation Model of Aging

老化生態模型 Ecological Model of Aging

選擇題

1. 我們為什麼要進行老年研究，老年研究的必要性有哪些？（　）

A. 科學因素

B. 社會現實因素

C. 個人因素

D. 經濟因素

2. 下列說法中，哪項是對心理年齡的描述？（　）

A. 能夠靈活的對待周圍的環境和事物

B. 能夠主動體驗新的經驗和活動

C. 在適應新事物上有些困難或是總是重複之前的行為

D. 將新獲得的技巧、經驗運用到事物的處理上

3. 根據老化的生態模型，以下哪種描述代表了適應良好的狀態？（　）

A. 個體能力等級高，所處的環境複雜

B. 個體能力等級低，所處的環境複雜

C. 個體能力等級高，所處的環境簡單

D. 個體能力等級低，所處的環境簡單

4. 有很多因素會對我們的一生產生影響，在個體發展的過程中哪些重大因素會對個體產生印象？（　）

A. 不同年齡階段的普遍影響

B. 學校因素的影響

C. 時代歷史因素的普遍影響

D. 特殊生活事件的影響

5. 下列哪些描述屬於特殊生活事件對個體的影響？（　）

A. 晚年期間被診斷為癌症

B. 中了樂透大獎

C. 經歷的經濟蕭條時期

D. 喪偶

6. 以下有關遺傳與環境因素對個體發展影響的看法中，錯誤的是（　）

A. 環境因素主要指一些外部條件如生活條件、教養方式、生活經歷等的影響

B. 研究者經常使用雙生子的研究來探討有遺傳與環境對個體發展的影響

C. 老年人的身上很難再去探討這兩個因素中哪一個因素產生的影響更大一些

D. 遺傳因素主要是指基因和生物學因素的影響

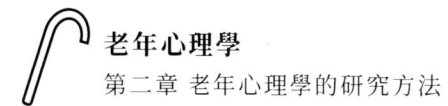

老年心理學
第二章 老年心理學的研究方法

第二章 老年心理學的研究方法

　　隨著社會老齡化進程的加快，老年人的心理健康狀況和心理特徵的發展變化越來越受到心理學研究者們的關注。作為心理學研究內容的一部分，老年心理學研究與其他研究有什麼異同？老年心理學研究的目的是什麼？在老年心理學研究中我們通常會採用哪些研究方法？帶著這些問題，我們開始學習如何對老年人的心理特徵進行調查研究。本章主要介紹老年心理學的研究設計，包括：橫斷研究設計、縱向研究設計、時間滯後研究設計和序列研究設計；老年心理學的研究方法，包括：實驗研究、相關研究和自然研究。

　　有研究者將 22 名美國加州大學柏克萊分校的老教授（60～71 歲）與年輕同事（30～59 歲）以及同齡的其他老年人（控制組）進行對比，看看他們在智力功能上的差異。研究要求他們完成一系列測查不同認知能力的任務。結果發現，在某些任務上，如配對 - 聯想學習的測驗，老教授們表現出與年齡有關的能力下降。但是在其他測驗上，老教授與年輕同事並沒有表現出有什麼不同，如在複述故事任務中與年輕同事的表現一樣出色。而老年控制組則表現出年齡所帶來的影響。我們該如何解釋老教授們的表現呢？有研究者認為，教授的角色需要他們保持高度的心理活動，而這可以使他們免受某些典型老化症的困擾（Shimamura et al.，1995 心理學與生活）。

　　老年心理學作為心理學的一部分，對其研究要以科學原則為準。對老年期研究的資訊收集和心理學其他領域的方法一樣，老年心理學研究者也和其他心理學家面臨著同樣的問題：尋找合適的控制組以及探索適當的研究方法等。

　　當然，對老年期的研究與其他心理學領域的研究也不是完全相同的，其區別在於老年心理學的研究需要考慮到行為的多重影響因素。特別是對於研究老年病學的專家而言，考慮到生物 - 心理 - 社會因素至關重要。這使對老年期的研究更困難，因為我們需要考慮到更多的變量。

　　老年心理學研究的目的在於，解釋隨著年齡的增加，老年人的心理是如何發展變化的，也就是老年人與其他年齡階段的群體相比，其心理發展的規

律和特點是什麼，這可以參考前文中的實驗。研究者還想瞭解隨著年齡的增加，人們在智力功能上產生了哪些變化。再有，影響老年人心理發展的因素有哪些，以及這些因素及其交互作用如何影響老年人的心理發展。同樣在這個例子中，除年齡外，訓練也是影響智力功能的因素，它可以補償年齡所帶來的消極影響。對於這些問題的回答離不開對老年心理的科學研究。本章主要介紹老年心理學研究中的常用研究設計和方法。

第一節 老年心理學的研究設計

發展心理學的目的在於探討和揭示隨著年齡的增長，心理特徵會產生怎樣的發展和變化。在對老年心理特徵的研究中，年齡通常是作為老年心理研究的一個重要變量。但是，年齡本身並不是一個單純的變量，而是與特定的歷史背景、社會經濟環境相聯繫的。因此，在老年心理的研究中，必須要區分出與年齡不同，但又存在一定內在聯繫的幾個重要概念。

一、年齡、群組、測量時間

（一）年齡

在目前大多數研究中通常使用一個人從出生到現在的實際的生理年齡(chronological age)，這時的年齡相當於一個時間概念，並不包含與年齡相伴隨的生活年代、歷史事件等。如果兩個人從出生到某一時間點所經歷的時間相同，那麼我們就認為他們的年齡相同，雖然他們存在著許多其他差別。例如，一個1940年出生的65歲老人和一個1950年出生的65歲老人屬於同一個年齡組，雖然他們在心理特徵和心理發展方面可能有很多不同，但是他們的年齡是相同的。然而，更好的研究方法應該是使用一種更精確的年齡定義，比如在第一章介紹過的生物年齡(biological age)、社會年齡(social age)和心理年齡(psychological age)等。

（二）群組

群組是指在某一相近的時期內出生，具有相似經歷和生活環境的一群人。一個人出生在哪一年，他就屬於那一年的群組。例如，出生在1940年的人

就稱為1940年的群組，出生在1960年的人就稱為1960年的群組，有時也稱為一代人。群組中的個體在其發展過程中具有相似的社會背景或生活經歷。當屬於不同群組的年齡相同的人在心理發展的某些方面出現差異時，就不能用年齡因素來解釋這種差異了，而群組就成為標誌心理特徵差異的指標。不同群組之間存在差異的情況稱為群組效應。

（三）測量時間

測量時間是指對研究對象施測的時間。測量時間也會對研究結果產生影響，因為在不同的施測時間，心理特徵可能會存在差異，而這種差異可能與年齡本身無關。測量時間可以反映出該時期的社會、環境、歷史，或被試曾經歷的其他事件。例如，涉及某一特定時期的薪資增長的數據可能是由於受到那一時期的經濟狀況的影響。如果經濟狀況處於嚴重衰退期，那麼出現薪資增長現象的可能性就很小。相反，如果處在經濟繁榮期，那麼漲薪資的可能性就很大。顯而易見，研究所處的時期是經濟衰退期還是經濟繁榮期會影響對薪資變化的研究，即所選擇的測量時間可能會導致相反的測量結果。

在老年心理學研究中，根據對年齡、群組和測量時間三個因素的不同的控制程度，可以將研究設計分為橫斷研究設計、縱向研究設計、時間滯後研究設計和序列研究設計。下面我們將詳細介紹這四種研究設計。

二、橫斷研究設計

橫斷研究設計是指在同一時間對不同年齡組的被試進行測量，從而比較各個年齡組的被試在某個心理行為特徵上的差異。透過橫斷研究設計我們可以檢驗某一心理現象的年齡差異，但缺點是無法觀察由於年齡因素而產生的改變。在一個典型的橫斷研究設計中，通常選取一個年輕組（例如20～30歲）和一個老年組（65～75歲），然後要求他們完成一系列的任務或測驗，如果兩個年齡組在任務或測驗結果上差異顯著，我們就可以認為兩個年齡組在該任務或測驗上存在年齡差異。圖2-1中的每一縱列都是一個橫向研究設計。

但是，老年心理學除了要研究老年人與其他年齡群體在心理特徵上的差異，還關注老年人的心理變化，甚至是更感興趣於年齡變化。而橫斷研究所得到的結果似乎只能描述年齡差異，而不能解釋差異的原因。同時，我們也不能假定，被試在某個心理特徵上存在年齡差異，就表明這個心理特徵是隨年齡增長而產生變化的。

因為對所有被試都是同時施測的，所以測量時間因素不可能是產生組別差異的原因。但是在橫斷研究設計中，我們無法區分另外兩個重要因素——年齡因素和群組因素。也就是說，我們無法判斷，測驗結果上的顯著差異到底是由於個體內在發展過程，還是因為屬於某一特定群組的成長經驗。在這裡我們可以透過一個橫斷研究設計的例子來具體理解這種混淆，表2-1 中列出了兩個橫向研究，其中每一列都是一個橫向研究。

我們可以看出，在測量時間為 1990 年的橫斷研究中，年齡為 40 歲、50 歲、60 歲的被試分別來自 1950 年群組、1940 年群組和 1930 年群組。如果群組因素對被試的心理特徵變化產生影響，那麼不同年齡組被試之間心理特徵的差異就不只是年齡差異，這時橫斷研究得到的結果就不是心理特徵變化隨年齡變化的結果。測量時間這種年齡因素和群組因素之間的混淆也是橫斷研究設計的主要缺點。橫斷研究設計傾向於對成熟或老化做出簡要的描述。例如，早期關於智力發展的橫斷研究設計表明，智力與年齡有很大的關係。可是問題在於我們根本沒有辦法判斷是否大多數人都會表現出一樣的發展過程，也就是說，我們不能透過時代差異來研究個體差異。

表2-1　1990年和2000年的兩個橫斷研究

出生時間(群組)	測量時間	
	1990	2000
1960	—	40
1950	40	50
1940	50	60
1930	60	—

除了變量混淆的問題，針對老年心理學研究的橫斷研究設計不可避免地面臨著被試取樣的問題。如果我們的研究對象是八九十歲的老人，由於這些年齡組被試的數量本身就很少，很多人的壽命就無法延續到這個年齡階段。因此，在某種程度上而言，我們可以認為八九十歲老人在心理特徵或健康方面優於那些已經去世的被試，因此形成了「精英被試」。相比之下，年輕人卻是在總體中取樣，這些年輕人中既有可能達到高齡的人，也有可能無法達到高齡的人。

　　所以，被試組之間本身就有的差異可能會導致研究結果產生偏差。另外，在橫斷研究設計中，測驗任務也會對研究結果造成影響。比如，在認知實驗任務中，年輕被試可能更適應測驗形式，而老年被試可能會顯得不那麼適應。因為老年人的某些認知功能本身已經開始衰退，在測量這些認知功能時，老年被試可能會表現出更多的緊張和消極狀態。這些因素都會影響到測驗的結果。

　　雖然有以上缺點，但是橫斷研究設計仍然是老年心理研究中最常用的研究設計。這是由於對於老年心理研究來說，橫斷研究設計最方便和實用，因為所有測量都在同一時間進行，而橫斷研究設計和其他研究設計相比，所需時間更短，同時所需費用較少。更重要的是，由於橫斷研究設計只進行一次測量，不需要考慮與以前測量結果相比較的問題，因此可以使用最新的測量技術，這樣可以進行更精確、先進的研究。因此，只要認識到橫斷研究的這些限制，它仍然可以作為探索性的研究工具，為其他研究設計的進一步深入研究提供研究方向和思路。

三、縱向研究設計

　　縱向研究設計是指對同一群組的被試在不同的年齡階段，對被試的心理特徵進行多次觀測和測量。縱向研究設計探索的是被試心理特徵隨年齡的變化過程，是一種發展的、動態的研究方法，可以提供心理特徵隨著年齡增長而改變的證據。圖 2-1 中的橫行就是縱向研究設計。

縱向研究設計的一個最大優點是可以確定年齡因素對心理特徵改變的影響，因為它是在不同時間施測同一批人。問題是，找到原因我們就能解釋為什麼會發生這些變化嗎？由於縱向研究設計只測量某一群組，因此它能夠很好地控制群組因素。但是，另外兩個潛在的因變量——年齡和測量時間仍然是混淆的。例如，假設我們想對 20 世紀 30 年代這一群組進行縱向研究，如果我們想在他們 60 歲的時候對其進行測量，那麼我們就要在 1990 年做這件事。結果就是，我們觀察到的任何改變都可能是由於個體內部加工，即年齡因素，同時也可能是由於我們選取的不同測量時間所造成的。

同樣以薪資增長為例，如果我們對一個群組進行縱向研究設計發現他們的薪資增長了，那麼這個現象的原因既有可能是個體自身能力和個人價值的提升，也有可能是所處時代的經濟狀況。因此，在一個縱向研究設計中，我們不能判斷年齡因素和測量時間到底哪一個更重要。

除了混淆年齡因素與測量時間對心理特徵發展的影響之外，縱向研究設計在實施過程中還存在一些其他的潛在困難。

首先，如果研究要求被試完成某些任務，而且需要對被試進行多次測量，那麼就很有可能出現練習效應。如果練習效應出現，那麼被試成績的提高只能說明，隨著時間的推移人們對此類任務更加熟練。對同一批被試重複使用同一種測量工具可能會在被試身上出現明顯的練習效應，從而會使研究本身無效，甚至有可能會使被試對該研究產生消極的印象。

第二，縱向研究設計要在被試的不同年齡階段測量，研究需要歷時很長一段時間。比如，要研究某種心理特徵從 60 歲到 90 歲的變化過程，這項研究要花 30 年才能完成。而在這麼長的時間內，縱向研究設計很容易面臨被試流失的問題。被試流失意味著很難保證一個群組在一個縱向研究設計中自始至終保持完整。被試流失的原因有很多，比如有的被試對測驗失去興趣而不願意再參加實驗，時隔幾年後被試可能搬家而找不到原來的被試，由於意外或健康問題導致被試死亡（在老年心理學研究中這一原因更為普遍）。

被試流失帶來的直接後果是被試數量的減少，這會增加統計分析的困難。更重要的是，研究最初的總體是某一群組的總體，隨著被試流失，被試從群

組總體變成了未流失被試的代表總體，而這些未流失的被試往往在某些心理特徵上高於總體水準，比如更健康，有較高的智力水準和受教育程度，更有堅持性等。這就導致了被試流失前後，被試除了年齡、測量時間不同之外，他們所代表的不同總體特徵也存在差異。如果被試流失數量太多，我們就很難說清縱向研究結果報告的差異到底是由什麼因素造成的。

第三，縱向研究設計結果本身的外部效度較差，即對某一群組進行的研究結果很難應用到其他群組中去。因此，縱向研究設計的結果很有可能只是某一群組所特有的發展過程和特徵。

由於縱向研究設計相對來說耗時長，花費較多，因此，在過去的研究中並不經常使用。但是，人們對縱向研究設計的認識似乎有所改變，為了進一步理解和解釋人類畢生發展的過程，心理學研究也越來越需要來自縱向研究的證據，即隨著時間的推移，個體會出現哪些心理特徵上的發展和變化。因此，縱向研究設計在對老年心理學的研究中越來越普遍。

拓展閱讀

橫斷研究設計和縱向研究設計之爭

從前面的介紹中可以看到，橫斷研究設計和縱向研究設計都可以進行有關年齡差異的研究，同時也存在一定的侷限性。橫斷研究設計混淆了年齡與群組的差異，而縱向研究設計混淆了年齡和測量時間。

在實際的研究中，兩種研究設計有時候會得出相反的研究結論。例如，在智力研究中一直存在著這樣的爭議：智力隨著年齡的增加是增長或減低，還是保持不變？橫斷研究結果表明其中存在明顯的年齡差異，而縱向研究的結果顯示不存在年齡差異。哪個結論更可信呢？

在橫斷研究中，年齡差異可能反映了存在真實的差異或反映了群組效應。例如，老年人從未學習過任何電腦技術，而年輕人則可能在關於新鮮事物的智力測驗中表現得更突出。問題在於我們無法區分到底是年齡還是群組效應導致了差異顯著的結果。在縱向研究中，不存在年齡差異的結果可能只是反映了不存在年齡變化。也有可能是只有健康的、智力水準較高的被試才會一

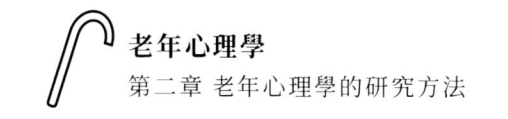

直堅持到最終試驗完成。這也就可能導致最終的被試樣本與開始時的被試樣本已經存在顯著差異。

其實，兩個研究的結果都不完全正確。因為，在這兩種研究設計中都存在變量的混淆問題，在錯誤的假設前提下，其研究結果也不可信。從這個例子我們可以看出，在比較橫斷研究和縱向研究的結果時一定要小心謹慎，以避免前人研究中的類似錯誤。

四、時間滯後研究設計

時間滯後研究設計是指在不同時間測量相同年齡的被試。嚴格來說，時間滯後研究設計並不針對年齡差異進行分析，因為在該研究設計中進行差異比較時所有被試都處於相同的年齡階段。在時間滯後研究設計中，對於不同群組在不同時間進行觀察和測量，而這些群組在進行測量時都具有相同的年齡。例如，在 1980 年對 1940 年出生的 40 歲的群組進行測量，在 1990 年對 1950 年出生的 40 歲的群組進行測量，而在 2000 年對 1960 年出生的 40 歲的群組進行測量，然後比較這三個群組的差異。圖 2-1 中的三個對角線即為時間滯後研究設計。

通常採用時間滯後研究設計來描述人們在某一特定年齡段的特徵。但是，由於該研究方法不能提供任何心理特徵的年齡差異，或是由於年齡增長而產生心理特徵改變的資訊，因此時間滯後研究設計在老年心理學研究中並不常使用。

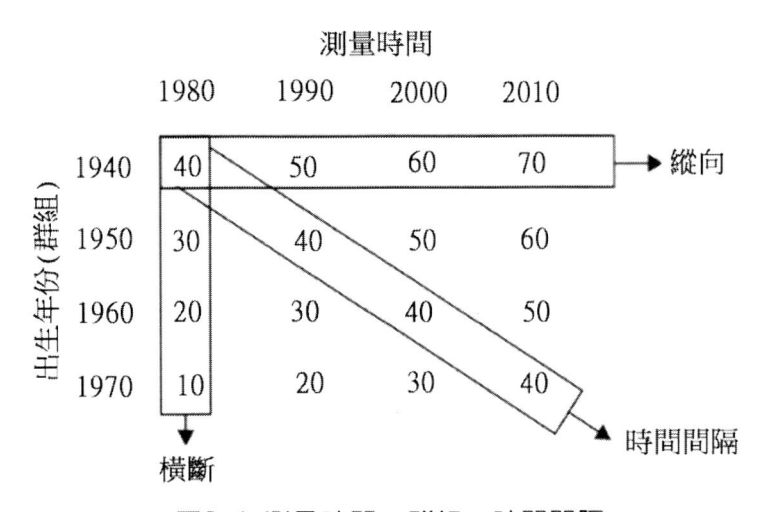

圖2-1 測量時間、群組、時間間隔

　　圖 2-1 中，每一列為一個橫斷研究設計，每一行為一個縱向研究設計，每一對角線為一個時間滯後研究設計。

　　我們已經介紹了三種研究設計類型，圖 2-1 包含了以上三種研究設計類型。然而上述的三種研究設計類型，都只能對某一種因素進行較好的控制，同時還產生了另外兩個因素的混淆。這些混淆包括：橫斷研究設計中年齡因素和群組因素的混淆，縱向研究設計中年齡因素和測量時間的混淆，以及時間滯後研究設計中群組因素和測量時間的混淆。這些研究缺陷增加瞭解釋個體行為差異的困難，正如「拓展閱讀：橫斷研究設計和縱向研究設計之爭」中所講，那麼，是否有一種更複雜的實驗設計可以同時解決這些問題呢？

五、序列研究設計

　　為了對三種因素進行更好的控制，沙因 (Schaie, 1965) 提出了序列研究設計。序列研究設計建立在上述三種研究設計的基礎之上，可以區分年齡、群組、測量時間三者的影響。序列研究設計可以分為三種：群組序列設計、時間序列設計、交叉序列設計。每一種序列研究設計都是前面三種研究設計的結合。

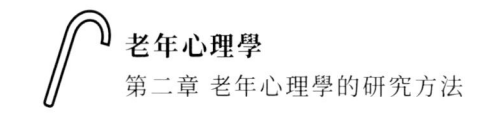

（一）群組序列設計

群組序列設計結合了橫向研究和縱向研究的特點，不考察測量時間的影響，只考察心理特徵在年齡和群組因素上的差異，即同時對兩個或兩個以上的組群進行橫向研究。群組序列設計的實施過程一般包括：首先選取幾個群組作為被試，然後在各個群組被試的不同年齡階段，對被試的某種心理特徵進行測量。實際上群組序列設計即是對每個群組的被試分別進行縱向研究。如圖 2-2 所示，一個組群序列設計包括兩個或兩個以上縱向研究設計，對兩個或兩個以上群組進行測量。

在這種系列研究設計中，每個縱向研究設計都開始於同一年齡，並且對每組被試進行相同時間長度的跟蹤研究。例如，我們在 1980 年對一組 50 歲年齡的被試的智力發展進行一個縱向研究，我們的被試是 20 世紀 30 年代的人。之後我們會對這一組群跟蹤研究若干年。在 1990 年我們會對另外一批 20 世紀 40 年代的 50 歲年齡的被試進行第二個縱向研究，同樣，之後我們會對這一組群進行跟蹤研究，時間長度和之前組群一樣。

	測量時間			
出生年份（群組）	1980	1990	2000	2010
1940	40	50	60	
1950		40	50	60

圖 2-2　群組序列設計

註：圖中間數字代表年齡

對群組序列設計的分析，可以使用方差分析的辦法，分別分析群組的主效應、年齡的主效應、群組和年齡的交互作用，從而確定群組、年齡因素在影響某種心理特徵發展中的作用。隨著群體序列研究中被試的年齡範圍的擴大、群組數量的增加，其研究結果可以逐漸推廣到更大的適用範圍中。

雖然優於單一的橫斷研究設計或縱向研究設計，但是群組序列設計仍然存在一些問題，比如它與縱向研究設計面臨著同樣的歷時長、被試流失等問

題。當然群組序列設計最主要的問題是對被試的施測時間不同。因此在群組序列設計中有一個假定的前提，即所研究的心理特徵的測量結果與測量時間無關。這是因為如果在不同測量時間，研究得到不同的測量結果，那麼群體序列設計的研究結果就不完全可信。

（二）時間序列設計

時間序列設計是在不同的時間對兩個或兩個以上的橫斷研究進行觀察和測量。時間序列設計不考察群組的影響，只考察心理特徵在年齡和測量時間上的差異。進行時間序列研究的過程包括：首先確定需要進行研究的年齡組，然後對這些年齡組進行測量，第一次測量結束後，再選擇幾個其他的測量時間，選擇與第一次測量同樣的年齡組進行測量。因此，時間序列設計實際上就是在不同的測量時間分別進行幾次橫斷研究。

如圖 2-3 所示，一個時間序列設計包括兩個或兩個以上橫斷研究，即在兩個或兩個以上的時間進行測量。在這些橫斷研究中，每個研究的被試都有相同的年齡。然而，每個測量時間中的被試又都不同。例如，我們可能會在 2000 年比較 40～60 歲被試的智力測驗成績，然後在 2010 年，則改用另一批 50～70 歲的被試再進行重複研究。

	測量時間		
出生年份(群組)	1990	2000	2010
1930	60		
1940	50	60	
1950	40	50	60
1960		40	50
1970			40

圖2-3　時間序列設計

註：圖中間數字代表年齡

對時間序列研究結果的分析，可以使用方差分析的方法，分別考察測量時間的主效應、年齡的主效應、測量時間和年齡的交互作用，從而確定測量

時間和年齡對某種心理特徵發展的影響。隨著時間序列設計中年齡範圍的擴大、測量時間數量的增多，其研究結果可以推廣到更大的適用範圍。

但是，時間序列研究也存在實驗設計上的問題，時間序列設計無法確定群組對被試心理特徵的測量是否存在影響。因此，時間序列設計也是建立在一個假設前提的基礎上，即所研究的心理特徵與被試的群組無關。因為如果不同群組被試的心理特徵發展不一致，那麼測量時間序列研究的結果就不可信。

（三）交叉序列設計

交叉序列設計不關注年齡的影響，只考察心理特徵在群組和測量時間上的差異。交叉序列設計的實施過程一般包括：首先選擇需要研究的幾個群組被試，對這些被試進行第一次測量，然後在不同的時間繼續對原來的被試進行測量。表2-2是一個交叉序列設計的案例，該研究在2000年和2010年對1940年和1950年的群組被試施測。從表中可以看出，所有同一群組的被試年齡不同，同一測量時間的所有被試年齡也不同。

表2-2 交叉序列設計

群組	測量時間	
	2000年	2010年
1940年	60	70
1950年	50	60

對交叉序列設計的分析，可以使用方差分析的方法，分別考察測量時間的主效應、群組的主效應、測量時間和群組的交互作用，從而確定測量時間、群組對某種心理特徵發展的影響。隨著交叉序列設計中群組數量的增加、測量時間次數的增多，其研究結果可以推廣到更大的適用範圍中。

交叉序列設計假定，研究所測量的變量與被試的年齡無關。很明顯這種假設前提下的研究設計並不適合一般的老年心理學研究，因為我們一般認為，心理特徵隨年齡發展而發生變化。因此將交叉序列設計應用在老年心理學研

究中時,一般都需要與群組序列設計或時間序列設計同時使用,作為後兩者的補充研究方法。

(四)綜合年齡、群組和測量時間的序列研究設計

以上三種序列設計都只能測量年齡、群組或測量時間三個變量之中的兩個。那麼是否能有一種研究設計將三個變量都結合到一起進行測量呢?沙因在這個問題上做出了極大的努力和貢獻。他曾經指出,如果將組群序列設計和時間序列設計結合起來,那麼將會產生一個「最完美的研究設計」(1965,1977)。這種結合後的研究所得到的數據可以用來解釋人類發展過程研究中的大多數問題。

這種序列研究設計是由兩個或兩個以上的橫向研究設計和縱向研究設計構成,包括以下幾個施測過程:首先進行一個橫斷研究,對各年齡段的被試進行測量;5～10年後再對這些被試施測,同時新增一個年齡組,這個年齡組的年齡與第一次測試時的最小年齡組的被試年齡相同;再過5～10年後,對前兩次的被試再次進行重複測量……以此類推,直到所有年齡組的被試接受同樣次數的測量後,這個序列研究才算結束,一般要耗時幾十年。

我們以沙因曾經做過的一項關於成人智力發展的交叉序列設計的研究為例,讓大家更直觀地認識交叉序列設計。這項研究最初是在1956年進行一個簡單的橫斷研究,以來自四個群組的22～67歲成人為被試,進行智力測驗。接著在1963年,再一次對之前的被試施測,這樣就得到了四組被試的縱向研究數據,可以觀察他們的心理特徵隨年齡增長而產生的變化和發展。

同時,招募年齡在20～70歲的新被試來參加測試,這些新被試形成第二個橫斷研究,與之前1956年的橫斷研究中的被試的年齡群組相同。然後在1970年,對兩個橫斷研究中的被試再次施測,得到1956年測量被試的第二份縱向研究數據,和1963年測量被試的第一份縱向研究數據。最後,在1977年對1963年測量的被試進行第三次測量,這樣,每組被試都經歷了14年的縱向研究,同時也可以對比兩組被試的數據結果。

儘管序列研究設計是一種很有效的研究方法，而且可以得到關於心理發展問題相當豐富的資訊，但是，只有少數的研究者使用這些方法，因為序列研究設計既占用大量的時間，又需要大量的財力支持。序列研究設計需要在相當長的時間裡跟蹤研究大批被試，同時還要招募新被試，需要進行複雜的數據分析，還要考慮到資金問題。在上面的例子中我們可以看到，研究者前後共花費 21 年的時間收集所有數據，之後又用 5 年的時間來分析處理數據，使結果可以廣泛應用。因此，這種研究方法對大多數研究者來說並不容易實現。

複習鞏固

1. 什麼是橫斷研究設計？
2. 縱向研究的優點和缺點分別是什麼？
3. 序列研究設計包括哪幾種類型？

第二節 老年心理學的研究方法

透過橫斷研究設計、縱向研究設計和序列研究設計，我們可以知道不同年齡組被試在哪些心理特徵上存在差異，或者被試的哪些心理特徵隨著年齡的增長而發生變化。然而這些研究設計只能描述心理特徵的差異或改變的現象，並不能從中找到解釋引起差異或變化的原因。因此，為了進一步研究老年心理發展問題，解釋心理特徵差異和變化現象，我們必須引入新的變量，採用新的研究設計。

在對老年心理學的研究中，通常使用的測量方法是在控制情境的條件下研究那些會對人畢生發展產生影響的變量。例如，選取不同的年齡組，其中一組為老年組，透過在不同的條件下比較不同年齡組之間在某些心理與行為特徵上的差異來探討年齡對於心理行為的影響。另外，也有一些心理學家在現實生活中對老年人進行研究，關注老化過程中的主觀經驗。比如自然研究，即研究者們在現實社會中觀察老化過程，而不是在心理學實驗室中。

第二節 老年心理學的研究方法

在實際研究中，我們要把本章第一節中講到的三種研究設計和這三種研究方法結合起來，這樣我們就可以知道隨著年齡的增長，哪些心理特徵存在差異或發生了變化，同時可以解釋這些現象的原因。在心理學研究中，所選用的研究方法會影響你對研究結果做出怎樣的結論，尤其是在對年齡進行比較的研究結果進行推論時。本節我們將詳細介紹三種基本的研究方法：實驗研究、相關研究和自然研究。

一、實驗研究

實驗是指研究者有意安排一套程序，從而使研究者在嚴格控制的條件下取得能解釋因果關係的經驗，因而能使這種經驗得到重複或驗證，而不僅僅是偶然的關聯。實驗研究要求研究者操縱一些變量，控制另外一些變量，然後觀察其他變量的相應變化。其中需要進行操縱的變量叫做自變量，研究者可以改變這些變量的性質和數量。除自變量之外，實驗過程中還存在一些無關變量，它們可能會影響自變量對因變量的作用，因此需要加以控制，否則可能會混淆自變量對因變量的作用。在一個實驗中，研究者加以控制的無關變量叫做控制變量，而未加以控制的無關變量叫做混淆變量，因變量又叫反應變量，是研究者透過操縱自變量，希望觀察到變化的變量。

實驗研究的最典型特徵是在實驗室裡進行，在一種高度控制的情境下進行觀察記錄，比較符合自然科學研究的規範要求。假如我們想瞭解在學習漢字或英文單字中採用不同的學習方法是否會影響他們最終記住多少片語，那麼我們需要做的就是對不同年齡組的被試提供不同的指導語，不同的指導語會告訴被試不同的學習方法，然後要求被試回憶學習過的詞彙，看他們分別能記住多少。例如，我們可以將被試分為兩組，一組青年被試和一組老年被試，選取其中某一組被試事先告訴他們要記憶實驗中所呈現的詞彙，每個詞呈現三次，而對另外一組被試則不提供任何有關的線索。這就是實驗法的一個研究案例。

實驗法的根本要求是對關鍵變量的操縱，所謂關鍵變量是指，研究者認為它是某一特定行為的原因。在上述例子中，研究者所操控的關鍵變量是關於學習方法的指導語。一般而言，在一個實驗中，研究者最樂於看到的是不

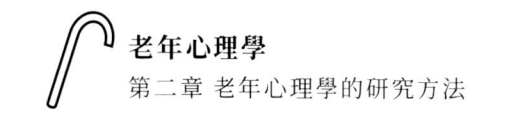

同被試組之間存在差異，因為這可以說明實驗所引入的自變量對因變量產生了影響。研究者需要對實驗中所有重要的變量進行嚴格控制，包括自變量、實驗條件、被試等。

在一個實驗研究中，所有變量都得到了系統、嚴格的控制，根據實驗結果，研究者才可以做出自變量和因變量之間存在因果關係的推論。例如，在上面的實驗中，我們可以總結出某種學習方法使人們的記憶成績更好或更壞。如果我們想更進一步理解老年期心理的發展和老化的個體內在過程，那麼這種因果關係的發現是至關重要的。

在實驗研究中，無關變量的數量遠遠大於自變量的數量，因此研究者控制無關變量的程度，決定了自變量和因變量間因果關係的可信程度。被試間的個體差異是一個普遍存在，而且是十分重要的無關變量，所以在實驗研究中往往採取隨機分配被試的方法來消除個體差異的影響。實驗研究中的隨機化方法，使分布在各個實驗條件下的各組被試基本同質，這樣就可以控制由被試個體差異造成的無關變量對因變量的影響。

綜上所述，我們可以總結出實驗研究的幾個特點：

（1）研究者必須主動對某些變量進行操縱，操縱這些變量後可能會引起因變量的變化；

（2）研究者必須控制一些自變量之外的無關變量，以消除這些變量對因變量的影響；

（3）實驗研究要求隨機分配被試，以消除被試間的個體差異；

（4）研究者透過實驗研究可以得到自變量和因變量之間的因果關係。

另外，需要大家注意的是，年齡本身不能作為一個自變量，因為我們不能操控年齡。因此，我們不能用一個真實驗設計來單純地檢驗年齡本身對人們某種行為的影響。我們只可以得出類似於「在自變量對因變量的影響中，可能與年齡因素有關」這樣的結論。

二、相關研究

　　不同於實驗法可以得到因果關係的推論，相關研究是為了確定兩個或兩個以上變量之間的關聯程度而進行的研究。研究者不對研究中的變量進行操縱，只是將自然發生的結果作為變量進行測量和分析。例如，在卡夫諾和墨菲 (Cavanaugh & Murphy, 1986) 的一項關於焦慮和記憶之間關係的研究中，他們測量被試的焦慮程度，並要求被試完成記憶測驗，然後計算二者的相關程度。結果他們發現，記憶是否與焦慮有關取決於研究所使用的焦慮量表。

　　相關研究無法給出像因果關係那樣的確定性結果。例如，智力和問題解決能力之間存在相關並不意味著某個因素一定會引起另一個因素。在進行老年心理學的相關研究中，研究者首先需要確定自己要進行測量的變量，然後對這些變量進行測量。在數據分析時，可以採用相應的相關計算方法，所得到的相關係數可以說明兩個變量之間的關聯程度。如果研究中只有兩個變量，可以直接採用雙變量相關計算其相關係數；如果施測對象是多個變量，可以分別計算兩兩相關程度，也可以使用偏相關係數，即控制其他變量，只考慮兩個變量之間的相關。

　　相關係數和偏相關係數都可以說明兩個變量的關聯程度，兩個係數越大，說明兩個變量之間的關聯程度越高。當然，相關有正相關、負相關和零相關之分。相關係數的變化範圍從 -1.00 至 +1.00。正相關即指一個變量增加時，伴隨另一個變量的增加；而負相關則是一個變量增加時，伴隨另一個變量的減少；零相關則是相關係數為 0 時，表示兩個變量之間不存在相互關聯的關係。

　　雖然相關研究不能像實驗研究那樣提供因果關係的解釋，但是相關研究對於探索某一變量在多大程度上與另一變量有關具有重要意義。變量之間的高相關是存在因果關係的必要條件，即高相關係數是存在因果關係的必要條件。可以想像，如果變量間的相關性足夠高，那麼我們理應能從一個變量的大小推斷出另一個變量值。這正是相關研究提供的一項功能——預測。

例如，從 20 世紀 50 年代到 60 年代初進行的一系列研究都發現，吸煙與肺癌之間存在某種程度的正相關，即一個人吸煙量越大，那麼他患肺癌的可能性也就越大。這種相關研究得到的結果可以使人們做出某種預測。根據某人吸煙量的大小，我們就可以預測這個人患肺癌的可能性，反之亦然。美國公共衛生局 1964 年的年度報告總結道，吸煙危害健康。這一結論基本上是根據相關研究的成果做出的。

另外，由於發展心理學家們重視的研究問題大多是一些很難的，或者甚至無法操控的變量之間的關係，因此，相關研究在發展心理學中得到了大量的應用。在某種程度上講，大多數發展心理學的研究都是相關研究，因為年齡本身不可操控。也就是說，我們可以描述許多個體心理發展中的現象，卻無法解釋它們。

三、自然研究

雖然實驗研究方法可以得到因果關係，為變量間差異或變化的現象做出確切的解釋，但實驗情境和生活現實差距較大，這使研究結果往往缺乏概括性。為了克服實驗室實驗法人為的侷限性，有的心理學家主張採取自然實驗法，即有目的地創設一定條件，在比較自然的情境下進行實驗研究。

直到 20 世紀 70 年代後期，心理學家才開始越來越多地注意到實驗研究和相關研究方法過於簡化了人類的行為。本節介紹的前兩種研究方法依賴於一個假設前提：決定人類行為的重要變量可以被獨立出來，同時可以單獨研究這些變量。而自然研究則不受制於這一假設，下面我們來瞭解什麼是自然研究。

自然研究法認為人類行為是複雜的、相互依賴的、眾多因素相互作用的結果，不能對其進行孤立的研究。我們必須在自然環境下研究人類行為，而不能只在實驗室裡透過給予刺激來觀察其某種行為。自然研究主要基於研究者和被試之間的互動。在剛開始的時候，研究者希望探索的資訊可能不是很明顯，但是隨著研究的進展，這些資訊會越來越清晰。自然研究中最常使用的研究方法是深度訪談法，透過這種方法可以得到很豐富的資訊。

拓展閱讀

深度訪談法

深度訪談法又名深層訪談法。深度訪談法是一種無結構的、直接的、個人的訪問，目的在於揭示被試對某一問題的潛在動機、信念、態度和感情。

深度訪談法主要是用於獲取對問題理解的探索性研究。比如，為瞭解老年人老化過程中的情緒情感等心理特徵的變化時，可採用深度訪談法。在訪談過程中，研究者為消除受訪者的防禦心理，可以採用各種如字詞聯想、角色扮演之類的技巧來對其進行訪談。

深度訪談法適合於瞭解複雜、抽象的問題。這類問題往往不是三言兩語可以說清楚的，只有透過自由交談，對所關心的主題深入探討，才能從中概括出所要瞭解的資訊。

比較常用的深度訪談技術主要有三種：階梯前進、隱蔽問題尋探，以及象徵性分析。階梯前進是順著一定的問題線探索，例如從他人評價一直到老年人對自己的認識和看法；隱蔽問題尋探是將重點放在個人的想法而不是社會的共同價值觀上，放在與個人密切相關的問題而不是一般的生活方式上；象徵性分析是透過反面比較來分析對象的含義，比如要想知道「是什麼」，先想辦法知道「不是什麼」。

深度訪談法的優點是可將反應與被訪者直接聯繫起來，可以自由地交換資訊。但是深度訪談也有不足之處。首先，不是每個人都能夠成為深度訪談的有技巧的調查者。其次，調查的無結構使得結果十分容易受研究者自身的影響，其結果質量的完整性也十分依賴於調查技巧。此外，研究數據也常常難以分析和解釋。因此，一個嚴格的心理學研究需要專業、熟練的調查者來進行深度訪談。

綜上所述，自然研究很適合用於涉及社會相互作用的心理學問題的這類研究。因為這些問題涉及動態的交互作用，而相比於實驗研究和相關研究方法，自然研究剛好可以提供一個十分接近現實社會的實驗條件。自然實驗法大大減少了實驗室實驗的人為操控，因此，如果所創設的條件適當，它會是

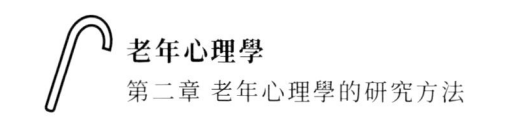

進行老年心理學研究的理想方法。自然研究的優點是，實驗者可利用實際的生活情景來研究心理活動的變化規律，被試處於自然狀態，所得的結果比較切合實際，可以有效地應用於實踐。自然研究在一定程度上避免了實驗室實驗中明顯的人為因素。然而，它的不足之處是實驗情景不易控制，容易受無關變量的影響。

複習鞏固

1. 實驗研究的基本特點是什麼？
2. 什麼是相關研究？
3. 自然研究有哪些優點？

第三節 老年心理學的模型

長久以來，人們一直都很關心人類畢生發展的問題。隨著心理學家們的研究和理論成果日益增多，逐漸形成了一些心理學模型來解釋老年人心理特徵的特點和變化。這些模型主要包括：機械模型、機體模型、情境模型和生物-心理-社會模型。其中，最有影響力且最為人們所接受的是生物-心理-社會模型。本節我們將為大家簡單地介紹機械模型、機體模型和情境模型，主要介紹生物-心理-社會模型，以及與之相關的一些老年心理學研究。

一、機械模型、機體模型和情境模型

（一）機械模型

機械模型使用一種機械隱喻來解釋人類的發展和老化。機械是由許多相互聯繫的部分共同組成的集合體，因此也可以將其分解，單獨研究每一部分。簡單地講，機械模型認為整體是部分的集合。同時，機械也是被動的，它不會自己主動去做任何事情，而需要依靠一些外界的力量來推動它產生行為。因此，我們可以看到，機械模型強調的是後天教育和環境的作用。機械模型將個體視為一個被動的機體，只需要對環境做出反應。

第三節 老年心理學的模型

在機械模型觀點的指導下，研究者們為了認識人類行為，首先會將複雜的行為（比如記憶）分解成為一些相對比較簡單的行為成分（比如注意和感覺記憶），然後單獨地研究這些成分。例如，在研究記憶時不需要考慮到情緒、目標或動機。機械模型的另一個重要內容是強調環境刺激和可觀察行為之間的聯繫，而不是與關於內部加工的假設概念之間的關係。最後，機械模型關注量變，而不是質變。

（二）機體模型

機體模型認為人體是一個複雜的生物系統。不同於機械模型，機體模型認為整體大於部分之和。也就是說，在人體各部分相結合之後會產生某些功能，而這些功能是單純關注於某一部分無法看到的。例如，氫 (H) 是一種極不穩定、容易爆炸的物質，而氧 (O) 是物質燃燒的必要條件。然而，當兩個氫和一個氧相結合後卻得到了一種可以將火撲滅的物質——水 (H2O)。人類的各種功能也是一樣，我們不能透過研究人們的某一個組成部分來認識個體發展的整體。

另外，機體模型還假設個體是他們自身發展的積極參與者。人們可以掌控他們的生活，為自己的成長和發展負責。而且，這種發展大多朝著某一特定目標。因為機體模型強調質變，所以它是階段發展理論的基礎，比如埃里克森的心理發展八階段理論，我們在第六章中會詳細介紹。

（三）情境模型

情境模型認為個體的發展依賴於歷史事件，即歷史中某些特定的時間點。例如，生活在 20 世紀末的人們的發展方式就不同於生活在 19 世紀末或其他任何年代的人們。每個年代都有其獨特的生活情景，這種生活情景是社會、心理、文化和生物相結合的產物，它決定著人們的發展方式。反過來，每一代人的發展又影響著當時的生活情景。

情境模型也認為，整體大於部分之和，認為人們在個體的發展中是積極主動的塑造者。然而，情境模型並不認為人們明確地知道自己的發展目標是什麼。情境模型強調發展多方向性，即成功進入老年期或完成老化過程的方

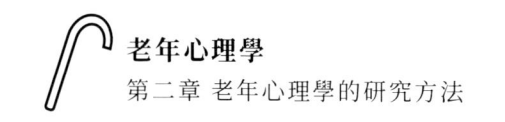

式不止一種，人們可以根據自己的特點和所處環境的特點實現屬於自己的成功老化過程。情境模型既支持量變，也支持質變。

二、生物-心理-社會模型

關於老年期心理特徵和老化的經驗可以透過許多角度獲得，比如人類學、社會學、生物學、醫學、政治學、心理學和經濟學等等。每種角度都對老年心理學的研究和理論建設做出了貢獻。從心理學角度研究老年心理學的任務在於，解釋在老化過程中某些行為是如何形成或如何消失的。

（一）生物-心理-社會模型中各因素的交互作用

生物-心理-社會模型強調生物、心理和社會三方面發展力量的相互作用，這就要求我們用一種整體的、多方向性的方法來研究老年心理學。整體的研究方法意義深遠。例如，如果我們想瞭解一個女性在更年期期間發生了哪些變化，那麼我們必須要考慮生理上的改變，以及這些生理改變如何與社會中關於更年期的傳言相互作用，又如何與這位女性當時的心理特徵相互作用。如果只關注所有這些影響因素中的某一個，而忽視其他方面，就很容易產生偏見。比如，如果我們只考慮更年期女性的荷爾蒙改變，那麼我們就不會真正理解她們在更年期到底經歷、體驗到了什麼。

要記住所有這些因素，我們必須真正做到理解行為是自然發生的。也就是說，我們不能用將複雜行為分解為若干部分的方式來理解或預言人們的行為。當把某個人行為的所有碎片拼合成一個整體時，我們會發現這個整體可以產生一些超越每一小部分單純相加的功能。

生物-心理-社會模型是將發展和老化過程中的生物影響、心理影響和社會影響有機結合起來的有效方法。圖2-4即是對該模型的簡單描述。從圖中我們可以看到，生物-心理-社會模型包含四個主要部分：人際關係、內在因素、生理因素和生命週期。箭頭表明了發展和老化是這四種因素之間複雜交互作用的結果。這些交互作用表明，理解其中的任何一個問題（比如物理疾病）都需要考慮到其他因素的影響。

第三節 老年心理學的模型

```
    心理 ⇄ ⇄ ⇄ 身體
┌────────┐  ┌────────┐  ┌────────┐
│ 人際關係 │  │ 內在因素 │  │ 生理因素 │
└────────┘  └────────┘  └────────┘
     ↓           ↓           ↓
社會支持：    生物變數：      慢性病：
與家人和朋友   年齡、性別、基因等；  功能性喪失能力；
的合作關係    器官系統水準，中央和  物理疾病，比如心臟病、
人際交往能力   自主神經系統，神經內  充血性心力衰竭、糖尿
和重要關係    分泌系統        病、心血管障礙等。

              心理變數：
              人格特質，心智功能，
              運動機能。
                ↓
           ┌────────┐
           │ 生命週期 │
           └────────┘
```

圖2-4　　生物—心理—社會—模型

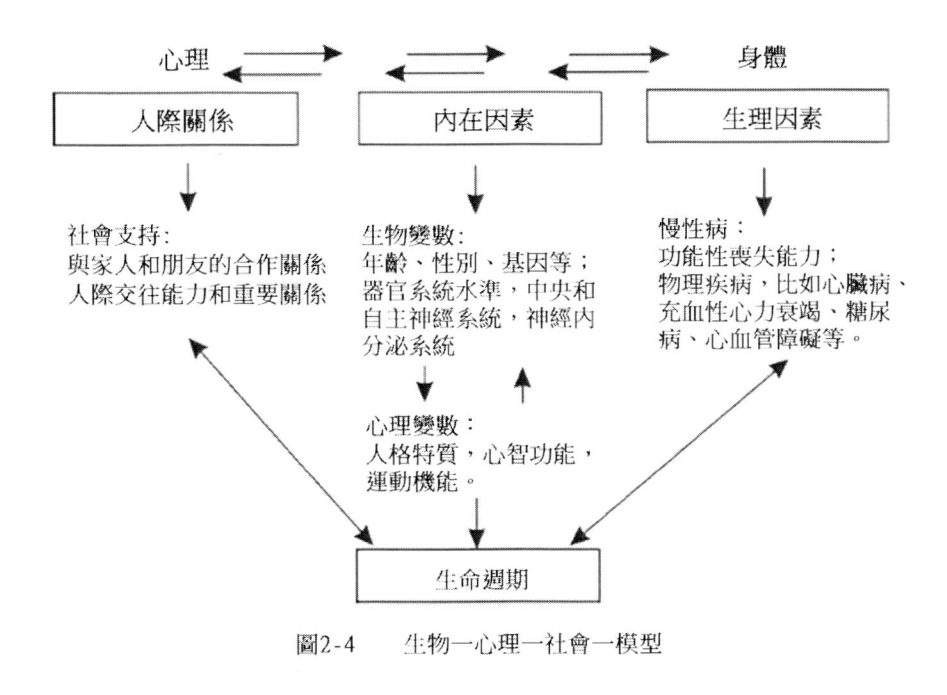

（二）人際關係、內在因素、生理因素和生命週期

透過圖 2-4 我們已經大致瞭解了生物 - 心理 - 社會模型的相互作用方式，下面，我們繼續學習該模型中的四個重要組成因素。

1. 人際關係。人際關係因素包括一個人與其他人的關係類型和特點，特別是與家庭成員、朋友和整個社會的關係。來自這些人際關係的影響可以滿足我們大多數的需要，比如歸屬和愛的需要，以及為個體遇到危機事件時提供支持網路。在第七章中，我們會詳細介紹老年人的人際關係特點及其對老年人心理發展的重要意義。

2. 內在因素。內在因素涉及兩個主要的影響類型。首先是正常的、與健康相關的變化，這種生理改變是老化過程的必然產物，它會使老年人喪失某些機體的靈活性。這些變化我們會在第三章中詳細介紹。其次就是心理發展，老年人的人格、記憶、智力等等都會發生改變，這些心理發展是老年人與外部社會相互作用以及獲得歸屬感的基礎。關於老年人記憶、智力和人格等改變分別在第四章、第五章、第六章中詳細介紹。

3. 生理因素。生理因素涉及物理疾病和功能性疾病。這些疾病並不屬於老化過程中的正常部分，儘管這些疾病的產生可能是由於年齡增長。在第三章我們會介紹一些老年人常見的疾病，以及基本的應對措施。

4. 生命週期。生命週期包括以下四方面的內容：

（1）過去的社會經驗，包括所經歷的成就和逆境、喪親喪友經歷、壓力事件、經濟困難等；

（2）過去的身體經驗，包括急性病、易染病體質、心理障礙等；

（3）當前狀態，包括行為和智力、希望和動機，以及對老化的態度；

（4）未來展望，包括焦慮、恐懼，以及關於變老的沮喪。

一個人在某一特定時間、地點做出怎樣的行為與他在過去的社會、心理和生物三方面的經歷密切相關，同時，它們也與人們當前的狀態和對未來的態度相互影響，協同作用於個體行為。生命週期為理解人們如何看待當前情境，以及當前情境如何作用於個體提供了背景。生命週期因素強調在不同的生活狀態或年齡，同樣的事件可能會產生不同的結果。比如，25 歲時生小孩和 45 歲時生小孩，對個體的意義可能是不一樣的。將當前的情境放到更廣闊的背景中去理解它，這對人們從完整、全面的角度看待問題很有幫助，而且也有利於畢生發展心理學研究的普及和發展。

三、生物 - 心理 - 社會模型下的老年心理學研究

假如你已經對老年人的心理特徵和研究方法有所瞭解，並決定研究記憶的年齡差異問題。但由於對這一方面的研究很少，還不確定是否存在年齡差異，因此，你決定採用橫斷研究設計。為了使研究數據具有更廣泛的適用性，你又編製了一個問卷，從幾個不同的方面（比如名字、面孔等）調查人們的記憶能力，測查他們感覺在過去幾年中記憶發生了怎樣的變化，他們會使用哪些記憶技巧，以及當要求他們記憶某些事情時是否會感到焦慮等等。

在開始收集數據之前，先試著回想一下生物 - 心理 - 社會模型中的那些會影響研究結果的變量，包括健康狀況、物理和心理變化、生命週期等因素，

在被試的選擇上一定要消除上述變量的影響，這些變量本身就有可能使研究結果產生差異。已有的研究結果表明，在老年心理學研究中，經濟條件好、受教育程度高的被試往往表現更好，而經濟條件較差的被試則一般都低於正常水準。有了生物-心理-社會模型作為基礎，我們就不會將那些經濟條件好、受教育程度高的被試的研究結果推廣到其他被試中。

健康狀況是影響心理機能的一個關鍵因素。例如，我們發現慢性病會影響智力，還有類似阿滋海默症這種疾病，患者幾乎喪失其心理機能（第五章）。因此，研究者在對老年心理學的研究中應該包含一些對被試健康狀況的評估，以免健康因素影響研究結果。

在對老年心理學的研究中最容易被忽視的就是老年人的視力和聽力。一些年輕人很容易看清楚的細小物品，對老年人而言可能就很困難。在研究中如果不考慮到這一點而做一些調整，比如放大問卷或實驗中的字號，就可能得到無效或不可信的數據，或是讓老年人在整個實驗中為自己衰退的視力感到沮喪。同樣的道理，在呈現聽覺刺激的實驗中，也要考慮到老年人聽力功能衰退的現象。在第三章中，我們會更詳細地介紹關於老年人的視力和聽力等問題。

不同於以在校學生為被試的心理學研究，老年心理學研究需要我們真正到社會上去招募老年人被試。因此，在老年心理學研究中，我們必須更多地考慮到老年人的生理和心理特點，並以此為依據來設計研究。另外，新穎、難度適中、測量方法合適的研究設計更容易吸引老年人參與我們的研究。

複習鞏固

　　1. 老年心理學的模型主要有什麼？

　　2. 生物-心理-社會模型是什麼？

　　3. 生物-心理-社會模型由哪些部分組成？

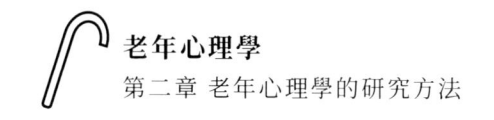

拓展閱讀

生物-心理-社會模型在老年心理學研究中的應用

透過本節的介紹，我們知道生物-心理-社會模型有很多顯而易見的優點，然而研究者們以這種模型作為研究基礎的時間卻並不長。在大約 30 年前，心理學研究者們才開始強調對待老年期心理發展這一問題，要採用多種觀點相結合的方法的重要性。在這之前，大多數心理學家都將老化視為一種不可避免的衰退過程，而且都沒有考慮自己想法之外的其他觀點。

另外，採用生物-心理-社會模型是與過去研究在根本上的背離。在這種模型框架下，研究者接受了老化是一個極其複雜的過程。也就是說，老化不是一個孤立的現象，在研究心理老化現象時還必須考慮到生物老化和社會老化這兩個背景。

例如，在智力差異的研究中必須考慮到大腦的不斷發展和衰退，同時在分析數據結果時還要考慮到在教育或技術領域被試經歷過的重大歷史事件，因為這些重大事件可以影響人們的思維方式。

為了讓生物-心理-社會模型更貼近我們的個人發展過程，請閉上眼睛一分鐘，我們來回顧一下我們自己的成長過程。想想你所面對過的改變或成長，它們是多麼的複雜，其中包含了許多來自生物、心理和社會的發展力量。這也就是為什麼我們要用包含這三種發展力量的生物-心理-社會模型來解釋老化現象，而不是單純地只關注其中的某一個，並以此作為解釋老化的原因。

本章要點小結

1. 在對老年心理特徵的研究中，年齡、群組和測量時間是三個重要變量。年齡通常指一個人從出生到現在的實際的生理年齡；群組是指在某一相近的時期內出生，具有相似經歷和生活環境的一群人；測量時間是指對研究對象施測的時間。

2. 橫斷研究設計是指在同一時間對不同年齡組的被試進行測量，從而比較各個年齡組的被試在某個心理行為特徵上的差異。它的缺點是容易造成年齡因素和群組因素的混淆。橫斷研究設計是老年心理研究中最常用的研究設計。

3. 縱向研究設計是指對同一群組的被試在不同的年齡階段，對被試的心理特徵進行多次觀測和測量。縱向研究設計會混淆年齡因素與測量時間，而且容易出現練習效應、被試流失、外部效度差和費時費財等問題。

4. 時間滯後研究設計是指在不同時間測量同年齡的被試。容易混淆群組因素和測量時間。

5. 序列研究設計建立在橫斷研究、縱向研究和時間滯後研究三種研究設計的基礎之上，可以區分年齡、群組、測量時間三者的影響。

6. 組群序列設計結合了橫向研究和縱向研究的特點，不考察、測量時間的影響，只考察心理特徵在年齡和群組因素上的差異，即同時對兩個或兩個以上的群組進行橫向研究。

7. 時間序列設計是在不同的時間對兩個或兩個以上的橫斷研究進行觀測和測量。時間序列設計不考察群組的影響，只考察心理特徵在年齡和測量時間上的差異。

8. 交叉序列設計不關注年齡的影響，只考察心理特徵在群組和測量時間上的差異。

9. 沙因 (Schaie) 提出了綜合年齡、群組和測量時間的序列研究設計，這種序列研究設計是由兩個或兩個以上的橫向研究設計和縱向研究設計構成。

10. 實驗是指研究者有意安排一套程序，從而使研究者在嚴格控制條件下能解釋因果關係的經驗，因而使這種經驗得到重複或驗證。

11. 實驗研究的特點：研究者必須主動對某些變量進行操縱，操縱這些變量後可能會引起因變量的變化；研究者必須控制一些自變量之外的無關變量，以消除這些變量對因變量的影響；實驗研究要求隨機分配被試，以消除

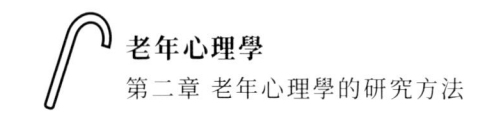

被試間的個體差異；研究者透過實驗研究可以得到自變量和因變量之間的因果關係。

12. 相關研究是為了確定兩個或兩個以上變量之間的關聯程度而進行的研究。研究者不對研究中的變量進行操縱，只將自然發生的結果作為變量進行測量和分析。

13. 自然研究法認為人類行為是複雜的、相互依賴的、眾多因素相互作用的結果，不能對其進行孤立的研究。自然實驗的優點是實驗者可利用實際的生活情景來研究心理活動的變化規律，被試處於自然狀態，所得的結果比較切合實際，可以有效地應用於實踐。它的不足之處是實驗情景不易控制，容易受無關變量的影響。

14. 老年心理學的模型主要包括：機械模型、機體模型、情境模型和生物-心理-社會模型。

15. 生物-心理-社會模型強調生物、心理和社會三方面的發展力量的相互作用，這就要求我們用一種整體的、多方向性的方法來研究老年心理學。包括人際關係、內在因素、生理因素和生命週期這四個重要的組成因素。

關鍵術語表

群組 cohort

群組效應 cohort effect

測量時間 time of measurement

橫斷研究設計 cross-sectional research design

縱向研究設計 longitudinal research design

時間滯後研究設計 time-lag research design

序列研究設計 sequential research design

年齡差異 age-related difference

第三節 老年心理學的模型

群組序列設計 cohort-sequential design

時間序列設計 time-sequential design

交叉序列設計 cross-sequential design

機械模型 mechanistic model

機體模型 organismic model

情境模型 contextual model

生物-心理-社會模型 biopsychosocial model

選擇題

1. 老年心理學研究中的重要變量是（ ）

A. 年齡

B. 群組

C. 測量時間

D. 受教育程度

2. 下列哪種研究設計中容易混淆年齡因素和群組因素（ ）

A. 橫斷研究設計

B. 縱向研究設計

C. 時間滯後研究設計

D. 序列研究設計

3. 縱向研究設計的缺點包括（ ）

A. 被試流失

B. 混淆年齡因素和測量時間

C. 容易出現練習效應

D. 耗時過長

4. 老年心理研究中最常用的研究設計是（　）

A. 橫斷研究設計

B. 縱向研究設計

C. 時間滯後研究設計

D. 序列研究設計

5. 在實驗研究中需要進行操縱，研究者可以改變其性質和數量的變量叫做（　）

A. 關鍵變量

B. 因變量

C. 自變量

D. 無關變量

6. 能夠得到因果關係結論的研究方法是（　）

A. 問卷法

B. 實驗研究

C. 相關研究

D. 自然研究

7. 自然研究最常使用的方法是（　）

A. 問卷法

B. 實驗室實驗法

C. 深度訪談法

D. 觀察法

8. 下列哪種老年心理學模型既關注量變又關注質變（　）

A. 機械模型

B. 機體模型

C. 情境模型

D. 生物-心理-社會模型

9. 生物-心理-社會模型的重要組成部分包括（　　）

A. 人際關係

B. 內在因素

C. 生理因素

D. 生命週期

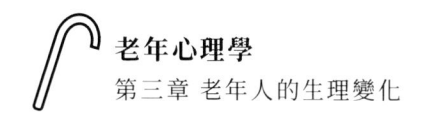

第三章 老年人的生理變化

　　進入老年期後，老年人的感覺系統都發生了哪些變化？隨著年齡的增長，老年人的腦部也發生了老化，這將直接影響他們的晚年生活。老年人感知覺和腦的老化也給他們帶來了一些感知覺系統疾病和腦部疾病，這些典型疾病的病理是什麼？怎麼進行預防以及它們對心理活動會產生哪些影響？老年人又該如何應對這些變化？

　　隨著年齡的增加，我們逐漸步入老年期，身體的各個部分都會出現不同程度的變化。老年期的典型特徵就是「老」，即老化、衰老的意思，而人的老化首先就是從生理方面開始的，這種生理特徵的變化不僅體現在外觀形態上，還反映在人體內部的細胞、組織、器官以及身體各功能系統的變化上。

　　我們會發現，自己的皮膚有了皺紋，頭髮脫落、變得灰白，身高下降，行動也沒有那麼敏捷了；同時，也發現自己的感官並不那麼靈敏了，看物體變得模糊，聽力也逐漸下降。生理功能是心理功能的基礎，生理結構的變化會引起心理活動的變化，生理結構的逐漸老化將直接影響個體的感知覺、記憶、思維等各種心理活動。

第一節 感覺系統的老化

　　感知覺是大腦與周圍外界環境連接的通道，是各種高級複雜心理活動的基礎。例如，我們面前有一個蘋果，我們用眼睛去看，知道它有紅的或綠的顏色，圓圓的形狀；用嘴咬一口，知道它是甜的還是酸的；拿在手裡，知道它有一定的重量。這些紅綠、酸甜、圓、重量就是蘋果的一些個別屬性。

　　我們的頭腦接收和加工了這些屬性，進而認識了這些屬性，這就是感覺。感覺是人腦對事物個別屬性的認識。又如，看到一棵參天大樹，聽到一首鋼琴曲，聞到一陣花朵的芬芳，感受微風吹過的絲絲涼意，這些都是知覺現象。知覺是客觀事物直接作用於感官而在頭腦中產生的對事物整體的認識。我們的感覺器官主要有眼睛、耳朵等等。

老年心理學

第三章 老年人的生理變化

一個人到五六十歲以後，不僅聽覺和視覺出現老化現象，連味覺、嗅覺和軀體皮膚感覺也都隨年齡增長而逐漸發生退行性變化。老年人感知覺的退化主要是由感覺器官的老化造成的。這些變化對老年人的日常活動和心理都會產生影響。掌握各種感知覺退行性變化的規律，從而對年老過程感知覺變化盡快地適應，對老年人是十分重要的。

一、視覺

（一）視覺的生理結構

1. 水晶體

水晶體又稱水晶體，是眼球的主要屈光結構，也是唯一有調節能力的屈光間質。水晶體就像照相機裡的鏡頭一樣，使進入眼睛的光線發生折射，同時也能濾去一部分紫外線，保護視網膜，但它最重要的作用是透過睫狀肌的收縮或鬆弛改變光線的折射率，使看遠或看近時眼球聚光的焦點都能準確地落在視網膜上。當眼睛注視近處的物體時，睫狀肌收縮，水晶體的曲度增大；當眼睛注視遠處的物體時，睫狀肌鬆弛，水晶體曲度減小。這就是水晶體對不同距離的對焦作用，稱為調節。睫狀肌是由動眼神經調節，其調節能力隨著年齡的增長而逐漸降低，對遠近物體的調節力降低，形成老花現象。晶體也會隨著年齡的增長而發生老化，從而影響其彈性和透明度。

年齡的增長使水晶體質量和密度增加，前囊膜增厚，水晶體上皮細胞數量減少。螢光素的逐漸沉積使水晶體透明度下降並逐漸變成黃色。在20～45歲之間的人，隨著年齡增長，水晶體的硬度約增加了4倍，而到80歲時約增加了14倍。隨年齡增長，沒有發生白內障的水晶體散光程度俱增，65歲時加倍，77歲時為3倍。

老年人的眼睛會變得渾濁，不再像青年人那樣透亮。特別是在閱讀的時候，經常由於看不清而會不由自主地把報紙或書儘量放到手臂距離的位置。當需要做針線活時，她們很難把線從針眼裡穿過去，需要戴上眼鏡或讓別人幫助，這就是我們經常說的老花眼，它使老人們看不清近距離的東西。

图3-1　老人在閱讀報紙

2. 視網膜

　　視網膜是眼球的光敏感層，負責將光轉化為神經信號。視網膜含有棒體細胞和椎體細胞兩種感受細胞，感受細胞將它們感受到的光能轉換成神經信號。這些信號被視網膜上的其他神經細胞處理後轉化為電信號，電信號從感受器產生後，沿著視神經傳至大腦。人的視網膜上有 1.2 億個棒體細胞和 600 萬個椎體細胞，棒體細胞分布在視網膜邊緣，而椎體細胞主要分布在視網膜中央窩。棒體細胞是夜視器官，主要感受物體的明暗，椎體細胞是晝視器官，主要感受物體的細節和顏色。光感受器細胞和視網膜色素上皮細胞與視網膜的老化密切相關。隨著年齡增長，光感受器細胞密度降低，神經節細胞和視網膜色素上皮細胞也逐漸消失。老年人要想看清楚物體，需要更亮的光照條件。他們在昏暗的環境中，看不清物體的具體細節和顏色，特別是在晚上，很容易因為看不清障礙物或路面而被絆倒摔跤。

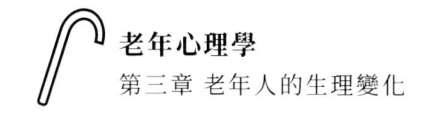

3. 角膜和鞏膜

　　角膜是眼睛最前面的透明部分，覆蓋虹膜、瞳孔及前房，並為眼睛提供大部分屈光力，再加上水晶體的屈光力，光線可準確地聚焦在視網膜上構成影像。角膜直接與空氣接觸，折光能力最強。角膜有十分敏感的神經末梢，如有外物接觸角膜，眼瞼會不由自主地合上以保護眼睛。鞏膜是乳白色、不透明的纖維膜，起保護眼球內容物和維持眼球形態的作用。隨年齡增長，尤其是 70 歲之後，角膜光散射增加，透光度下降，螢光物質增多，鞏膜也越發變薄、變黃，彈性下降。覆蓋在角膜表面的淚液可為角膜提供營養和潤滑作用，但會隨年齡增長不斷減少，淚腺排出的總蛋白也逐漸下降。60 歲以後，隨著脂質促成素和溶菌酶濃度下降，淚液膜破裂時間幾乎為 0。許多老人慢慢發展成乾眼症，需要使用人工淚液。

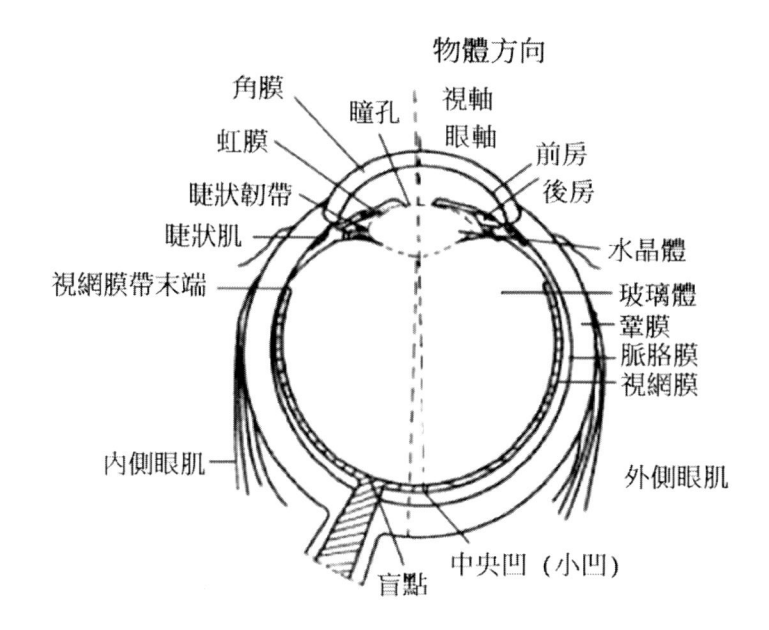

圖3-2　眼睛的水平解剖圖

第一節 感覺系統的老化

（二）視覺的基本現象

1. 視敏度

視敏度是指視覺系統分辨最小物體或物體細節的能力，醫學上稱之為視力。老年人水晶體的彈性和聚焦能力減弱，逐漸形成了老花眼，眼睛對不同距離物體的調節能力下降。研究證明，大約 75% 的老年人需要配戴眼鏡，其中許多老年人即使戴上眼鏡視力也沒有完全恢復。老年人在臉部圖片的識別和配對任務中，當亮度降低時也表現出視覺能力的退化。在觀察運動物體時，視敏度明顯更差。一個人在 60 歲的時候閱讀所需要的亮度是他們在 20 歲時候的三倍。

提高物體的照明度或改善物體與其背景之間的對比度，可能會使老年人的視敏度提高一些。但是，六七十歲以後，無論怎樣改善視覺條件，老年人的視力也絕對達不到青年人的水準。由於視力的減退，老年人在日常生活中有著諸多不便，以至影響到他們的生活水準。因此，平時要注意改善老年人視覺的條件，在老年人生活或活動的地方，提供較好的照明條件。同時，也要注意老年人眼病所引起的視力減退問題，做到及時預防和治療。

2. 視覺適應

在視覺的範圍內，視覺適應可分為暗適應和明適應。暗適應是指照明停止或由亮處轉入暗處時視覺感受性提高的時間過程。例如，我們夜裡從明亮的室內走到室外或晚上突然停電的時候，都會發生暗適應的過程。明適應與暗適應相反，是指照明開始或由暗處轉入亮處時人眼感受性下降的時間過程。

例如，我們晚上從室外進入室內開燈的時候，就會有明適應的過程。暗適應的時間較長，而明適應則很快。研究表明，暗適應和明適應能力隨著年齡的增加都會有所降低，老年人暗適應或明適應所需要的時間都明顯長於青年人。明適應和暗適應是視覺感受性發生了變化，是感受細胞的作用。老年人的感受細胞密度降低，因此視覺適應的時間變長。這使老年人在夜裡的活動受到限制，甚至容易發生危險。

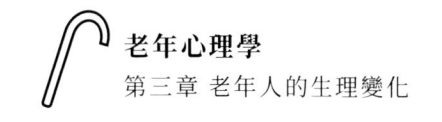

3. 顏色知覺

顏色是光波作用於人眼所引起的視覺經驗。老年人對光的感受性的降低，使他們對顏色辨別能力也比青年人低 25%～40%，而且對不同顏色的辨別力降低的程度也不一樣，對藍色、綠色的鑑別能力比紅色、黃色的鑑別能力下降得更明顯，因此，老年人感覺世界更偏向黃色。這是由於水晶體隨著年齡的增長而變黃。也有研究發現在手術切除水晶體之後，病人仍感覺世界是微黃色的，這可能是由於神經系統發生了改變。

4. 視覺編碼速度

老年人在加工視覺刺激資訊時也比青年人要慢，而且需要更長的時間以準確識別物體。當他們所觀察的物體比較暗淡時，編碼速度更慢。在感知階段和視覺資訊在大腦中的加工階段，老年人的速度都要比年輕人慢。

5. 其他的視知覺現象

老年人對物體的形狀、大小、深淺，以及對運動物體的視知覺和一些特殊視知覺現象，與年輕人相比也有不同程度的變化。物體形狀的視知覺受該物體輪廓線與背景之間亮度和色度比的限制。人們在知覺物體的形狀時，輪廓的形成是需要時間的。當明度或色度發生突然變化時，人們也能看到輪廓，這是由於明度對比或色度對比產生的。與青年人相比，老年人知覺圖形形狀的時間更長，他們要看清楚圖形，需要圖形與背景之間的對比度更大。對物體大小、空間關係和運動速度的判斷能力的減弱，也會導致老年人生活上的一些過失。

（三）視覺的常見疾病

1. 白內障

白內障是發生在眼球裡面水晶體上的一種疾病，即眼睛的水晶體發生混濁，是首位致盲性眼病。老年性白內障是最常見的一種白內障疾病，由於長期紫外線的傷害及組織的老化，導致水晶體變硬而混濁所致，多見於 50 歲以上的老年人，隨著年齡的增長，發病率逐漸提高。由於水晶體本身沒有血液供應，僅依賴於房水及玻璃體滲透，在人類老化的過程中，人體的營養、

消化吸收功能與機體的代謝機能逐漸減退，從而導致水晶體營養不佳，引起水晶體組織變性。也有人認為，白內障是由於水晶體纖維硬化和脫水造成的，當人體在老化過程中，水晶體纖維逐漸硬化，核部收縮而赤道部皮質被懸韌帶牽拉，從而使周邊部水晶體纖維間出現裂隙，引起水晶體混濁。

也可能由於老化引起房水滲透壓增加，使水晶體脫水而混濁。白內障的主要症狀是視力減退、視物模糊，由於白內障部位及程度的不同，其對視力的影響也不同。若白內障長在水晶體的周邊部，視力可不受影響，若混濁位於水晶體的中央，輕者視力減退，重者可能只能看見手動或光感。老年性白內障發生的相關因素主要有陽光和紫外線、高溫、環境缺氧和營養等。

老年性白內障是老年人視力障礙及致盲的主要眼疾，目前多採用手術治療。但如果能夠針對病因採取防護措施，老年性白內障是有可能預防的。老年人平時多注意避免過度用眼導致疲勞，尤其是注意照明條件，光照要充足，儘量不要長時間在昏暗環境中閱讀和工作。避免長期過量接觸輻射線，在戶外活動時，應戴有色眼鏡，以防輻射線直射眼睛。注意營養的補充，平時多吃水果蔬菜，提高機體抗病能力。

2. 青光眼

老年性青光眼是老年人常見的一種眼科疾病，是因眼壓升高導致視乳頭灌注不良而形成的，並發視功能障礙性疾病。隨增齡原發性青光眼發病率增加，青光眼的共同特徵是視神經萎縮和視野缺損，病理性的眼壓升高是重要的危險因素之一。老年青光眼的症狀表現有早晨起床後看書報較吃力，容易出現鼻樑根部酸脹和眼眶前額脹痛的症狀。因為正常人的眼壓有晝夜波動的規律，一般清晨偏高，夜間較低。青光眼患者24小時的眼壓波動幅度較正常值更大，因此清晨的眼壓會更高，因而出現症狀。

視力逐漸下降，驗光配鏡視力矯正不到1.0（對數視力表為5.0），尤其高度近視者，戴適度的眼鏡後仍常有頭痛眼脹感。晚間看燈光出現五彩繽紛的暈圈，好比雨後天空出現彩虹一樣，醫學上稱虹視。這是由於眼壓上升，角膜水腫而造成角膜折光改變所致。平時飲水較多，青光眼患者在一次性喝水超過300毫升的時候就會出現頭痛。出現這樣的原因是因為在飲水的過程

中速度快、量也多，這就導致了血液稀釋引起的滲透壓降低，進入眼內的眼壓房水也會增多，從而引起眼壓升高。另外，如一隻眼已確診為青光眼，對另一隻眼必須密切觀察。

現代醫學認為，青光眼是不能治癒的，只能控制。因此，患青光眼的老年人在平時要多注意護理。注意保護眼睛，不要長時間在暗光線下工作或讀書。睡眠時枕高些的枕頭，平時要保證充足的睡眠。控制飲水量，避免短時間內大量飲水，飲食儘量清淡。

3. 黃斑病變

黃斑病變是指一系列由於黃斑中細胞的死亡或者受傷而導致的中央視覺的喪失。老年性黃斑變性又稱年齡相關性黃斑變性，為黃斑區結構的衰老性改變，主要與黃斑區長期慢性光損傷，脈絡膜血管硬化，視網膜色素上皮細胞老化有關。本病大多發生於 45 歲以上，其患病率隨年齡增長而增高，是當前老年人致盲的重要疾病。黃斑變性通常是高齡退化的自然結果，隨著年齡增加，視網膜組織退化、變薄，引起黃斑功能下降。在百分之十的黃斑變性病人中，負責供應營養給視網膜的微血管便會出現滲漏，甚至形成疤痕，新生的不正常血管亦很常見，血管滲漏的液體會破壞黃斑，引起視物變形，視力下降，過密的疤痕引致中心視力顯著下降，影響生活質量，甚至變盲。

對於黃斑變性的治療，到目前為止仍是比較困難的。老年人在平時要多注意用眼衛生，注意關注眼睛健康。飲食上應選擇營養豐富、富含蛋白質、維生素且易於消化的食物。多食用富含維生素 A、C、E 及胡蘿蔔素的蔬菜與水果。食用維生素含量高的食物可能減弱對黃斑的光照毒性，增強視網膜對自由基的防護作用，限制或減輕對視網膜黃斑組織細胞的分子損傷。另外，要注重對光損傷的防護，白天外出儘量戴墨鏡或變色鏡，以減少對黃斑的光刺激。

二、聽覺

（一）聽覺的生理結構

1. 外耳

外耳包括耳郭和外耳道，主要作用是收集聲音，以及判斷聲源的位置。外耳的退行性變化主要表現為皮膚分泌功能的減退，耵聹腺分泌物耵聹變硬、變多，難以排除，致外耳道阻塞，影響聽覺。老年人定期檢查外耳道，清除耳垢，對改善老年人的聽力有一定的幫助。

2. 中耳

中耳由鼓膜、聽小骨、卵圓窗和正圓窗組成。當聲波振動鼓膜時，帶動三塊聽小骨運動，把聲音傳至卵圓窗，引起內耳淋巴液振動。中耳的退行性變化主要表現為聽小骨的鈣化，聽小骨關節的軟骨變薄，關節腔逐漸為鈣化沉積物所填充，關節活動範圍變窄，導致聲波傳導效率降低。

3. 內耳

內耳由前庭器官和耳蝸組成，後者是人耳的聽覺器官。基底膜上的柯蒂氏器包含著大量的支持細胞和毛細胞，後者是聽覺感受器。內耳的主要功能是對聲音接受後的分析加工，將聲音轉變為神經衝動，把聲音資訊傳入大腦皮層的聽覺中樞。內耳的退行性變化表現是多方面的，耳蝸基部毛細胞和支持細胞的退化或萎縮，常引起對高頻聲音聽覺的喪失或減弱，內耳血管萎縮與代謝性老化引起內耳中淋巴液化學成分和生物特性改變，常導致聽覺功能的全面降低。

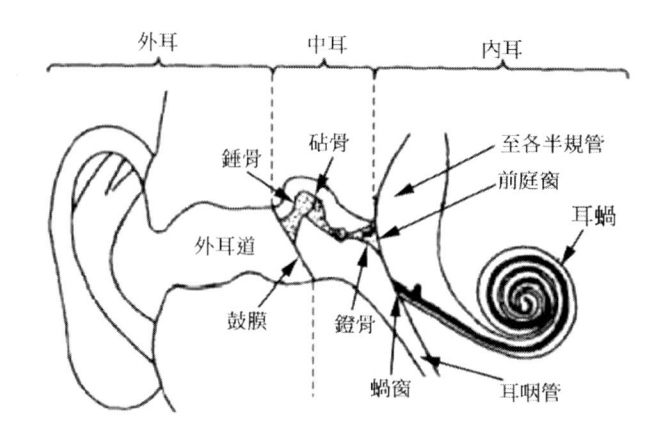

圖3-3 人耳的構造

（二）聽覺的功能變化

1. 音調

音調主要是由聲波頻率決定的聽覺特性。聲波頻率不同，我們聽到的音調高低也不同。人的聽覺頻率範圍是 16～20000 赫茲，其中 1000～4000 赫茲是人耳最敏感的區域。從 25 歲開始，隨著年齡的增加，人們對兩個不同音調聲音的辨別能力逐漸降低，這種變化在 55 歲以後變得更加明顯。年齡增長對音調辨別能力的影響，對於不同頻率的聲音也有所不同。對高音調聲音間差別的識別能力，隨年齡增加而下降的速度，比對低音調聲音的鑑別能力下降得更快。在 70 歲以上的老年人中，這種現象更明顯。老年人對高、低音調聽覺能力的差異，是由前面所提到的耳蝸基底部感知高音調的細胞明顯退化所造成的。為了延緩耳蝸基底部細胞年老退化的進程，老年人可以經常聽一些高音調的音樂。

2. 音響

音響是由聲音強度和聲壓水平決定的一種聽覺特性。聲壓強度大時，聽起來響度高；強度小時，聽起來響度低。人所能感覺到的音響範圍在 0～130 分貝，當音響超過 130 分貝，人耳就會產生痛覺。要知覺到同樣的音響，

老年人比年輕人需要更高的聲音強度。研究者認為主要是有以下幾個原因：第一，內耳中基底部毛細胞的衰亡；第二，聽覺神經通道細胞的衰亡；第三，隨著年齡的增加，老年人身體的整體機能下降，供給耳蝸細胞的血液和營養成分不足；第四，耳蝸裡基底膜等振動機制衰退。這些生理結構的老化，影響老年人的聽覺功能。

（三）聽覺功能退化的影響

老年人聽覺功能的變化直接影響到他們的言語知覺能力和理解能力。在和老年人講話時，關鍵的部分要放慢語速，聲音大些，多重複幾次才能讓其充分理解。老年人在言語理解的過程中，抗干擾的能力比青年人差得多。因此，講話時周圍的環境條件對老年人言語理解能力有著很大的影響。在比較空曠的大禮堂或大廳中，老年人的言語聽覺能力顯著下降，這是由於大禮堂或大廳中存在著回音現象，干擾著老年人的聽覺系統。電話中，由於電波干擾等原因常混著一些雜音，也明顯影響著老年人的言語聽覺能力。在電話中對老年人說話，講話人要大聲慢講，周圍儘可能沒有其他噪音或電波的干擾。

老年人聽覺能力的下降，還會影響他們對聲音方位的定向。聲音定位一般是根據兩耳刺激的時間差、強度差等。由於老年人聽覺功能的下降，使他們對聲音的時間差和強度差判斷不準確，從而難以辨別聲音的來源。這會給老年人的日常生活帶來一些困難。

老年人聽力下降，他們言語知覺能力和理解能力降低，使他們與他人的溝通也受到影響。當他們與他人溝通受到阻礙時，可能會慢慢減少溝通，這也不利於老年人的心理健康。這樣容易引發一些負性情緒，使老人感到孤獨，變得孤僻。

許多老年人聽力下降後，希望佩戴助聽器來改善聽力。現代助聽器與老花鏡不同，助聽器放大想聽到的聲音的同時，也放大了背景中的噪音或其他的聲音。此外，這些音調不同的聲音在助聽器的電子系統中被放大時還會出現一些額外的新噪音，或是一種持久的噪音，這些反而會對老年人的聽覺系統造成危害。因此，在給老年人佩戴助聽器的時候一定要慎重。聽力的衰退並不是從老年之後才開始，只是平時不太容易察覺，直到聽覺受損十分嚴重

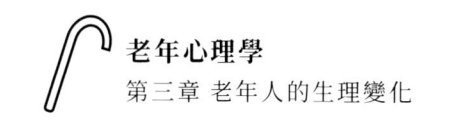

時才發現。所以，老年人在平時就要注意聽覺的變化，定期去醫院檢查，多鍛鍊自己的聽覺能力，遠離對耳朵聽覺系統有危害的場所。

三、味覺和嗅覺

（一）味覺

味覺的適宜刺激是指能溶於水的化學物質，只有當唾液將糖或者鹽溶化後，我們才能嘗到它們的味道。人的味覺有甜、苦、酸、鹹四種，負責它們的味蕾在舌面的分布是不一樣的。味蕾是味覺的感受器，嬰兒有10000個味蕾，成人有幾千個，味蕾的數量隨著年齡的增加而減少，同時對味道的敏感性也降低了。老年人負責味覺的腦中樞也會發生明顯的退行性變化，表現為神經細胞數量減少，神經纖維萎縮。其實，這些退行性變化從青年時代就已經在緩慢地進行著。

人們日常吃到的東西，通常不是單一的味道，而是混合的。老年人對於許多複雜的混合味道的辨別能力，也明顯下降了。他們對於平時食物成分的識別能力不如青年人。

（二）嗅覺

嗅覺是由有氣味的氣體物質引起的。這種物質作用於鼻腔上部黏膜中的嗅細胞，產生神經興奮，經嗅束傳至嗅覺的皮層部位，從而產生嗅覺。在老年退行性變化中，鼻黏膜的嗅上皮細胞數量明顯減少，其餘的感受細胞的靈敏度也明顯降低。嗅覺的神經細胞數量減少了，腦中樞也發生了退行性變化。與味覺變化的規律相似，鼻子能夠覺察出的最低物質濃度隨著年齡的增加而升高了。

老年人味覺和嗅覺的變化，對他們正常生活的影響不是很大。生活中對於食物的鑑別，味覺和嗅覺是同時起作用的。雖然味、嗅覺的功能退化了，但老年人還可以根據他們的生活經驗或者食物的顏色、溫度、形狀等其他輔助資訊來進行調整，可以彌補味覺和嗅覺功能的不足。

四、軀體感覺

人體各部分的皮膚都會對觸、壓、痛、溫度等刺激產生感覺。痛覺有些特殊，因為各種刺激無論是壓、觸還是溫度，都要超過一定的強度才會引起痛覺。皮膚感覺屬於淺感覺，是身體外表受刺激產生的感覺。與之相對應的是深感覺，是軀體深部肌肉、關節受刺激或位置變換而引起的感覺。人們即使不看也知道自己的腿是彎曲還是伸直的，這就是由於深感覺在發生作用。除淺感覺、深感覺以外，還有特殊的內臟感覺，如胃排空的饑餓或吃飽後的脹滿感，腸扭轉的腹痛等。在老年人中，這些感覺都發生一定的變化，呈現一些特點。

皮膚之所以能產生觸、壓、痛、溫度等不同的感覺，是由於它有許多形態結構各異的感受小體或游離的神經末梢。皮膚感覺感受器在皮膚上呈點狀分布，稱為觸點、冷點、溫點和痛點。身體的部位不同，各種點的分布及其數目也不同。60歲以後的老年人，皮膚上敏感的觸覺點數目顯著下降，皮膚對觸覺刺激產生最小感覺所需要的刺激強度，在年老的過程中逐漸增大。不僅感覺的靈敏度變差，定位性也顯著減弱。老年人觸覺的定位能力比青年人明顯要差：無論是一個觸點還是兩個觸點，青年人都能準確報告，而老年人通常只能感覺到一處。

溫度覺包括溫覺和冷覺。皮膚表面的溫度稱為生理零度。高於生理零度的溫度刺激，引起溫覺；低於生理零度的溫度刺激，引起冷覺。老年人的溫度感知能力和青年人沒有顯著的差別，而老年人抵抗高溫和低溫的能力低於青年人。通常，老人在春秋的時候還會著裝特別厚重，以保持體溫。在季節交替的時候，溫度經常會驟然變化，老年人要注意防寒保暖，預防感冒等季節性疾病。

當任何一種刺激對身體有損傷或破壞作用時，它都能引起痛覺。痛覺具有保護機體免受傷害的作用。痛覺的感受器是皮膚下各層中的自由神經末梢。人的痛覺受很多因素的影響，如文化環境、經驗的作用，人對傷害性刺激的認識，以及暗示的作用等。對於痛覺隨年齡的變化，研究者的結論並不一致。一些研究結果認為，隨著年齡的增加，痛覺的感受能力下降，因為老年人痛

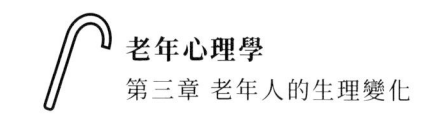

覺感受器減少了；另一些研究則發現老年人痛覺的敏感度並沒有發生變化，但是對於老年人和青年人來說，疼痛的感情含義可能是不同的。

例如，當老年人面對疾病所帶來的疼痛時，他們覺得自己已經到了這樣的年齡，因而對自己可以做些什麼或應該為之做些什麼的期望感逐漸降低。老年人通常很少說疼痛，也很少認為令人厭惡的刺激是痛苦的。所以，相比年輕人而言，影響老年人痛覺敏感度的因素更具有多樣性，也更難將這些因素整合起來。

在高齡的老年人中，由於感覺系統的退行性變化，肌肉、關節狀態的深感覺和軀體平衡感覺顯著減弱，結果產生許多功能障礙。由於肌肉、關節狀態的深感覺回饋遲緩或不良，老年人步履遲緩，而且經常容易摔倒。老年人的骨骼老化，容易造成骨折。老年人視覺系統功能也逐漸退化，使他們對路面狀況的視覺回饋不足，走路搖擺不穩，從而更容易摔倒、受傷，甚至有時老年人在室內做簡單的家務也會摔倒。深感覺的退化給老年人的生活帶來不便，也影響到了他們的口頭語言和文字書寫能力。

由於口部和發音有關的肌肉本體感覺能力減退，常使得老年人言語聲音變得嘶啞、含糊不清或斷斷續續。手部肌肉感覺退化，向內回饋的神經衝動減弱，造成書寫文字所必需的精細運動困難。無論是口頭言語還是文字書寫能力的減退，都給老年人的社會交際和思想交流帶來困難，影響他們的社會生活。老年人在平時加強鍛鍊，可延緩軀體肌肉的精細運動功能的老化。平時多進行彈琴、唱歌等活動，或進行一些鍛鍊手部靈活性的運動，可防止書寫能力和口頭語言能力的減退。

生活中的心理學

老年人心理變化的特點

人到老年，身心都趨向老化。老年人的心理老化有以下的特點。

第一，心理老化與身體老化並不同步。一般而言，老年人心理老化的速度要慢於身體老化的速度。老年人的身體老化主要表現為頭髮變白，老年斑

和皺紋增多等。老年人的身體老化與心理老化有一定的關係，但這種關係並不密切，也不是必然的。

第二，老年人的心理老化與個體的心理特點有著密切的關係。通常情況下，懶於用腦、經常不思考問題的人，智力衰退的速度較快，而勤於用腦、喜歡思考的人，智力衰退的速度較慢。情緒不穩定、憂鬱、沒有進取心、意志不堅定的人，往往未老先衰；而情緒穩定、樂觀開朗、意志堅定、有著積極的進取心的人，即便是到了老年，依然有旺盛的創造力。

第三，社會因素對老年人的心理老化的影響也比較大。社會不斷對老年人提出新的要求，會成為老年人積極提高自身素質，不斷進步的促進因素，也會對調動和發揮老年人的智力產生作用。社會重視老年人智力的發揮，就會推遲老年人心理老化的速度。但是，如果社會忽視老年人智力的發揮，就會加速老年人的心理老化。

當然，社會對老年人心理的影響還表現在老年人社會角色的轉變以及對這種轉變的適應情況，比如老年人的退休症候群。

複習鞏固

1. 視覺適應分為哪兩種，老年人的視覺適應發生了怎樣的變化？
2. 老年人聽覺功能退化的表現有哪些，它的影響是什麼？
3. 簡述老年人軀體感覺的變化。

第二節 腦的老化

隨著年齡的增長，老年人出現了廣泛的神經系統老化的現象，從而導致各種神經功能障礙。大腦皮層是整個神經系統的最高部位，是全部心理活動的最重要的器官，是各種複雜行為進行的最高指揮中心。老年人腦的功能的減退，常常表現為明顯的語言障礙及記憶力減退等各方面的困難。

一、腦結構和機能的變化

人類的腦由三部分構成,即大腦、小腦和腦幹(包括中腦、腦橋和延腦)。大腦由左右兩個半球組成,是自然進化中最完善的產物,也是一切智慧產生的地方。小腦主要協助大腦維持身體的平衡與協調動作。腦幹是許多臟器的中樞,控制呼吸、心跳、血壓等生理活動,維持平衡的基本生存狀態。人的各種感受器和身體各部分的活動,分別由大腦皮層的一定部位管理,稱為機能區。主要有初級感覺區、初級運動區、言語區和聯合區。大腦皮層是一個整體,不能割裂開來各自完成任務。

人的神經系統是由周圍神經系統和中樞神經系統組成的。中樞神經系統包括腦和脊髓,周圍神經系統分布於周身,由31對脊神經、12對腦神經和一定數量的植物性神經三部分組成。周圍神經系統是中樞,是神經和身體感受器及運動效應器之間聯繫的通道。它們把身體外界的刺激資訊傳遞到中樞,再把中樞的反應決定傳到運動效應器,從而完成動作,對外界進行應答。大腦皮層是最高中樞,是心理現象產生的物質基礎,周圍神經系統是產生心理現象不可缺少的重要組成部分。

人的大腦也會伴隨著人的衰老而老化。腦的老化主要表現為腦萎縮,尤以額葉及顳葉最為明顯,表現為腦溝、腦裂增寬,腦回縮窄,腦室擴大。研究者發現在正常的老化過程中,大腦重量減少大約10%～15%。腦細胞的死亡是原因之一,因為神經細胞與身體其他細胞不同,它屬於非再生性細胞,一旦死亡後人體本身不能生成新的細胞進行補充、替代。神經細胞在出生時是最多的,隨著年齡的增長,腦細胞數目減少,人類腦神經細胞總數約為140億～200億,30歲以後平均每天損失10萬個左右,77歲減少到出生時的2/3,90歲僅剩20歲的1/2。老年人腦的衰老明顯表現在腦的重量減輕上。人腦的平均重量為1300～1400克,而老年人平均減少90～100克,有人測定,70歲人的腦重量減少5%,80歲減少10%,而90歲減少達到20%。阿佩爾認為,人腦20歲左右的時候達到重量的最高峰,以後隨年齡增長而逐漸下降。

第二節 腦的老化

　　除了腦細胞數量減少之外，腦的血流量也減少了。80歲老年人的腦血流量比青年人降低了20%。由於腦血供應的降低，腦組織所得到的能源物質——葡萄糖和氧氣就減少了，腦的各種物質代謝過程也會減慢。此外，人們進入老年期後，腦電活動的頻率和波幅逐年下降。老年人神經細胞內脂褐素的沉積增加，這種變化以下橄欖核、脊髓前角運動神經細胞、脊髓後根神經節細胞等比較顯著。脂褐素是幾種重要致衰老物質之一。軸索營養不良也是神經系統生理性老化的表現之一，老年人發生率較高，表現為軸索膨脹呈球形。隨著年齡的增加，老年人會出現神經元纖維纏結現象，50～60歲為5%，70～80歲達到60%，而100歲的老年人則全部可見到腦內有神經元纖維纏結。阿茲海默症患者中這種改變相當於正常老年人的6～40倍。老年人的腦中常有老年斑的出現，多位於大腦皮層毛細血管周圍，尤以海馬區域更為多見。腦血管的老年化改變，除動脈硬化之外，腦的中小動脈中膜和外膜也可見澱粉樣物質沉積。

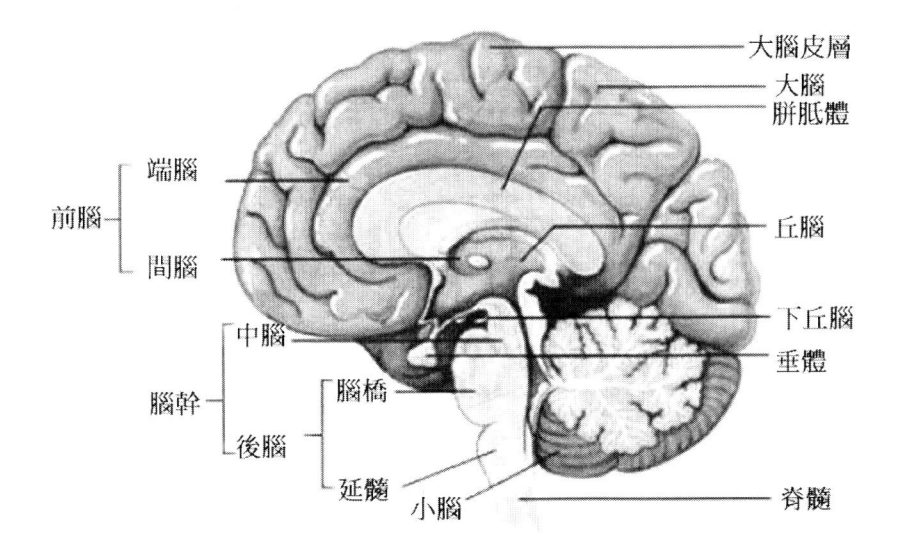

圖3-4 大腦結構

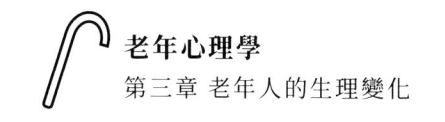

二、腦老化對心理活動的影響

隨著年齡的增加，腦的結構和功能都發生了衰老變化，老年人的心理活動也會出現老化性改變。人腦的老化一般是一個緩慢發展的過程，所以，老年人心理活動的變化也是逐步發生的。進入老年期後，由於腦的生理情況、各方面機能均有所下降，所以，老年人的心理活動也是普遍降低的。雖然各種心理活動的減退程度是不同的，但腦的老化對記憶、感知覺能力和情緒性格都會產生影響。

（一）記憶

老年人記憶的特點是近事記憶減退，遠事記憶保持，但當近事記憶減退嚴重時也會慢慢影響到遠事記憶，嚴重情況下還會出現遺忘症或記憶的喪失。所以，許多老年人對最近發生的事情經常記不住，而對那些很久以前的事情還能清楚記得。記憶可以分為三個階段：

第一階段，感覺記憶，大約1秒左右，如果不進行重複轉眼就忘了，人們有時自己都沒有意識到；

第二階段，短時記憶，大約30秒左右，如果沒有注意加以記憶也會很快忘記（例如，平時人們在清點物體的數量時，若有人問其其他的事情，回答後，就會忘記剛才數到多少了，這就是短時記憶的遺忘）；但是，如果個體將數量加以注意並記憶，就不會輕易忘記，這時記憶是第三階段——長時記憶，長時記憶的資訊在頭腦中儲存的時間長，容量沒有限制，長時記憶的資訊大部分是對短時記憶的內容的加工，當然，也有一些是由於印象深刻而一次獲得的。

遠事記憶相當於長時記憶，近事記憶大致相當於短時記憶，但它的範圍更廣。老年人記不住近來發生的事情，可能是短時記憶向長時記憶轉化的過程中出現了問題。心理學家認為有兩種可能：

一是老年人心理加工的能力不足。大腦中海馬區域在記憶功能中有重要作用，當海馬區的神經細胞發生老化變化時，就會產生記憶力下降的現象。

二是老年人中原有的記憶內容對最近內容造成影響，使其不能進入記憶網路中。這種現象與中腦中的神經細胞的大量自發活動有關。隨著年齡的增長，腦內儲存的資訊越來越多，這些大量儲存的資訊經常自發活動，對某一回憶任務造成干擾，妨礙注意力的集中。

腦的老化還對記憶有其他方面的影響。心理學家研究發現，老年人對有重大意義的事件記憶沒有明顯變化，但對生活中瑣碎事情和無情景的機械記憶的東西記憶力明顯下降，而且經常發生東西就在嘴邊但說不出來的現象。這可能是由於腦組織和腦神經的退行性變化，神經系統和心血管系統的疾病造成諸如腦部供血不足等，也與個體的營養狀況、文化水準和職業狀況有關。

記憶的衰退給老年人的生活帶來了很多不便，嚴重的記憶衰退還會影響老人的工作能力，甚至是生活能力。老年人由於自己記憶力下降，會產生不良的情緒狀態和自我狀態的認知失調，影響老年人的心理健康。因此，腦衰老對記憶的影響最明顯也最普遍。

腦老化後，老年人的智力也發生了改變，但它並非是全面衰退的。從整體來看，老年人智力衰退是個事實，然而，並不是所有智力因素都受年齡增長的影響而衰退。老年人的智力是一個完整的結構，有的因素在衰退，有的因素卻保持穩定。在資訊加工和問題解決過程中，與形象性思維能力有關的物體、圖形的空間關係等因素，稱為流質智力；與語言、文字、觀念、邏輯推理等抽象思維能力有關的因素，稱為晶體智力。在年老過程中，流體智力和晶體智力的變化是不同的。

一般來說，流體智力會隨著年齡的增長而逐漸下降，而晶體智力在人的一生中一直在發展，只是到 25 歲以後，發展的速度逐漸平緩。這主要是因為晶體智力決定於後天的學習，與社會文化有密切的關係，而流體智力主要與神經系統的先天結構和功能特點有關。注意力、感知覺能力、短時記憶能力和運動反應能力等簡單的心理功能是流體智力的基礎，它較少依賴於文化和知識的內容，而決定於個人的稟賦，與年齡有密切的關係。老年人的感知覺功能下降，運動反應變慢，流體智力也會逐漸下降。晶體智力與知識、經驗等關係密切，如果記憶力沒有大幅度損傷，一般不會出現明顯下降。

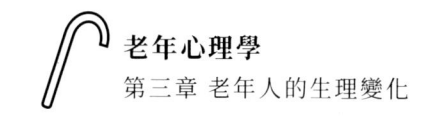

（二）感知覺

感覺是人們對事物個別屬性的認識；知覺則是人們對客觀事物整體的認識。我們感覺一個物體的外形、顏色、硬度、氣味等各種屬性，將這些資訊經過頭腦的加工，產生對事物整體的認識，就是知覺。知覺以感覺作基礎，但它不是個別感覺資訊的簡單總和，而是按照一定方式來整合個別的感覺資訊，形成一定結構，並根據個體的經驗來解釋由感覺提供的資訊。感覺是各種高級心理活動的基礎。

在各種心理活動中，老年人的感知覺變化最為明顯。五六十歲以後，視覺、聽覺、味覺、嗅覺和軀體感覺都隨年齡增長而發生退行性變化。一方面，這與神經系統的外周感覺器官的老化有關；另一方面，也與大腦皮層特定功能區的腦細胞的衰老有關，尤其表現在知覺方面。老年人看到或聽到後，並不能及時反應所聽所看到的內容是什麼，要一段時間才能理解。老年人自言自語，或別人一句話反覆說幾遍才能理解話語的內容，這些都與老年人心理加工能量不足有關。

老年人知覺功能的下降，還表現在對客觀事物認識的緩慢上。有心理學家做過這樣的實驗，分別給老年人和青年人快速呈現一些日常用品的圖片，要求他們報告看到的是什麼東西，如果沒有看清或沒有說對，則延長時間再呈現一次，如果還是沒有看清或說對，就再延長一些時間看一次，直到看清楚為止。結果發現，老年人辨認出一件物品的時間比青年人要長很多。這說明老年人的知覺能力下降，與腦內某些特殊功能化細胞的老化有關。在人的大腦中有些細胞是專門負責知覺特徵的，它使人們在很短的時間內將物體識別出來。

（三）情緒和性格的變化

老年人大腦皮層的興奮性降低，所以，一般老年人的情緒比青年人要低沉一些，對外界帶有感情色彩的事件的反應也更輕微，不像青年人那樣容易激動、好鬥。當大腦額葉老化比較嚴重時，往往使老年人出現情緒失控，表現出情緒不穩定，容易激動，感情脆弱，此時往往會因為瑣碎的小事大發雷霆，或無故大笑，變化異常。這時候的老年人就像小孩子一樣，情緒波動較

大，但又固執己見。當額葉損傷時，還會發生人格上的變化。沉默的人可能變得活潑，積極進取的人可能變得消極低沉。

三、常見的老年人腦部疾病

（一）阿茲海默症

老年性痴呆學名為阿茲海默症，主要症狀是智慧的障礙，是由老年性腦萎縮所造成的進行性腦器質性痴呆，一般多見於額葉、頂葉、顳葉腦部細胞的進行性退化與萎縮。這種萎縮從某一部位開始，區域逐漸擴大，使腦細胞失去活力，喪失機能，最後變成一塊塊纏結狀的斑塊。此病多發在75歲前後，女性占多數。

該病進程比較緩慢，主要表現為進行性的精神和神經症狀，由輕到重，直到完全痴呆，生活完全依賴他人照料。剛開始的症狀一般多為健忘或行為改變，近事記憶的減退尤為明顯。例如，忘記剛剛做過的事情；忘記自己剛吃過飯，要求再吃飯；出去後不認識回家的路等。病人一貫的行為也會出現改變。例如，原本比較勤勞的人，變得比較懶惰；原本勤儉節約的人，變得揮霍浪費；原本和藹可親的老人變得自私自利。

隨著病情的進一步發展，遠事記憶也會發生障礙，忘記家人以及自己的名字，不認識家裡的人，忘記自己的住址等；有時也因記憶減退而出現虛構記憶的現象，並且自己深信不疑，甚至給人以說謊甚至是胡說的感覺；抽象思維障礙出現也較早，思考問題不分主次，思維不連貫，說話顛三倒四，敘述不清楚自己的想法，也不能理解他人的話；病人很容易生氣，並且堅持己見，極端自我中心，只考慮自己，有時甚至讓人認為是故意與家人作對以外，還可能出現被害、貧窮等妄想。到後期時，症狀日趨嚴重，病人變得痴呆，完全喪失與人交往的能力，甚至連洗澡、大小便等日常行為都無法自理，必須有人照料。

對去世的患者的腦解剖發現，腦老化程度嚴重，腦萎縮，大量的腦神經細胞壞死脫落，細胞內脂褐素沉積，大量的老年斑和神經元纖維纏結，神經膠質細胞增生等。

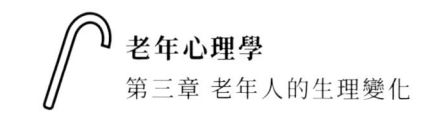

（二）腦血管性痴呆

腦血管性痴呆的發病年齡要比老年性痴呆早，多在 60 歲左右，老年初期容易發病。大約半數患者患有高血壓，在發生腦出血和腦梗死後，伴隨神經症狀而出現智慧衰退和痴呆症狀。初發病時，有腦動脈硬化症的三個主要症狀——頭痛、眼花、記憶力衰退。此外，還有耳鳴、失眠、麻木、疲勞等神經衰弱的症狀。隨著症狀的加劇，身體上或精神上的症狀消失，以記憶力衰退為主的痴呆症狀日益明顯起來，並伴發情緒不穩，沒有耐性，易暴躁發怒，情緒憂鬱等症狀，還會伴有性格改變。

本病的痴呆症狀是進行性加重的。開始多數病人自述有健忘等症狀。此時，病人對簡單的心算已經感到困難，初級的腦力活動也會受到影響。病人理解能力降低，思維停滯，聽不懂別人說什麼，或理解得很慢；不能進行創造性工作和思考；談話的內容也只限於身邊的一些具體事物，而不在眼前的，或需要抽象思維理解的事物病人不會主動談起，當被問起的時候，也不能很好理解或簡單化、形式化地理解。病情再發展下去，健忘症狀更明顯，出現定向障礙、人物誤認和自造言語等症狀；有時候也會出現一些粗暴行為，容易被細小的事情惹怒。到了末期就會出現精神衰退，達到痴呆狀態。

腦血管性痴呆的基本病理是腦動脈硬化。動脈硬化是伴隨年齡增加產生的血管變化，它的形成有各種不同的原因。食物中所含的脂肪，能引起血中膽固醇增加，從而使老年人的血管發生變化，引起動脈粥樣硬化。另外，老年人隨著年齡的增加，血管壁的彈性纖維也發生變化，含鈣量改變，引起彈性纖維壞死。腦動脈硬化後，造成腦動脈血管緊張，對腦部的氧氣和營養供給不足，致使腦組織廣泛退化而引發病症。

（三）腦中風

腦中風也是腦部血管老化所引發的一種常見的老年疾病。老年人腦動脈血管硬化，血管壁變薄變脆。在血壓升高的時候，血管壁承受不住壓力，就可能破裂，造成腦出血。有的老年人血液中膽固醇過高，沾黏在血管壁上，使血管腔變窄，造成腦血管堵塞，腦出血，使腦組織受到血液的壓迫，二者都使腦組織發生缺氧缺血症狀。大腦組織細胞的生存環境比較嚴格，缺氧 3

分鐘以上就會造成腦細胞的死亡。如果堵塞或者出血發生在腦的重要區域，則死亡率極高。

如果發生在其他區域，經及時搶救，病情緩解後，病人這一部分腦功能將受到嚴重影響，甚至喪失。平時中風的後遺症常見的是癱瘓，多是半側肢體的癱瘓。這是因為病發區在大腦主管感覺、運動的中樞區。大腦分成左右兩半球來分別管理我們的肢體，左半球管理右側軀體，右半球管理左側軀體。一般中風只發生在一側半球，所以軀體相對應的一側發生癱瘓。

（四）帕金森氏症

帕金森氏症是老年人中常見的一種病症。它是由於中腦黑質的退變，使左旋多巴胺這種單胺類神經遞質減少而產生的。帕金森氏症又稱震顫麻痺，發病緩慢，逐漸加重，主要的症狀有運動遲緩、震顫、肌張力增高等。典型的震顫表現為靜止性震顫，即肢體在靜止的時候不停地顫動，無法克制，在情緒激動時更為明顯而在主動運動時較少出現顫抖。

由於患者肌肉強直，可能還會引發關節痛。另外，患者有少動症狀，行動不便，動作緩慢。肌肉強直也可能造成患者呼吸困難，或者導致言語障礙。這種病可以透過口服多巴胺藥物緩解，但長期用藥也會對病人的大腦功能造成影響。有部分病人也可能伴發痴呆狀態。

生活中的心理學

老年人腦功能的變化

一是人老健忘。老年人健忘通常是老年人自然衰老的表現。老年人的健忘主要表現為近事記憶障礙，也叫近事遺忘。也就是說，老年人遺忘的主要是近期發生的事情，新接觸的事物或是學習的知識，特別是人名、地名、數字等沒有特殊定義或是難以引起聯想的東西會忘得特別快。但是，對於一些陳年舊事卻記憶猶新，說起來繪聲繪影，活靈活現。而對這些遠事記憶的影響只有在出現大腦器質性疾病時，才會發生，即出現遠事遺忘。這是老年人健忘的一個規律。

二是睡眠不調。老年人的睡眠不調是老年人腦功能自然衰退的徵兆。我們經常聽到老年朋友們說：「我總是夜裡兩點就起床看書」，「我一晚上得醒好幾次，不能有一點動靜」，「我晚上總是失眠，白天睡也睡不著」，「睡眠不好做什麼都沒精神」，「年輕的時候就沒覺得睏過，現在可好一天睡十幾個小時，還是很睏」……這些都是老年人常見的睡眠不調的狀況：睡眠少，睡眠淺，易驚醒，晚上不能入睡，白天沒精神，或者是黑白顛倒，晚上不睡，白天嗜睡等。老年人的睡眠不調是老年人腦功能自然衰退的徵兆。當然，老年人睡眠不調與老年人的心理健康有很大的關係。

複習鞏固

1. 腦老化的主要表現是什麼？
2. 簡述老年人腦老化對記憶造成的影響。
3. 常見的老年性腦部疾病有哪些？

第三節 如何應對感知覺和腦的退化

一、積極面對

進入老年期後，老年人及其家人應該承認並接受感知覺老化的事實，瞭解並掌握老年感知覺的特點，從而為生活中感知覺變化帶來的不便尋找一些適應或彌補的途徑。各個感覺系統雖然都有功能的老化現象，但各個系統的老化過程常常有很大的差別。某些老人聽覺變化較為突出，另一些老年人則視覺的變化更為突出。這種差異形成的原因是多方面的，有先天遺傳因素，有家族性老年視力減退或聽力減退，還有生活條件、職業訓練等因素也對各種感覺系統的老化進程有著重要的影響。

打字員、樂手和從事手部精細運動職業的人，書寫能力老化現象的出現率顯著少於其他老年人。從事過運動、舞蹈職業的老年人，很少發生軀體深感覺功能較早老化的現象。而紡織工人等在機器噪音中工作的人，進入老年期後，聽力減退的發生率顯著高於從事其他職業的老年人。對於某些感覺系

第三節 如何應對感知覺和腦的退化

統有家族老化趨勢的老年人，或對從事某項職業的老年人來說，及早採取措施，加強鍛鍊，可以有效延緩這一感覺系統的老化。

各個感覺系統的老化進程雖然有所不同，但它們之間也會相互影響，並與腦高級中樞的老化及全身性老化進程密切相關。某一感覺系統的老化現象突出，可直接或間接影響其他感覺系統的功能。老年人平時不僅要重視某一感覺系統的功能鍛鍊，更要注重整個身心健康水準的提高。

隨著年齡的增長，感知覺的器官逐漸老化，視覺、聽覺逐漸衰弱，感受性減低，這些都影響著老年人的生活品質。但儘管如此，人的活動能力也不完全由生理機能決定。有的老年人因某種原因而失去某些生理器官的功能，但是，他們利用心理活動的主觀能動性，以合理的認識、愉悅的情緒、堅強的意志、美好的願望和執著的追求，將不利因素轉化為有利因素，發揮自己的潛力，彌補自己的缺陷，也取得了驚人的成績，使自己在老年的時候繼續能夠發光發熱。例如，海倫·凱勒耳聾目盲還能從事創作事業；霍金患病，肌肉萎縮，卻為物理科學做出不可磨滅的貢獻。在平常的生活中，也經常有一些老年人，憑著自己的毅力和努力，積極樂觀地面對生活中的困難，繼續完成自己的願望和夢想，為社會做出貢獻。

這些都說明心理活動雖然受客觀環境及生理的影響，但不是完全被動地受客觀世界的支配。人的主觀世界，對客觀事物的認識、態度、意志和本身的經歷，也起著重要的作用。老年人雖然感知覺因年老衰退，但還不是完全喪失。老年人不要以為年老必然會思想遲鈍，感嘆自己「年老力衰而無用」。只要自己精神不老，即使進入高齡，由於內在潛力的驅使，也能竭盡全力完成有意義的事情。

圖3-5　快樂幸福的老年人

　　老年人應該正確看待衰老。衰老是生命發展的必然規律，是不以人的意志為轉移的。要達到延緩衰老的目的，最重要的還是保持心理健康，這是關鍵。人的各個組織和器官都可在心理的控制、支配下，協調地從事各自的特殊活動。心理狀態對人的生命活動、對人的衰老有巨大的影響，所以，老年人一定要重視心理健康。正確對待「老」，就是在生理上要服老，在心理上不服老。承認人體衰老是人生不可抗拒的自然規律，但心理上不能有暮年之感，要做到人老心不老。

　　保持堅強的意志和孜孜不倦的進取心理，要有「不知老之將至」的積極樂觀的態度，要有「老驥伏櫪，志在千里；烈士暮年，壯心不已」的雄心壯志。老年人的各種心理功能的確普遍下降，但並不是一降到底，也不是每一種功能都迅速下降。老年人要善於運用自己現有的心理功能，延緩它的衰退速度。在心理上不要對衰老持有逆來順受的消極態度，要增強自己的應變能力，及時地透過自我調節來糾正已出現的心理上的衰退和偏差現象，以及其他各種心理障礙，不斷地保持並增進心理健康，這樣才更有利於延年益壽。

二、延緩腦衰退

（一）勤於用腦

　　隨著年齡的增長，各種心理功能都有普遍下降的趨勢，但是對於不同的人來說，這些變化並不是同時發生的。例如，同樣是年過花甲的老年人，有的已經是老態龍鍾、彎腰駝背，而有的則仍精神煥發、紅光滿面；有的老年人健忘失眠，思維遲緩，而有的老年人卻記憶清晰、思維敏捷。由此可見，「老

糊塗」並不是年齡增長的必然結果，要想使老年人保持清醒的頭腦，就需要採取抗腦衰老的措施，從飲食、睡眠、工作、學習、體育鍛鍊等各個方面加以注意，儘量避免各種意外傷害，改掉生活中的不良習慣，減少各種應激的傷害，特別是要注意科學用腦，這對抗衰老能造成積極的作用。

勤於用腦不僅僅能保持和發展人的智力，還能夠防止腦細胞的萎縮老化，使生命充滿活力。大腦接受的資訊越多，相應的腦細胞就會越旺盛先進，勤於用腦、善於用腦的老年人，他們腦細胞的血流量會增加，使大腦產生活力，細胞相對穩定，從而有利於智力的開發和延緩腦細胞的衰退過程。研究發現，經常從事腦力勞動的老年人，思維能力仍可像 30 歲的青年人那樣敏捷。而懶於動腦的人，他們的大腦在 40 歲左右時就開始迅速老化。

腦力工作者的腦血管，經常處於舒展狀態，對腦細胞供血、供氧充分，造成了很好的保養作用，減慢了腦血管的硬化過程，從而使人的感知覺和反應能力的衰退受到一定抑制。有意識地加強記憶，挖掘大腦的潛力，這樣人的大腦不僅不會衰老，還會更先進，這對老年人也是適用的。老年人應經常學習一些新知識，這不僅可以開闊眼界，也造成了延緩大腦衰老的作用。

勤於用腦，更要講究科學用腦。首先，要根據神經細胞活動的規律來進行學習和工作，保持腦力的最佳狀態。其次，科學地安排用腦時間。根據生物節律來安排自己的生活和學習，大腦活動隨著時間的不同而發生相應的變化，表現出節律性。我們可以根據大腦的節律，安排自己的工作和學習，這樣既鍛鍊了大腦，又可以獲得腦力勞動的最高效率。最後，要勞逸結合。只有勞逸結合，才能在用腦的同時養好腦，使腦在最佳狀態下進行工作。其中，尤其要重視睡眠，不僅要保證睡眠的時間，更要保證睡眠的質量。因此，老年人的作息生活要有規律。總之，老年人應勤於用腦，更善於用腦，以使自己更加聰慧，使晚年生活幸福充實。

（二）大腦的保健

大腦逐漸退化是自然規律，但我們也並非無能為力，我們可以採取措施減緩大腦的退化。下面介紹幾種簡單易行的健腦方法。

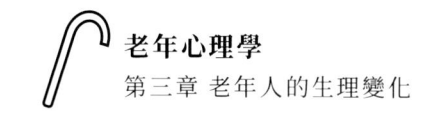

1. 快走

許多實踐者體會到，快步行走，步速在每分鐘 100～200 步之間，每次走 30 分鐘，堅持數月就會收到健腦的效果。這是因為，在快步行走時消耗了體內積蓄的相當多的肝醣，繼而開始分解儲存在體內的脂肪，釋放一定的能量供給身體各部分，包括滿足大腦對物質和能量方面的需要。快走可以加大、加深呼吸，增加對腦的供氧量，防止大腦老化。快走是一種很好的健腦方法，但要持之以恆，長年累月地堅持，才能收效。

2. 呼吸

氧對大腦來說是十分重要的。我們平時採用的是胸式呼吸，它在人不運動時攝氧量少，導致血液循環慢，不利於大腦健康。我們可採用丹田式呼吸，呼氣和吸氣都產生腹壓，是一種有利於腦的呼吸方法。每天做數分鐘丹田式呼吸，並長期堅持，能造成健腦和強身的功效。

3. 手指活動

手，特別是手指的活動，對延緩腦細胞的退化進程具有特殊的作用。因為人的大腦主管意識，可以命令手進行活動。高效率地活動手指，能直接刺激腦細胞，從而增強它的活動。為了讓大腦兩半球協調發展，左右手都要鍛鍊。有意讓手指從事細微活動，如拼裝小型模型、繡花、織毛衣等，這些細微動作都是大腦皮質控制的精細動作，可提升腦的功能。要注意避免手指動作單調，否則會影響手指靈活性，減少大腦和手指間的資訊傳遞。要儘可能多做一些形式不一的手指活動。

4. 飲食

人腦每天要消耗人體全部能量的 20%～25%。有意識地加強腦營養有益於健腦。老年人應少吃或不食動物性油脂，因為動物油中含有大量飽和脂肪酸，對大腦十分不好，易形成腦栓塞。老年人平時應食用一些容易消化吸收的清淡食物，適當吃一些肉類，尤其是魚、雞、蛋、奶等高蛋白、低脂肪的食物，多吃一些富含纖維的食品，如雜糧、蔬菜和水果等。堅持良好的飲食習慣，一天三餐合理搭配。老年人應儘量少飲酒，因為酒精對大腦皮層有

毒害和麻痺作用，長期飲酒可能會出現酒精中毒現象，導致記憶力下降、肢體震顫等。

複習鞏固

1. 老年人感知覺的衰退的影響因素有哪些？
2. 老年人怎樣科學用腦？
3. 老年人延緩腦衰老的方法有哪些？

生活中的心理學

做健康快樂的老人

一、把快樂掌控在自己手中

老年人要培養「五樂」精神：即助人為樂、知足常樂、自得其樂、與眾同樂、勞動中樂。總之，要培養和尋找「愉快」的精神。老年人要保持思想開闊、情緒穩定、樂觀溫存、無憂無慮，這樣就具備了通向長壽的條件。

但是，快樂的心情需要自己去培養和尋找。愉快的心情，特別是樂觀情緒，被譽為長壽的精神營養，它勝過一切靈丹妙藥。樂觀愉快的情緒能夠協調大腦皮層、神經、體液、內分泌及心血管功能，保持整個身心的穩定平和。

二、勇當「銀髮頑童」

在我們生活中可以見到不少充滿活力的「老頑童」，他們雖已進入老年，銀鬚白髮，卻童心未泯。他們詼諧幽默、樂觀自在、嬉戲玩耍，和青年及幼兒打鬧逗趣，廣交朋友，優哉游哉，參與各項社會活動，保持青春活力，享受著黃金般的年華。

人總是要老的，這是不可違背的自然規律，但人可以延緩自己衰老的速度，可以健康愉快地度過晚年。老年期確是人生的最後一站，在這一站到來之際，老年人應該繼續迎接新的生活挑戰，而不是用等待的態度對待這最後一站。

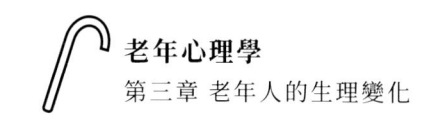

老年心理學
第三章 老年人的生理變化

把思想從沉默等待、孤獨乏味中解放出來，充實自己的生活，豐富生活的興趣，積極地去尋找幸福快樂，勇敢地到社會中去，到朋友中去，以自己獨特的方式去生活，使自己青春永保。

本章要點小結

1. 感知覺是大腦與周圍外界環境連接的通道，是各種高級複雜心理活動的基礎。步入老年期以後，人的聽覺、視覺、味覺、嗅覺和軀體皮膚感覺都隨年齡增長而逐漸發生退行性變化。

2. 睫狀肌是由動眼神經調節的，其調節能力隨著年齡的增長而逐漸降低，導致對遠近物體的調節力降低，形成老花現象。晶體也會隨著年齡的增長發生老化，從而影響其彈性和透明度。

3. 隨著年齡增長，棒體細胞和椎體細胞密度降低，神經節細胞和視網膜色素上皮細胞也逐漸消失。

4. 老年人角膜光散射增加，透光度下降，螢光物質增多，鞏膜也越來越變薄、變黃，彈性下降。

5. 老年人水晶體的彈性和聚焦能力減弱，逐漸形成了老花眼，眼睛對不同距離物體的調節能力下降，老年人視敏度退化。

6. 暗適應和明適應能力隨著年齡的增加都降低了，老年人暗適應或明適應所需要的時間都明顯長於青年人。

7. 老年人對光感受性的降低，對不同顏色辨別力降低的程度也不一樣，對藍色、綠色的鑑別能力比紅色、黃色的鑑別能力下降得更明顯，因此，老年人感覺世界更偏向黃色。

8. 老年人視覺編碼速度比青年人要慢。知覺圖形形狀的時間更長，他們要看清楚圖形，需要圖形與背景之間的對比度更大。他們對物體大小、空間關係和運動速度的判斷能力減弱。

9. 外耳的退行性變化主要表現皮膚分泌功能的減退，中耳的退行性變化主要表現為聽小骨的鈣化，這導致聲波傳導效率降低，內耳的退行性變化常引起對高頻聲音聽覺的喪失或減弱。

10. 老年人對高音調聲音間差別的識別能力，隨年齡增加而下降的速度，比對低音調聲音的鑑別能力下降得更快。知覺到同樣的音響，老年人比青年人需要更高的聲音強度。

11. 老年人聽覺功能的變化直接影響到他們的言語知覺能力和理解能力，也影響著他們對聲音方位的定向。

12. 味蕾和嗅上皮細胞的數量隨著年齡的增加而減少，同時其靈敏度也降低了，腦中樞也發生明顯的退行性變化，神經細胞數量減少，神經纖維萎縮。

13. 老年人皮膚上觸點數量減少，觸覺定位能力下降。溫度感知能力沒有顯著變化，但抗高溫和低溫的能力低於年輕人。痛覺的感受能力下降。軀體感覺系統的老化，使老年人行動遲緩，容易摔跤骨折，同時也影響到了他們的口頭語言和文字書寫能力。

14. 腦的老化主要表現為神經細胞的減少和腦血流量的減少。

15. 腦老化影響記憶、感知覺和情緒性格等心理活動。老年人的近事記憶能力下降，流體智力逐漸下降。老年人由於腦細胞的老化，對物體的識別時間變長。額葉受損時，老年人的情緒和性格容易發生改變。

16. 老年人常見的腦部疾病有阿茲海默症、腦血管性痴呆、腦中風和帕金森氏症等。

17. 老年人要增強自己的應變能力，及時地透過自我調節來糾正已出現的心理上的衰退和偏差現象，以及其他各種心理障礙，不斷地保持並增進心理健康，爭取延年益壽。

18. 老年人要勤於用腦，科學用腦，增強腦的功能。

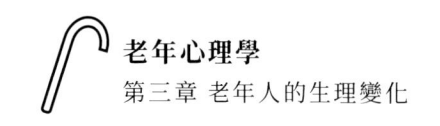

19. 老年人平時可以透過快步行走、丹田式呼吸、手指活動和食療等方法健腦。

關鍵術語表

感覺敏感度 perceptual sensitivity

退行性變化 anaplasia

暗適應 dark adaptation

明適應 light adaptation

視覺編碼 visual coding

年齡相關性黃斑性病變 age-related macular degeneration

阿茲海默症 AD (Alzheimer's Disease)

腦血管性痴呆 cerebral vascular senile dementia

腦中風 cerebral apoplexy

帕金森氏症 parkinson's syndrome

選擇題

1. 老年人感覺到的世界顏色更偏向於（　）。

A. 黃色

B. 藍色

C. 綠色

D. 紅色

2. 老年人內耳退化主要引起對（　）聽覺的喪失或減弱。

A. 中頻聲音

B. 低頻聲音

C. 高頻聲音

D. 中低頻聲音

3. 腦老化的疾病主要有（　）。

A. 阿茲海默症

B. 腦血管性痴呆

C. 腦中風

D. 帕金森氏症

4. 身體（　）部位的活動可有效延緩腦細胞的退化進程。

A. 手

B. 腿

C. 手指

D. 頭

5. 大腦中（　）區域對記憶有重要的作用。

A. 下丘腦

B. 額葉

C. 海馬

D. 延腦

6. 老年人（　）減退，（　）是保持的。

A. 近事記憶

B. 遠事記憶

C. 流體智力

D. 晶體智力

7. 感知覺能力的退化對老年人的（　）也造成了影響，影響他們與他人的溝通。

A. 言語能力

B. 書寫能力

C. 記憶能力

D. 理解能力

8. 老年人腦老化的主要表現為（　）。

A. 細胞數量減少

B. 血流量減少

C. 重量減少

D. 神經細胞活動減少

9. 老年人視覺現象中，（　）的時間要長於年輕人。

A. 明適應

B. 暗適應

C. 視覺成像

D. 形狀知覺

第四章 老年人的記憶

記憶是過去經歷過的事物在大腦這塊特殊物質上留下的痕跡，它在人們的日常生活、學習和工作中至關重要。記憶力減退是老化過程中最明顯的行為特徵之一，它直接影響著老年人生活的各個方面。而在生活中經常出現這樣的情景：我們身邊的老年人，他們總是忘記鑰匙或者眼鏡放在哪裡；不記得是不是已經吃過藥等等。本章主要來介紹有關記憶系統的概念、老年人記憶的特點、記憶系統老化對老年人的影響、如何來改善老年人的記憶等方面的內容。

第一節 記憶系統概述

試想，如果沒有記憶，生活會變成什麼樣子？我們記不住親人朋友的樣貌，想不起昨天發生了什麼、今天要做什麼，甚至會為每天怎麼回家而頭疼。所以記憶對每個人的生活和學習都是極其重要的。那麼，記憶是什麼？記憶又是怎樣執行功能的？

一、記憶的概念

（一）記憶

心理學家認為，記憶是指先前的刺激不復存在時所保持的有關刺激、事件、意象、觀念等資訊的心理機能，是個體對其經驗的識記、保持、回憶或再認的過程。從資訊加工的觀點來看，記憶就是對資訊進行的編碼、儲存和提取，這一定義與電腦的儲存系統（cpu、記憶體、硬碟等儲存物質）近似。不過，與電腦不同的是，人的記憶是一個認知系統。認知 (cognitive) 這個詞的拉丁語詞根「cognoscere」，是「知道」或「理解」的意思。也就是說，人類的記憶與感知系統密切相關，感知系統感知到資訊，並將其轉化為能夠儲存和讀取的有意義的資訊。這些記憶資訊便形成了思維和行為的基礎。

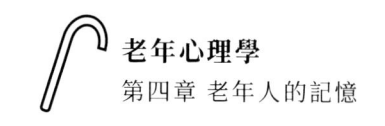

（二）艾賓浩斯對記憶的研究

「如果課堂上學習的知識不經過進一步的學習鞏固，並在隨後進行充分複習，那是會很快忘記的。」換句話說，你在考試前倉促學習而獲得的知識，幾天後是不可能再記起很多的。這一敏銳的觀察結論是由德國心理學家艾賓浩斯 (H.Ebbinghaus, 1885) 提出的，他概括了一系列這樣的現象來推動他關於記憶的新科學的發展，艾賓浩斯的觀察結論構成了令人信服的論據，支持著關於記憶的經驗性調查。

艾賓浩斯使用無意義音節——由兩個子音夾著一個母音構成的無意義的三字母單元，例如 CEG 或 DAX，它使用無意義音節，而不是像 DOG 那樣的有意義的字詞，因為他希望獲得一種對記憶的純粹的測量——沒有由被試帶入實驗記憶任務中的先前學習或聯想所汙染的測量。艾賓浩斯不僅是研究者，也是自己的被試。他自己完成研究任務，並測量自己的行為，他給自己的任務是背誦長度不等的音節序列。艾賓浩斯選擇使用死記硬背的學習方法，透過機械複述來記憶，來完成任務。

艾賓浩斯學習首先從頭到尾通讀一個音節序列，一次一個，直到讀完整個序列。然後按照相同的順序再通讀這個序列，不斷重複，直到他能按正確的順序背誦所有序列。然後他強迫自己學習許多其他音節序列來分心讓自己不去複述最初的音節序列。一段時間後，艾賓浩斯透過考察重學最初的音節需要的學習遍數來測量他的記憶。如果他重學需要的遍數比最初學習需要的遍數要少，那麼就可以知道他最初學習的資訊得到了保存。

生活中的心理學

艾賓浩斯遺忘曲線

舉例說明，如果艾賓浩斯學會一個序列用了 12 遍，而幾天後重學這一序列用了 9 遍，那麼他在這段流逝的時間裡的保存成績為 25%（12-9=3；3/12=0.25 或 25%）。使用節省成績作為測量指標，艾賓浩斯記錄了不同時間間隔後的記憶保持程度。他獲得的曲線即遺忘曲線，如圖 4-1 所示。艾賓

第一節 記憶系統概述

浩斯遺忘曲線揭示了遺忘的規律：遺忘的進程是不均衡的，迅速遺忘發生在記憶的最初階段，隨著時間的推移，知識的遺忘速度逐漸減慢。

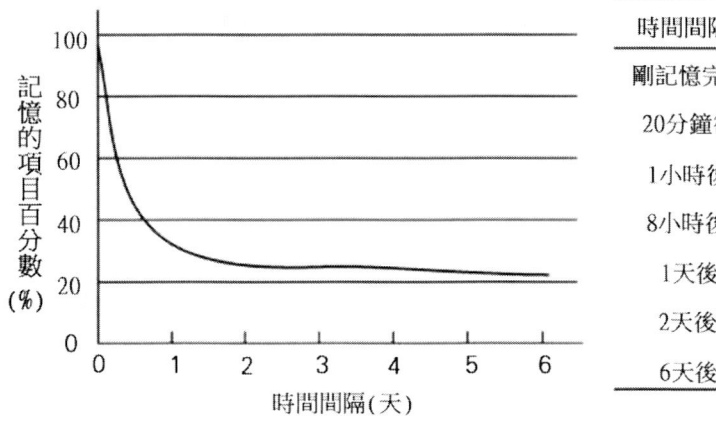

時間間隔	記憶量
剛記憶完畢	100%
20分鐘後	58.20%
1小時後	44.20%
8小時後	35.80%
1天後	33.70%
2天後	27.80%
6天後	21.10%

圖4-1　艾賓浩斯遺忘曲線

這對我們的學習帶來以下啟示。

1. 在學習需要記憶的材料之後，要第一時間安排複習，並及時安排以後的複習。

2. 艾賓浩斯記憶實驗中還發現了這樣的現象：記住12個無意義音節，平均需要重複16.5次；記住36個無意義音節，需要重複54次；而記憶六首詩中的480個音節，平均只需要重複8次！這個實驗結果告訴我們幾個結論：第一，一次記憶的材料太多會直接增加記憶的難度，根據後來的研究，一組記憶材料安排在7個左右最合適；第二，凡是理解了的知識，就能記得迅速、全面而且牢固，所以要積極尋找材料之間的聯繫，透過理解，高效率地完成記憶任務；第三，如果採用死記硬背的辦法，要保持較高的記憶量就必須花大量的時間反覆記憶，這樣的記憶效果無法令人滿意。

3. 對那些看似獨立的記憶材料可以透過編排故事等辦法，透過聯想幫助記憶。

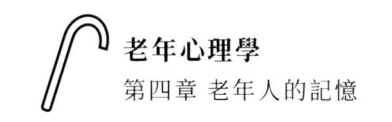

4. 遺忘的進程不僅受時間因素的制約，也受其他因素的制約。人們在記憶過程中，最先遺忘的是沒有重要意義的、不感興趣、不需要的材料；不熟悉的材料比熟悉的材料發生遺忘的時間更早。所以利用一些方法使記憶材料成為學習者需要的、感興趣的材料，也可以提高記憶效率。

另外，每個人的記憶都有自己的特點，我們要根據每個人的不同特點，尋找到屬於自己的艾賓浩斯記憶曲線，不斷提高學習的效率。

二、記憶的分類

現在，我想讓你舉一個有關記憶的例子，你首先想到的是什麼？可能你想到了昨天下雨了或者前幾天一個好友剛過了生日，也有可能你想起了幾個電話號碼，這些都是存在於腦海中記憶的資訊和事件。事實上，記憶的一項重要的功能就是可以使你有意識地通達個人和集體的過去。但記憶的功能遠不止於此，人們在騎自行車、游泳、在電腦上打字時，它也參與其中。以上所舉的例子都屬於記憶，但是又不盡相同。心理學家根據不同的角度將記憶分成不同的類型，下面我們就來學習不同的記憶的特點和功能。

（一）感覺記憶、短時記憶和長時記憶

心理學家根據資訊保持時間的長短，將記憶分為感覺記憶（即瞬時記憶）、短時記憶和長時記憶。

1. 感覺記憶

當客觀刺激停止作用後，感覺資訊在一個極短的時間內被保存下來，這種記憶就叫感覺記憶。美國心理學家斯佩林 (Sperling, 1960) 首先提供了感覺記憶存在的證據。他給被試呈現一張有 12 個字母的卡片（如圖 4-2 所示）：

```
┌─────────────┐
│ X  G  O  K  │
│             │
│ J  M  R  I  │
│             │
│ C  U  T  S  │
└─────────────┘
```

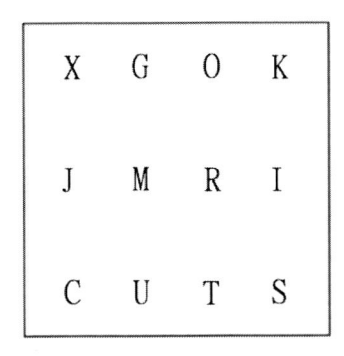

圖4-2　Sperling(1960)實驗材料

　　要求被試完成兩種不同的任務。在全部報告程序中，他們要努力回憶儘可能多的項目，通常他們能報告的大約只有4個項目。另外的被試接受部分報告程序，要求他們只報告一行而不是整個矩陣的內容。在矩陣呈現後立即發出一個高音、中音或低音信號以提示被試報告哪一行。斯佩林發現，不管要求被試報告哪一行，他們的回憶成績都相當好。

　　由於被試能夠根據聲音信號準確地回憶三行中的任意一行，因此，斯佩林推斷呈現的所有資訊都進入了感覺記憶。這證明了感覺記憶的容量很大。同時，全部和部分報告程序的差異表明資訊會迅速衰退：接受全部報告程序的被試不能回憶圖像中呈現的所有資訊。圖4-3表明，當延遲時間從最初增加到1s時，準確報告的項目數平穩下降，最終和全部報告的回憶水準一致。

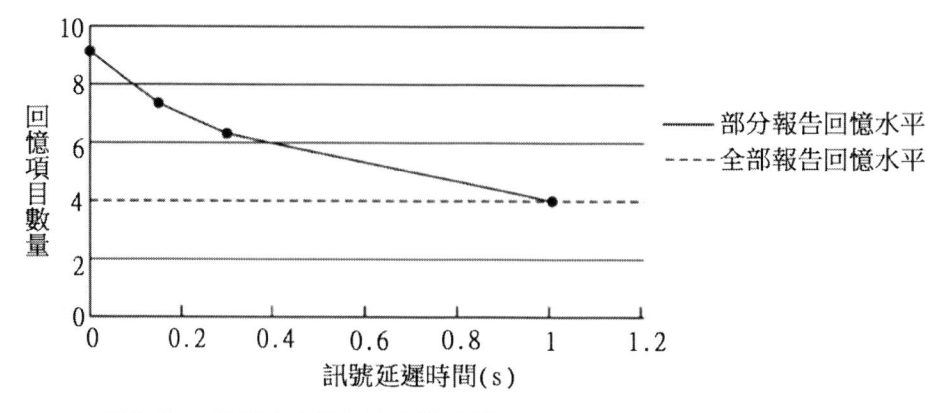

圖4-3　通過部分報告法回憶成績　（資料來源：Sperling, 1960）

感覺記憶是記憶系統的開始階段。感覺記憶的儲存時間大約為 0.25～2 秒。感覺記憶在人們生活中頗有用處。電影就是利用了視覺後像這種感覺記憶使一系列斷續的圖像被看成是不斷連續的畫面。電影膠片原是由一幅一幅間斷的照片（畫面）構成的，放映出來的實際上是一連串斷斷續續的光刺激。但由於相隔時間很短，前一畫面的瞬時記憶尚未消失，後一個畫面又傳來了。結果觀眾獲得的視覺形象便是由連續不斷的畫面所構成的某一動作或情節。

2. 短時記憶

短時記憶是感覺記憶和長時記憶的中間階段，保持時間大約為 5 秒～2 分鐘。比如，我們從電話號碼簿上查到一個陌生的電話號碼，根據記憶立刻去撥這個號碼，打過電話後，就忘了這個號碼，這就是日常生活中常見的一種短時記憶。

彼得森夫婦 (Peterson, L.R. & Peterson, M.J., 1959) 研究了短時記憶的保持時間。他們要求被試先花幾秒的時間記憶一個有三個子音字母組成的字符串，然後對給出的某個數字做減 3 的運算。6 秒鐘後，有 68% 的被試不能回憶，間隔 18 秒，則有將近 90% 的被試不能回憶起三子音連串，這說明在不能複述的情況下資訊從短時記憶中消退的很快（見圖4-4）。

第一節 記憶系統概述

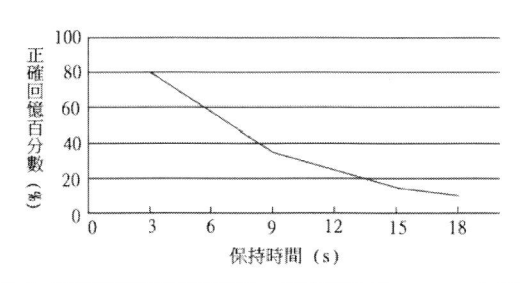

圖4-4 短時記憶隨時間發生遺忘　　（資料來源：Peterson et al., 1959）

　　短時記憶一般包括兩個成分。一個是直接記憶，即輸入的資訊沒有經過進一步加工。它的容量相當有限，大約為 7±2 個單位。編碼方式以言語聽覺形式為主，也存在視覺和語義的編碼。另一個是工作記憶，即輸入資訊經過再編碼，使其容量擴大。由於與長時記憶中已經儲存的資訊發生了意義上的聯繫，編碼後的資訊進入了長時記憶。必要時還能將儲存在長時記憶中的資訊提取出來解決面臨的問題。

3. 長時記憶

　　記憶能保持多長時間？很多老年人都能很清楚地回憶起青少年時經歷的種種事情，比如他們第一次在電影院看電影時的情景和心情，時隔多年，依然歷歷在目。

　　長時記憶通常指的是那些在記憶中保留一生的知識，是從感覺記憶和短時記憶中獲得的所有體驗、事件、技能、規則等，長時記憶構成了每個人對世界和自我的全部知識。從資訊加工的觀點來說，長時記憶是指資訊經過充分的、有一定深度的加工後，在頭腦中長時間保留下來，是一種永久性的儲存。它的保存時間長，從 1 分鐘以上到許多年甚至終身；容量沒有限度；資訊的來源大部分是對短時記憶內容的加工，也有由於印象深刻而一次獲得的。

　　圖威 (Tulving, 1972) 將長時記憶分為兩類：情景記憶和語義記憶。情景記憶是指人們根據時空關係對某個事件的記憶。這種記憶與個人的親身經歷分不開，如想起自己參加過的一次聚會或曾去過的地方。由於情景記憶受一定時間和空間的限制，資訊的儲存容易受到各種因素的干擾，因此記憶不夠穩固，也不夠確定。

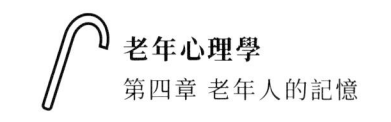

語義記憶是指人們對一般知識和規律的記憶，與特殊的地點、時間無關。它表現在單字、符號、公式、規則、概念這樣的形式中，如記住化學公式、乘法規則、一年有四季等。對「貓」的詞義的記憶，對哥倫布發現美洲這個事實的記憶也都是語義記憶。語義記憶受一般規則、知識、概念和詞的制約，很少受到外界因素的干擾，因而比較穩定。

感覺記憶、短時記憶和長時記憶的區分只是相對的。它們之間是相互聯繫、相互影響的。任何資訊都必須經過感覺記憶和短時記憶才可能轉入長時記憶，沒有感覺記憶的登記和短時記憶的加工，資訊就不可能長時間儲存在頭腦中。

（二）內隱記憶和外顯記憶

內隱記憶是指在個體無意識的情況下，由過去經驗對當前行為產生的無意識的影響，有時又叫自動的無意識記憶。與此相對，外顯記憶是指在意識的控制下，過去經驗對當前行為產生的有意識的影響。它對行為的影響是個體能夠意識到的，因此又叫受意識控制的記憶。例如，很久以前，你學習過一些不常見的英語單字，現在要你寫出這些單字，你卻一個也寫不出來了，換句話說，你不能有意識地回憶它們。但是用別的方法（比如說簡單的填空）卻可以證明，你現在對那些單字仍然是有記憶的。

（三）陳述性記憶和程序性記憶

還有研究者將記憶劃分為陳述性記憶和程序性記憶。陳述性記憶是指對有關事實和事件的記憶。它可以透過語言傳授而一次性獲得。它的提取往往需要意識的參與，如我們在課堂上學習的各種課本知識和日常的生活常識都屬於這類記憶。程序性記憶是指關於如何做事情的記憶，包括對知覺技能、認知技能和運動技能的記憶。這類記憶往往需要透過多次嘗試才能逐漸獲得，在利用這類記憶時往往不需要意識的參與。例如，在學習游泳之前，我們可能讀過一些有關的書籍，記住了某些動作要領，這種記憶就是陳述性記憶；以後我們經過不斷練習，把知識變成了游泳技能，即使過了一段時間也不會遺忘這項技能，這時的記憶就是程序性記憶了。

三、記憶系統及其加工過程

按照現代資訊加工的觀點，記憶是一個結構性的資訊加工系統。所謂結構性是指記憶在內容、特徵和組織上有明顯的差異。記憶結構由三個不同的子系統構成：感覺記憶、短時記憶和長時記憶。這些子系統雖然在資訊的保持時間和容量方面存在差別，但它們處在記憶系統的不同加工階段，因此，相互之間有著十分密切的聯繫。如圖4-5所示，資訊首先進入感覺記憶，那些引起個體注意的感覺資訊才會進入短時記憶。在短時記憶中儲存的資訊經過加工再儲存到長時記憶中，而這些保存在長時記憶中的資訊在需要時又會被提取到短時記憶中。

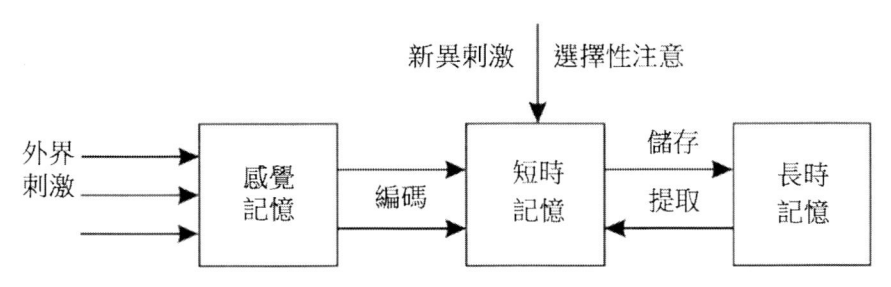

圖4-5　人類記憶三級加工模型（資料來源；Klatzky,1980）

另外，記憶又是一個過程，它是在一定的時間內展開的，可以區分為前後聯繫的一些階段。編碼、儲存和提取是記憶的三個基本過程，任何外界資訊只有經過這些過程，才能成為個體可以保持和利用的經驗。

編碼是人們獲得個體經驗的過程，或者說是對外界資訊進行形式轉換、形成心智表徵的過程。我們用現實中的表徵做一個類比，你就可以比較容易地理解心智表徵的概念了。設想有人問你最近一次生日時吃到的蛋糕是什麼樣子的，你會怎麼向他說明呢？你可能會描述蛋糕的形狀顏色，或者畫一幅圖，這些都是蛋糕的表徵。儘管沒有什麼表徵會像真實物體當面呈現那麼細緻，但它們可以讓我們瞭解蛋糕最重要的方面。心智表徵也有相同的作用，它保存了過去經驗最重要的特徵，從而使你能夠把這些經驗再現出來。

儲存是把感知過的事物、體驗過的情感、做過的動作等，以一定的形式保持在人們的頭腦中。知識的儲存可以是事物的圖像，也可以是一系列的概

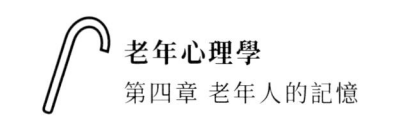

念或命題。儲存是資訊編碼和提取的中間環節，它在記憶過程中有著重要的作用，可想而知，沒有資訊的儲存就沒有記憶。

提取指從記憶中查找已有資訊的過程，是記憶過程的最後一個階段。這是你之前所做努力的回報。你能記起儲存之前發生的事情嗎？現在你可以在不到一秒鐘的時間裡回答這個問題：不是編碼嗎？但是當幾天或者幾星期後再問你相同的問題，你可能就不能如此迅速而又充滿自信地提取「編碼」的概念了。你是如何能從記憶的大量資訊中提取特定的資訊，這是所有想瞭解記憶是如何工作以及如何改善記憶的心理學家面臨的挑戰。

儘管把編碼、儲存和提取作為記憶過程的不同部分來定義並不困難，但是這三個過程之間的關係是相當複雜的。例如，為了對某種植物進行編碼，你必須首先從記憶中提取植物的概念。同樣，為了記住某句話的意思，你必須提取每一個字詞的意思，提取中文的語法規則和一些特定的背景資訊。

複習鞏固

1. 什麼是記憶？

2. 記憶可以如何分類？

3. 記憶的三個基本過程是什麼？

第二節 老年人的記憶

進入老年期，人的身體機能和認知功能不可避免地會產生一些變化，其中大多數都是衰退或者減弱，也有少部分處於一種穩定狀態，甚至有所發展。我們已經瞭解了不同種類的記憶，那麼老年人在不同種類的記憶中的表現是怎樣的？與青年人有無區別？

一、老年人生活中的記憶

（一）前瞻記憶

前瞻記憶是指在未來的某個時間點我們需要執行行為的相關記憶。例如，我們需要記住什麼時候要付帳單、寄信、給某人打電話等等。一些前瞻記憶失敗會導致嚴重的後果。比如，我們做晚飯忘記關瓦斯或者忘記吃藥。前瞻記憶在所有人尤其是老年人的日常生活中都扮演著重要的角色，它決定了老年人生活是否可以獨立自主。

關於年齡和前瞻記憶關係的研究很多，但是結果並不一致。一些研究顯示老年人的前瞻記憶水準與青年人保持一致，甚至更好。而另一些證據表明，前瞻記憶水準會隨著年齡的增長而衰退。也有研究顯示，老年人前瞻記憶的水準和受教育水準相關 (Cherry & LeComte, 1999)，受教育良好的老年人在許多前瞻記憶的測試中和青年人的表現一樣好；相對應的，受教育水準較低的老年人在測試中的表現比青年人差。

有很多種前瞻記憶的測驗可以用於研究前瞻記憶與年齡之間的關係。而這些前瞻記憶的測驗任務一般分為兩種：基於事件的任務 (event-based) 和基於時間的任務 (time-based) (Einstein & Mcdaniel, 1990)。

1. 基於事件的任務

在基於事件的前瞻記憶任務中，要求被試監控某一外部的線索，並在線索出現時做出特定的反應。在實驗室環境中的前瞻記憶任務中，被試需要記住在螢幕上出現的一個特定信號的時候，按某個鍵做反應。在自然環境中的前瞻記憶任務中，參與者需要記住在未來的某一天，他要安排一些活動或者約會，比如在妻子生日的時候為她準備生日禮物。研究結果表明，如果前瞻記憶任務沒有因為一些其他的行為受到干擾，那麼最後的成績並不會受到年齡因素的影響，並且老年人的成績通常都比青年人要好。

2. 基於時間的任務

在基於時間的前瞻記憶任務中，參與者需要在一個特點的時間執行一個行為，但是沒有任何外在的物理線索提示。在一項實驗中研究者要求被試進

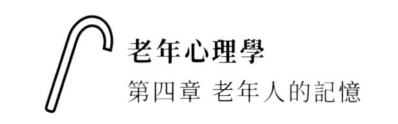

行工作記憶任務的首要任務操作的同時，每 2 分鐘做一次按鍵反應 (Park, 1997)。結果表明，不同年齡的被試以時間為基礎的前瞻性記憶任務的完成存在年齡差異，即前瞻記憶能力隨年齡增長而衰退。事實上，這種前瞻記憶能力的差異不僅存在於 20 歲的青年人與 60 歲的中老年人之間，在 60 歲與 80 歲的老年人之間也可以觀察到 (Rendell & Thomson, 1999)。不同於基於事件的任務，基於時間的任務缺少線索提示，需要更多自我啟動的加薪資源，這對老年人來說更為困難，這可能是老年人成績更差的原因。

但是在自然環境中進行的研究，基於時間的前瞻記憶任務的成績並沒有表現出明顯的年齡差異。在一項研究中，要求被試在規定的時間將電話號碼發到研究者的信箱或者在某一天寄出明信片，結果發現老年人比青年人表現得更好，這可能是因為在自然環境中任務表現會受到動機的影響，由於要達到任務的要求，老年人會感到更多壓力。同時，相比青年人，老年人的生活更加循規蹈矩，他們更容易將前瞻記憶任務整合到日常生活中 (Rendell & Thomson, 1999)。

前瞻記憶中還有一個因素是記憶與真正執行之間的延遲時間有多長，例如：前一天晚上你記住第二天早上早飯前需要服藥，與前一天晚上你記住第二天晚上晚飯之前需要服藥，這兩者的延遲時間是不同的。在實驗室研究中，即使延遲時間很短，隨年齡增長前瞻記憶功能也表現出衰退 (Einstein, McDaniel, Manzi, Cochran & Baker, 2000)。但事實上，在現實生活中人們在各個年齡階段上都保持了較好的前瞻記憶，而且前瞻記憶任務的要求比較困難時，可利用外部線索有效地改善人們的任務表現。

（二）內隱記憶

迄今為止，我們都將注意力放在外顯記憶，即有意識地回想過去的資訊和事件，但是對內隱記憶的研究相對較少。內隱記憶是一種不需要意識參與的記憶 (Howard, 2006; Zacks, Hasher & Li, 2000)。具體來講，內隱記憶是指個體遇到了一些刺激或事件，雖然個體並沒有有意去記憶這些刺激或事件，但是它們影響了後來的行為或反應，而且個體並沒有意識到這些影響。

例如，在現實生活中你見到一個人的時候你覺得似曾相識，但是卻想不起什麼時候見過他，也回憶不起他的名字 (Kausler et al., 2007)。

內隱記憶不需要意識的參與，那麼怎樣測量內隱記憶呢？單字填充實驗就是一種內隱記憶的測驗。在測驗中，呈現給被試一系列單字片段，但是每個單字片段都缺少一個字母，被試需要填充一個字母使之成為一個完整的單字。例如一個片段「sap」，被試可以填充 l，n，o 使之成為一個完整的單字。我們假設一個被試填充 o 得到單字「soap」，在隨後的任務中，呈現給同一個被試一系列四個字母組成的字符串，如果字符串是一個有意義的單字則要求被試按一個鍵進行反應，如果字符串不是一個有意義的單字則按另一個鍵。如果被試對「soap」的反應時比對「slap」和「snap」更短，那麼無疑就是單字填充實驗中對「soap」進行的內隱記憶的影響。

有趣的是，外顯記憶有明顯衰退的一些老年人在內隱記憶測驗中表現得很好，這就意味著老年人的行為會受到一些他們沒有意識到的刺激和事件的影響。即使內隱記憶隨著年齡的增長有所衰退，衰退的程度也比外顯記憶小得多 (Howard, 2006)。這種分離現像在很多普通的老年人身上都可以觀察到，即使患有阿茲海默症的老年人其內隱記憶也比外顯記憶保持得好。這可能表示，內隱記憶和外顯記憶涉及不同的腦區，而涉及內隱記憶的腦區功能要比其他的腦區保持得更好。

有關兩種形式記憶分離的另一個發現是，不管是年輕人還是老年人，在晝夜覺醒週期的峰值時，外顯記憶保持得更好；相對地，在非峰值時，內隱記憶保持得更好，因此峰值時刻對有意識的加薪資訊很重要，但是對無意識的加工並不重要。

（三）言語記憶

在閱讀一篇文章或者聆聽一場演講後，你能記住多少內容？心理學家稱這種對語言資訊的記憶行為稱為言語記憶，並且它在日常生活中極為重要。有研究顯示一些老年人的聽覺敏感度和中樞聽覺加工系統功能會隨著年齡的增長而衰退，最終導致口頭語言的記憶功能受到損害 (Wingfieldetal., 2005)。而一些老年人患有痴呆或者其他神經障礙，這些疾病會對他們的言語和書

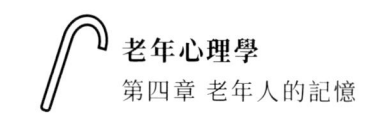

面資料的記憶功能產生消極影響。但是健康的老年人的言語記憶有什麼特點呢？

1. 語言特點

在一項研究中，要求青年人和老年人聽一系列相同長度的錄音，並在聽完後對錄音的內容進行回憶。錄音分為兩種，在一種錄音中朗讀者會在自然的語法邊界（完整的一句話結束）中斷，在另一種錄音中朗讀，會在朗讀中隨機中斷，而不是在文章中自然的中斷點中斷。在第一種錄音中，老年人和青年人的成績並沒有明顯差異，但是在第二種錄音中老年人的表現差於青年人。

這可能是因為老年人需要依賴語言結構的知識來補償口頭語言記憶能力的衰退。同時有研究證明，由語言的結構特點可以消除老年人言語加工能力的不足 (Stine-Morrow, Noh & Shake, 2006)。相對地，如果沒有自然語言中的線索，那麼老年人對口頭語言 (spoken discourse) 內容的回憶成績將會下降。

2. 即時和延遲的測量

大部分對書面語言記憶的研究都採用一種延遲測量 (off-line measure) 的方式，即被試需要先閱讀一些文字資料，然後針對資料的內容進行記憶測試 (Stine, Soederberg & Morrow, 1996)。通常老年人回憶的資訊數量要少於青年人，不過受教育水準較高的老年人與青年人之間的差異並不大 (Stine-Morrow et al., 2006)。

採用即時測量的方法來考察青年人和老年人在加工語言資訊所使用策略的差異的研究較少。在一項利用眼動技術來研究書面資料加工的實驗中發現，延遲回憶成績相似的青年人和老年人，他們在閱讀過程中對時間分配並不一致，青年人傾向於在陌生的詞語和文章中出現的新概念上停留更長的時間，而老年人通常將時間平均分配到閱讀文章的整個過程中 (Stine-Morrow et al., 2006)。

在現在的研究中，有更多的研究者使用神經成像技術（fMRI 和 PET 掃描）來研究個體加工語言資訊時大腦的活動 (Kemper & Mitzner, 2001)，這些方法可以讓我們更清楚地瞭解青年人和老年人在加工書面和口頭語言的時候使用和分配認知資源的情況。

3. 對要點和細節的記憶

通常情況下，個體可以清楚地回憶故事和一段記敘內容的要點，但是在回憶細節的時候表現會相對較差。事實上，各年齡段的被試對故事主旨的記憶水準相當，但是相比青年人，老年人只能回憶較少的故事細節，當資訊比較陌生，語法比較複雜或者呈現速度較快的時候，這種差異更為明顯 (Stine et al., 1996)。不過有趣的是，當要求老年人描述與自身相關的一些事件的時候，他們會比青年人報告出更多的細節，所以言語記憶功能並不是隨著年齡增長全面衰退，相反，其中一些方面還在持續發展中。

綜上所述，言語記憶隨年齡增長而衰退通常出現在延遲測量的研究中，在受教育和智力水準較低的老年人中，這種現象尤為明顯。如果老年人不能使用自然語言的特點來幫助他們記憶，他們的言語記憶功能會受到很大影響。在未來的研究中，研究者應該使用即時測量的方法來研究言語記憶老化的原因。另一方面，雖然老年人在描述自身經歷的事情的時候，他們可以回憶起更多的片段，但是在回憶故事細節的研究中，通常會出現言語記憶衰退的現象。

二、老年人對記憶的認知

記憶是自我評價中重要的一環。如果可以順利地回憶一些我們想記起的事情，我們會感覺愉悅，如果回憶不出來我們則會感到尷尬。老年人的記憶衰退是普遍的現象，而且老年人對自己記憶能力的認知自信程度會影響他們記憶的表現。通常人們都會認為老年人的記憶不如青年人好，這種刻板印象究竟如何影響人們對老年人能力的判斷呢？

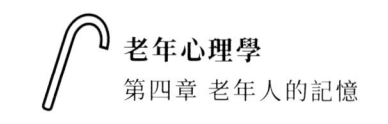

1. 後設記憶

後設記憶涉及人們對自己記憶過程的認知和控制。例如，一般人們會認為記憶相關的詞（上、下）對比記憶無關的詞（汽車、花朵）更容易；人們也會認為在去超市買東西之前，列一張清單，對記憶會有幫助。

現今一些研究者已經開始研究青年人和老年人對記憶系統工作原理的理解是否存在差異。如果老年人不能準確認識記憶系統的工作過程，那麼他們可能不能採用合適的記憶方法來幫助他們記憶。同時，如果他們不能有效地對自己的記憶進程進行監控，那麼當記憶任務需要一些專門的認知資源的時候，他們就不能很好地提取出來。

莫菲等人（1981）的研究發現，即使事先知道呈現實驗資料後需要進行記憶測驗，老年人也沒有將所有的時間用來研究實驗資料，所以，最終他們測驗的得分低於青年人。之後，研究者給老年組增加一段時間，並要求他們在這段時間內研究資料，此時，老年組的成績變得和青年組一樣好。但是，如果不規定老年人在這段時間內的任務，而讓他們自行安排，他們並不能很好地判斷需要多長時間才可以獲得好的成績 (Kausler, 1994)。雖然老年人在任務準備過程中有這樣的不足，但是實際上，他們和青年人一樣瞭解記憶系統的工作機制並且可以清楚區分出哪些記憶任務簡單，哪些相對困難 (Light, 1991)。

2. 記憶的自我效能感

班杜拉（1977）將自我效能感定義為一個人對自己可以成功執行一種行為並得到理想結果的信念。記憶的自我效能感是一個人對自己記憶能力好壞以及信心的一個自我評估系統 (Berry, 1999)。Berry 等人在 1989 年編制了記憶自我效能感問卷（Memory Self-Efficacy Questionnaire，簡稱 MSEQ）來評估這個系統的功能，例如，在問卷中會讓被試評估這樣的問題，如果需要記憶 12 個項目，那麼他有多少信心（10%～100%）可以回憶出特定數量（4 個、6 個或 8 個）的項目。

韋斯特等人（2001）在一項研究中考察了設置任務目標是否可以影響記憶的自我效能感。實驗中，青年組和老年組需要閱讀一張包含 24 個項目的購物清單，然後回憶儘可能多的項目。設置目標組被試需要在第二次閱讀清單之前設置一個相對困難但是可以達到的目標（比如我相信我可以回憶出 70% 的項目），而非設置目標組則不設置目標，結果發現，設置目標可以對自我效能感產生積極影響，而且這種積極影響在青年組表現更為明顯。在隨後的研究中 (West, Bagwell & Dark-Freudeman, 2005)，研究者不僅要求老年組被試設置任務目標而且給予積極的反饋（例如，你完成得更好了，我相信你可以做到），結果發現他們的任務表現得到了很大改善而且比青年人產生了更大的積極性。所以設置任務目標並給予適當鼓勵可以幫助老年人更好地記憶。

　　不同的老年人的自我控制能力並不相同，這種差異可以影響到他們在記憶任務中的表現嗎？在一項研究 (Riggs, Lachman & Wingfield, 1997) 中，研究者將老年被試分為兩組，高自控組透過問卷測試表明他們對控制自己在任務中的表現有較強的信心，相對的低自控組信心較弱。研究中，兩組被試需要聽一段有聲散文錄音，並告知被試可以在任意時間點停止錄音，要求被試在可以保證 100% 正確回憶的情況下聽更多的錄音。結果發現，高自控組可以很好地在合適的位置停止錄音來保證他們回憶的準確率，這表明，他們可以準確地評估自己的能力，並在適當的時候控制自己的行為以得到更好的結果，相對地，低自控組選擇的錄音長度超過了他們可以準確回憶的能力。

　　在另一項研究中 (Lachman, Andreoletti, 2006) 發現，老年人的自我控制感與是否可以有效地使用策略存在正相關，研究中老年人需要回憶 30 個不同類別（水果或花）的單字，自我控制感高的老年人更傾向於將單字分類以便於更好地記憶。因此，透過記憶訓練提高自我控制感和自我效能感能讓老年人更好地發揮記憶功能。

3. 記憶的自我評估

　　很多研究者使用自評問卷 (Cordoni, 1981; Erber, Szuchman & Rothberg, 1992) 或者記日誌的方法 (Cavanaugh, Grady & Perlmutter,

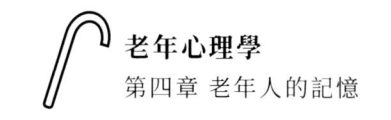

1983)，考察青年人和老年人如何評估自己的記憶能力。結果發現，記憶的自我評估存在年齡差異。不管是透過自評問卷還是日誌，老年人都會表示自己在生活中會比年輕人遺忘更多的東西，就像老年人經常抱怨自己的記性不如以前好了。

然而，老年人對自身記憶的消極看法有時卻與他們在真實記憶測驗中的成績相反。有些老年人報告自己記憶有困難，但是在一項客體記憶測驗中，他們的表現卻很好。一項縱向研究表明，各個年齡段的老年人的客體記憶測試成績與他們報告的記憶衰退並沒有太多關係。老年人感覺自我記憶衰退可能是因為他們達不到早期的記憶水準，也可能是由憂鬱、悲傷或其他的情緒問題引起。

有研究者曾經對老年人記憶衰退抱怨 (memory complaint)、應對行為 (coping behavior) 和幸福感 (feel of well-being) 之間的關係進行研究 (Verhaeghen, Geraerts & Marcoen, 2000)，結果發現，那些對自己記憶能力有較強內部控制感的老年人可以更好地應對記憶困難的問題。比如，他們使用列清單或在腦中形成視覺表象等方法來幫助記憶，同時，他們也會採用社會比較 (social comparison) 的方式來進行心理調整（比如，「到我這個年齡，誰的記性都會變差」），這些應對方式可以讓老年人體驗到更多的幸福感。所以，威爾哈根等人認為，促進內部控制感應該是老年人記憶訓練中重要的一部分。

然而有些研究發現，雖然記憶減退伴隨著絕大多數老年人，但是他們並沒有感覺到太多的困擾。埃爾貝等人（1992）讓青年人和老年人評估在現實生活中各種形式的記憶減退現象出現的頻率和出現記憶失敗情況時的困擾程度，結果顯示，相比青年人，老年人更為頻繁地出現遺忘現象，但是他們卻更少地感受到困擾和不舒適。這也許是因為老年人承認並可以接受自己的記憶能力減退，而且他們和他們的伴侶都不認為這會對他們的日常生活產生很大的干擾 (Sunderland, Watts, Baddeley & Harris, 1986)。

4. 記憶老化的刻板印象

大多數人都認為記憶是隨著年齡增長而衰退的，老年人都容易健忘 (Bieman & Ryan, 1998; Heckhausen, Dixon & Baltes, 1989; Ryan, 1992; Ryan & Kwong, 1993)，而且人們認為記憶問題會一直伴隨老年人並且很難透過自身努力來改善 (Erber & Danker, 1995)。

伍德等人（2001）假定了一個現實世界中審判的場景，法官需要聽取目擊證人的證言來進行審判，那麼，老年證人的證詞會因為有關年齡的刻板印象而受到質疑嗎？參與測試的大學生認為 82 歲的證人比 28 歲的證人更誠實，但是卻認為年輕證人更應該出現在證人席上，因為他們覺得年輕證人提供的證詞可信度更高。

5. 內隱啟動效應與老年人的記憶

關於年齡的刻板效應對老年人本身會產生積極影響還是消極影響？利維（1996）使用內隱啟動範式來研究刻板印象對老年人記憶的影響，在實驗中並不告知被試真實的實驗目的，而是告知他們是在做一個考察他們注意功能的實驗。實驗中，老年被試如果看到螢幕上出現光斑，那麼他們要按指定的按鍵做反應，螢幕上呈現的光斑實際上是由單字組成的，只是由於呈現時間很短，因此被試無法察覺，實驗選取的單字包括可以激發老年人積極的刻板印象（聰明的、有創造性的、有洞察力的等）和消極的刻板印象（衰退、衰老、遺忘）兩類。在啟動效應實驗的前後分別進行記憶測試，結果發現，積極單字組的記憶成績得到了提高，相對的消極單字組記憶成績變得更差。這可能是因為啟動過程激發了老年人的自我刻板印象，自我刻板印象反過來影響了他們記憶測驗的成績。

複習鞏固

1. 老年人記憶總的趨勢是怎樣的？

2. 老年人的記憶有什麼特點？

3. 記憶老化有哪些原因？

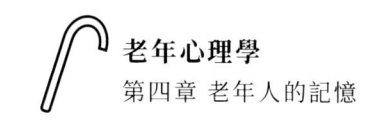

第三節 老年人記憶能力的改善

我們已經瞭解了老年人在不同記憶中的表現，有些老年人的記憶會隨著年齡漸增而逐漸衰退，但是這種衰退並不是絕對的，它受到生理、心理、社會等各方面因素的影響，而且具有很大的個體差異。如果相應採取一些合適的方法，那麼改善老年人的記憶能力是可能的事。下面，我們來談談老年人記憶的可塑性，以及有關改善記憶的方法。

一、老年人記憶的可塑性

過去認為成人的記憶隨增齡而全面減退，並且逐漸加重，是不可改變的。20 世紀 60 年代，在國外發展心理學領域中興起了一種新觀點——畢生發展觀 (Bakes, 1987, 1999)，這一觀點改變了年老意味著全面衰退的傳統看法，對發展心理學研究的影響極大。畢生發展觀將人的一生看作一個整體，認為從胚胎至老死，心理發展並非單一和均勻的，它始終包含生長（獲得）和衰退（喪失）兩個複雜而相互聯結的動力學過程，其中有較大的變異性和可塑性。

老年記憶也不例外，它依然具有一定的可塑性，表現在採取適當的干預措施（如認知訓練），可延緩記憶減退，並在一定程度上得以改善。所提高的這部分能量即儲備能量，是可以挖掘的潛能。國外在這方面已有大量研究，取得了有意義的結果 (Kliegl et al., 1989)。

有研究者採用策略訓練（如歸類複述法、聯繫組合法和製造聯繫法），研究了它對老年人詞語記憶的改善作用（孫長華等，1989）。採用「位置法」研究從兒童至老年時期記憶的改善作用（吳振雲等，1992，1993）。「位置法」是一種利用熟悉的地點為基礎，形成「心理地圖」，然後充分運用想像和聯想，把要識記的內容與地點相結合，形成一幅幅畫面。回憶時將這些地點作為線索，幫助回憶，從而提高記憶成績。

很多研究表明：訓練可改善老年記憶，成績可提高 3～5 倍。訓練後，老年人的成績可達到甚至超過未訓練的青年人。這不但從理論上拓寬了對老

年認知功能的認識，證實了記憶具有一定的可塑性，而且可從實踐方面指導老年人運用策略，挖掘潛能，改善自己的記憶功能。

以往的研究主要著重於探討記憶的年齡差異，但研究者也看到記憶的個體差異很明顯，而且有隨增齡而加大的趨勢，成人記憶的變化有的甚至向相反方向發展，這充分表明記憶老化過程中的變異性。由於非認知因素直接影響認知功能，它可能是造成這種個體差異的重要因素之一。因此，非認知因素對認知功能年老化的作用研究，越來越受到認知心理學、老年心理學和醫學心理學研究者的重視，它具有很好的理論和實踐意義。

（一）老化態度對老年記憶的作用

老化態度指的是對老年群體所持有的一般反應傾向，包括對老年人的信念和評價。態度分為正性（積極）和負性（消極）兩類。本研究採用自編「老化態度問卷」評定老化態度；採用「臨床記憶量表」中兩項分測驗（聯想學習和無意義圖形再認）測查記憶成績，並評估記憶自我效能；採用「憂鬱量表」自評情緒狀態。然後，採用直接思維任務，激發正性或負性的刻板印象，觀察在改變老化態度的動態條件下，老化態度、記憶成績及其自我效能的變化，並試圖探討老化態度的改變對記憶產生影響的機制。

結果表明：正性思維條件下，被試的老化態度變為正性，得分高於負性思維，它可以提高老年被試的記憶成績和自我效能，而在負性思維條件下，結果相反。其作用機制透過三條途徑：老化態度的改變、自我效能和情緒狀態。

（二）焦慮對老年情節記憶的作用

情節記憶是對特定的時間和地點所經歷的特定事件的記憶，不僅包括其內容，而且包括其來源。它與人們的日常生活關係密切，對於老年人更為重要，因為它對年老化最為敏感，減退較明顯。焦慮是人們常見的一種不愉快的情緒狀態，老年人也不例外。以往的多數研究集中在焦慮對認知的作用研究，結果表明：焦慮影響認知操作水準，高焦慮者成績較差，但有時也有相反結果。至於焦慮對認知年老化的作用研究尚不多見。

有研究為了探討焦慮對老年情節記憶的作用，以及它是否與情節記憶年老化的變異性有聯繫，採用「狀態─特質焦慮問卷」的方法，篩選高、低特質焦慮的青年和老年被試，以 20 個動詞組為記憶的內容，以聽或做動作為記憶的來源。結果表明：老年組情節記憶成績明顯低於青年組，焦慮可降低老年人的記憶成績。可以認為，焦慮是記憶年老化過程中產生變異性的原因之一，也表明採取情緒干預可能會改善老年記憶功能。

從以上記憶年老化的特點和發展變化的規律可以看出，老年記憶的潛力很大。

二、老年人記憶的改善方法

（一）進行記憶訓練

有研究表明，經過記憶訓練可使老年人的記憶水準顯著提高，甚至可以達到未經訓練的年輕人的水準。老年人可以學習並利用某些適合於自己特點的科學的記憶方法，從而提高自己的記憶效果。

老年人經常會說，他們的記憶不像原來一樣好了，但是他們可以學習一些策略來幫助他們改善記憶功能，同時，也可以提高他們的自我價值感。記憶術是一些幫助個人改善記憶的方法，它可以分為不同的類別 (Camp et al., 1993; Sugar, 2007)，我們著重介紹一些需要個人有意識的努力來使用的一些記憶術。

外部記憶術 (external mnemonics) 通常指依賴外部線索或幫助的一些記憶術，比如書籤、日曆、備忘箋紙或者將物品放到明顯的地方（比如將傘掛到門把手上以備不時之需）。許多老年人都使用外部記憶術來幫助他們安排每天的生活，例如，購買物品或者按時服藥。這些記憶方法可以有效地改善前瞻記憶 (Lovelace & Twohig, 1990; Sugar, 2007)。有些老人經常使用事先記錄的方法提醒自己每天的生活安排和一些重要的約會。

內部記憶術 (internal mnemonics) 經常會在一些記憶訓練課上提到，人們需要採用想像和言語聯想的方法來幫助他們記憶。比如，記憶名字的時候，可以編一些押韻的短句將名字與個人特徵聯繫起來（李白長得很白，王

勇很勇敢）。去超市買東西的時候，可以編一個故事將所有要買的物品包括進去，或者將物品進行分類（水果、蔬菜、日常用品等）。

內部記憶術也可以利用一些看到的物品作為線索使用，比如軌跡記憶法。軌跡記憶法最開始是由一個古希臘人使用的，他透過使用這個記憶術在一次聚會的時候，輕輕鬆鬆地記住了幾十個人名。所謂軌跡記憶術就是透過記住所經過路線的路標（必須是按照路標出現的順序），然後把所有記憶的東西和路標聯繫起來，從而在回憶起路標的時候可以幫助回憶起來所要記憶的東西。比如說記住家裡的一些路標：

1. 床；

2. 桌子；

3. 衣櫃；

4. 浴池；

5. 洗臉池。

在可以非常熟練地記住這些東西以後（按照順序）就可以用它幫助記憶其他的東西了。比如說需要記憶 5 個東西。在記憶新事物的時候，需要根據已經記住或已經熟知的東西的共同點（任何共同點）去記憶：

1. 溫度計——病人躺在床上用溫度計量體溫；

2. 錢——我每天把錢包放在桌子上，錢包裡面有錢；

3. 相機——我的相機放在我的衣櫃裡；

4. 青蛙——在浴缸裡養青蛙（小時候經常做這樣的事情）；

5. 牙醫——在洗臉池前刷牙，刷牙和牙醫有聯繫。

老年人對內部記憶術並不像對外部記憶術那麼有興趣 (Lovelace & Twohig, 1990)。在缺少外部線索的時候，內部記憶術可以發揮很大的作用，但是需要一定的認知努力。例如，當給你介紹一個人的時候，你可能沒辦法將對方的名字寫下來，這時就可以使用內部記憶法來記憶，直到有機會將對

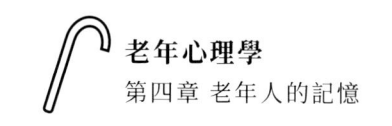

方的資訊記錄下來。像前面所說，老年人因為身心的原因很少自發地使用內部記憶術，但是如果他們受到鼓勵和充分的指導，也可以慢慢地學會並熟練使用。

經過對老年人進行內部記憶法訓練產生的積極效果可以持續多長時間，很多研究得到了不一致的結論 (Cherry & Smith, 1998)。一些報告顯示，正式的記憶訓練產生的效果可以持續 6 個月或者更長時間；但是另一些研究並沒有得到相似的結果。這可能是因為，不同的研究選用的老年人的記憶、動機和認知功能水準不同，而且使用的記憶訓練方法對長期記憶效果也不同，所以記憶訓練的效果是否有長期的效果還存在爭議。不過徹里和史密斯認為，在記憶訓練後，還應該考察老年人是否一直在使用他們學到的記憶技巧，並定期召開一些培訓的課程鼓勵老年人使用這些技巧。

綜上所述，老年人可以有效地使用外部記憶術，而且教授老年人內部記憶術的技巧看起來也對改善記憶有所幫助，但是長期的效果仍需要進一步研究。

（二）增強身體素質

1. 適量運動

「生命在於運動。」研究資料和實踐經驗反覆證明，延緩身體（包括大腦）早衰的最好方法就是運動。對老年問題和記憶的研究表明，體育鍛鍊有益於記憶力的保持。常參加體育鍛鍊的人與有慣於久坐的生活方式的同齡健康人相比較，在思考和記憶技能兩方面，前者都大大強於後者。體育鍛鍊還能降低血壓，記憶問題時常伴隨著高血壓患者，中年出現高血壓的人已經被證實：他們在今後幾十年裡的記憶力和思維能力可以預見會出現衰退。

老年人不適合高強度的體育鍛鍊，其實散步、騎自行車和游泳這些簡單活動也能調節心跳和呼吸的節律，降低血壓，調整膽固醇的水準和體重，從而為防止老年人記憶衰退打下良好的生理基礎。

2. 合理營養

營養不良或缺乏必要的營養是導致記憶衰退的一個重要因素。因此，必須及時而適量地補充蛋白質、微量元素、維生素等營養物質，以保證大腦進行記憶及其他心理活動的需要。營養合理，不偏食、不忌食十分重要。老年人不可以只隨自己的喜好選擇食物，而是應該多食用有利於增強身心功能的水果、蔬菜等各種食物。

生活中的心理學

增強記憶力的食品

1. 牛奶。牛奶是一種近乎完美的營養品。它富含蛋白質、鈣及大腦所必需的氨基酸。牛奶中的鈣最易被人吸收，是腦代謝不可缺少的重要物質。此外，它還含有對神經細胞十分有益的維生素 B1 等元素。如果用腦過度而失眠時，睡前一杯熱牛奶有助入睡。

2. 雞蛋。大腦活動功能，記憶力強弱與大腦中乙醯膽鹼含量密切相關。實驗證明，吃雞蛋的妙處在於：當蛋黃中所含豐富的卵磷脂被酶分解後，能產生出豐富的乙醯膽鹼，進入血液又會很快到達腦組織中，可增強記憶力。研究證實，每天吃一兩個雞蛋就可以向機體供給足夠的膽鹼，對保護大腦，提高記憶力大有好處。

3. 魚類。它們可以向大腦提供優質蛋白質和鈣，淡水魚所含的脂肪酸多為不飽和脂肪酸，不會引起血管硬化，對腦動脈血管無危害，相反，還能保護腦血管、對大腦細胞活動有促進作用。

4. 味精。味精的主要成分是谷氨酸鈉，它在胃酸的作用下可轉化為谷氨酸。谷氨酸是參加人體腦代謝的唯一氨基酸，能促進智力發育，維持和改進大腦機能。常攝入些味精，對改善智力不足及記憶力障礙有幫助。由於味精會使腦內乙醯膽鹼增加，因而對神經衰弱症也有一定療效。

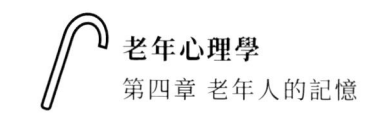

5. 花生。花生富含卵磷脂和腦磷脂，它是神經系統所需要的重要物質，能延緩腦功能衰退，抑制血小板凝集，防止腦血栓形成。實驗證實，常食花生可改善血液循環、增強記憶、延緩衰老，是名副其實的「長生果」。

6. 小米。小米中所含的維生素 B1 和 B2 分別高於大米 1.5 倍和 1 倍，其蛋白質中含較多的色氨酸和蛋氨酸。臨床觀察發現，吃小米有防止衰老的作用。如果平時常吃點小米粥、小米飯，將有益於腦的保健。

7. 玉米。玉米胚中富含亞油酸等多種不飽和脂肪酸，有保護腦血管和降血脂作用。常吃些玉米尤其是鮮玉米，具有健腦作用。

8. 金針花。人們常說，金針花是「忘憂草」，能「安神解鬱」。注意：金針花不宜生吃或單炒，以免中毒，以乾品和煮熟吃為好。

9. 辣椒。辣椒的維生素 C 含量居各蔬菜之首，胡蘿蔔素含量也很豐富。辣椒所含的辣椒鹼能刺激味覺、增加食慾、促進大腦血液循環。近年有人發現，辣椒的「辣」味還是刺激人體內追求事業成功的激素，使人精力充沛，思維活躍。辣椒以生吃效果更好。

10. 菠菜。菠菜雖廉價而不起眼，但它屬健腦蔬菜。由於菠菜中含有豐富的維生素 A，C，B1 和 B2，是腦細胞代謝的「最佳供給者」之一。此外，它還含有大量葉綠素，也具有健腦益智作用。

11. 橘子。橘子含有大量的維生素 A，B1 和 C，屬典型的鹼性食物，可以消除大量酸性食物對神經系統造成的危害。考試期間適量吃些橘子，能使人精力充沛。此外，檸檬、甜橙、柚子等也有類似功效，可代替橘子。

12. 鳳梨。鳳梨含有很多維生素 C 和微量元素錳，而且熱量少，常吃有生津、提神的作用，也有人稱它是能夠提高人記憶力的水果。鳳梨常是一些音樂家、歌星和演員最喜歡的水果，因為他們要背誦大量的樂譜、歌詞和台詞。

複習鞏固

1. 結合身邊實際事例談談如何改善老年人的記憶力？

2. 哪些記憶方法有助於提高老年人的記憶力？

拓展閱讀

改善記憶的小方法

在前文我們學習了一些改善記憶的方法，其實，在生活中的一些方法也可以幫助老年人改善記憶力，比如以下的幾種方法。

1. 多咀嚼增強記憶力

日本研究人員發現，咀嚼能有效防止上年紀的人的記憶衰退。研究者對正在咀嚼的人的大腦活動的磁共振成像分析表明，咀嚼確實提高了海馬組織的信號活躍性。

有人認為咀嚼能使人放鬆，因為人在緊張時常透過咀嚼東西緩解自己，海馬組織能控制血液中的激素水準。如果老人咀嚼得少，他們體內激素水準就相當高，足以造成其短期記憶力衰退。

2. 嘮叨助長記性

不少中老年女性愛嘮叨，某種程度上幫助女性延長了記憶力和壽命。美國心理學研究顯示，老年人心理健康指標，男女有別，在平均值之上，女性竟占了 90%。

專家認為，女性比男性更善於適應老年生活，更樂於與人言語交流，男性進入老年期後，沉默寡言居多。而言語是不可或缺的心理宣洩方式，可防止記憶衰退。

3. 多玩耍改善記憶

美國開展了一項 75 歲以上老年人失憶狀況的研究。結果顯示，軀體活動能改善健康情況，而精神活動則能顯著降低記憶力衰退的風險。跳舞、演奏樂器、讀書、玩紙牌、填字遊戲、學外語，都能增強神經細胞間的信號傳導，鞏固記憶。

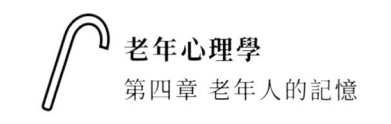

4. 白頭偕老愉悅身心

瑞典科學研究人員對989名50～60歲的中老年人追蹤觀察9年，發現離婚者或鰥夫中患阿茲海默症率為22%，而夫妻白頭偕老者中這個概率只有14%。因此，科學家認為老年人不應跟愛情絕緣，兩情相悅的幸福感受會使雙方體內分泌一些激素和乙醯膽鹼等物質，有利於增強機體免疫功能，延緩大腦衰老，並使老年人的思維處於活躍狀態。

本章要點小結

1. 記憶是指先前的刺激不復存在時所保持的有關刺激、事件、意象、觀念等資訊的心理機能，是個體對其經驗的識記、保持、回憶或再認的過程。

2. 根據不同的分類方法，記憶可以分成不同的種類。根據資訊保持時間的長短，記憶可以分為感覺記憶（即瞬時記憶）、短時記憶和長時記憶；長時記憶可以分為情景記憶和語義記憶。根據記憶過程中意識的參與程度的不同，記憶可以分為內隱記憶和外顯記憶。根據記憶內容的性質，記憶可以分為陳述性記憶和程序性記憶。

3. 記憶是一個結構性的資訊加工系統。記憶結構由三個不同的子系統構成：感覺記憶、短時記憶和長時記憶。編碼、儲存和提取是記憶的三個基本過程，任何外界資訊只有經過這些過程，才能成為個體可以保持和利用的經驗。

4. 傳統的觀點認為，人的心理機能（包括記憶）從成年期開始衰退，隨著年齡的增長，衰退的趨勢越來越明顯。就大多數老年人來說，其記憶的總的趨勢是隨年齡增長而衰退的。老年人的記憶並非是全面衰退的，而是和作業的性質和內容有關，有些種類的記憶甚至比青年人還要好。同時老年人記憶衰退存在著很大的個體差異。

5. 老年人的短時記憶較長時記憶要好。短時記憶隨年老而減退較緩慢，老年人一般保持較好，與青年人差異不顯著。長時記憶是對於已經看過或聽過了一段時間的事物，經過複述或其他方式的加工編碼，由短時儲存轉入長

時儲存，進入記憶倉庫，需要時加以提取。長時記憶隨年老而減退明顯多於短時記憶，年齡差異較大。

6. 老年人再認能力明顯比回憶能力好，意義記憶比機械記憶減退緩慢，對日常生活記憶的保持較實驗室記憶好，老年人以時間為基礎的前瞻記憶不如青年人好。而在以事件為基礎的前瞻記憶的研究中，前瞻記憶的線索有助於減少年齡差異；隨著年齡的增長，人們的外顯記憶會隨著個體發育逐漸提高，暫時穩定，最終又會隨著自然老化的過程而逐漸衰退，但是內隱記憶始終保持穩定。

7. 腦組織和腦神經的退行性變化、神經系統和心血管系統疾病、營養不良或營養缺乏、睡眠質量下降是記憶年老化的生理原因。

8. 老年人的資訊加工速度減慢和工作記憶衰退是記憶老化的心理原因。

9. 文化與職業的不同，缺乏記憶訓練和消極的「自我暗示」也會影響老年人的記憶。

10. 利用一些方法可以改善老年人的記憶力：加強體育鍛鍊，合理營養，利用並發揮老年期的記憶的特點，學習並利用科學的記憶方法，提高老年人社會支持程度。

關鍵術語表

記憶老化 memory aging

記憶系統 memory system

感覺記憶 sensory memory

短時記憶 short-term memory

長時記憶 long-term memory

內隱記憶 implicit memory

編碼 encoding

儲存 storage

提取 retrieval

前瞻記憶 prospective memory

工作記憶 working memory

記憶訓練 memory training

社會支持 social support

選擇題

1. 根據資訊保持時間的長短，記憶可以分為（　）。

A. 感覺記憶

B. 短時記憶

C. 長時記憶

D. 情景記憶

2. 根據記憶過程中意識的參與程度的不同，記憶可以分為（　）。

A. 內隱記憶

B. 外顯記憶

C. 陳述性記憶

D. 程序性記憶

3. 記憶的三個基本過程是（　）。

A. 編碼

B. 儲存

C. 搜索

D. 提取

4. 下面有關老年人記憶趨勢的說法正確的是（　）。

A. 就大多數老年人來說，其記憶的總的趨勢隨年齡增長而衰退

B. 老年人的記憶並非是全面衰退的，而是和作業的性質和內容有關，有些種類的記憶甚至比年輕人還要好

C. 老年人記憶衰退存在著很大的個體差異

D. 心理的隨年齡發展或衰退是單向的，不可逆轉的

5. 下面有關老年人的記憶特點說法錯誤的是（　）。

A. 老年人短時記憶較長時記憶好

B. 老年人再認能力明顯比回憶能力好

C. 老年人意義記憶比機械記憶減退緩慢

D. 老年人的前瞻性記憶不如年輕人好

6. 記憶老化的生理原因有（　）。

A. 腦組織和腦神經的退行性變化

B. 神經系統和心血管系統疾病

C. 營養不良或營養缺乏

D. 睡眠質量下降

7. 記憶老化的心理原因有（　）。

A. 加工速度減慢

B. 工作記憶衰退

C. 文化和職業不同

D. 缺乏記憶訓練

8. 下列屬於改善老年人記憶力的方法的是（　）。

A. 加強體育鍛鍊，增強營養，合理營養

B. 利用並發揮老年期記憶的特點或優勢

C. 學習並利用科學的記憶方法

D. 透過各方面努力提高老年人社會支持程度

9. 有助於提高老年人的記憶力的記憶方法有（　）。

A. 多通道記憶法

B. 過度學習法

C. 備忘錄記憶法

D . 精細回憶法

第五章 老年人的智力

　　對於老年人來說，最讓自己和他人苦惱的就是身體健康問題的產生和智力的衰退。一般而言，智力主要是指一個人的思維能力，隨著年齡的增長，智力會不可避免地發生衰退。多年來，無論是心理學界還是普通大眾，對智力的認識都愈加全面。本章將權威的科學研究結果同日常生活中的實例相結合，對智力的構成、老年人智力發展的模式、老年人常見的智力衰退疾病及預防、如何在日常生活當中認識老年人的智力這些問題做生動而又專業的介紹，使讀者對老年人智力有一個更全面、科學的認識。

▌第一節 概述

　　「智力」這一名詞已被人們廣泛使用，但要清楚地定義它卻並不容易，心理學界對此眾說紛紜。19世紀，英國人高爾頓(Galton)首先提出「智力」一詞，他作為使用智力測驗的第一人特別強調個體差異對智力的重要作用，並透過自己的研究得出了「智力完全透過遺傳所得」這一結論。隨著心理學家對智力研究的不斷深入，高爾頓的「遺傳決定論」已被證實為片面的，關於智力爭論的焦點也逐漸成為：智力究竟是一種單一的能力還是幾種能力的組合？對於這一問題，有幾個流派的代表觀點被廣為熟知。

　　因素理論者認為，智力應該被看作為「一般因素」，它是我們每個人所具有的一些更為特殊的能力的基礎，這一觀點最初由高爾頓主張，後來被斯皮爾曼所發展。而在更為現代的結構理論派看來，智力應該包括多種成分，其中加德納的多元智力理論可以說是這一流派觀點的代表。現如今，隨著認知心理學的大門逐漸打開，一些心理學家認為，「必須把智力看作認知過程來重新構造智力的概念」(J.P.Das & J.A.Naglieri)。本節將透過三種理論流派來對智力的構成做介紹。

老年心理學
第五章 老年人的智力

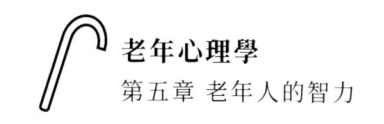

生活中的心理學

從「司馬光砸缸」說起

「司馬光七歲，凜然如成人，聞講《左氏春秋》，愛之，退為家人講，即了其大旨。自是手不釋書，至不知饑渴寒暑。群兒戲於庭，一兒登甕，足跌沒水中，眾皆棄，光持石擊甕，破之，水迸，兒得活。」司馬光砸缸的故事已流傳千年之久，司馬光臨危不亂、足智多謀的行為為人稱頌。如果讓你舉一個反映兒童聰明品質的例子，「司馬光砸缸」會是你首先想到的嗎？

對於大多數人來說，和智力最貼近的詞語就是聰明、智慧。當舉例時，從7歲砸缸的司馬光到139歲壽終的姜子牙，都可以作為聰明以及智慧的代表。但當我們稍加留意就會發現，在生活中，形容一個老人和一個孩子的智力時，我們往往採用不同的詞語。可以說，智力在不同的人身上有不同的特點，其中最為明顯的就是「智力的年齡差異」。

當我們形容一個孩子具有較好的智力時，我們可以用「機智勇敢」「聰明伶俐」「心靈手巧」，甚至「眼疾手快」等成語來形容；而當我們形容一個老人有智慧時，用的是「足智多謀」「博古通今」「滿腹經綸」等。透過這種對比我們可以看出，孩子的聰明更多體現在天性方面，透露出活潑好動的本性。而對於老年人來說，智力的高低體現在對人或物的認識與理解上，這種能力並非發自本性，而是經由後天積累所得。這種差異從心理學的角度來看反映了對智力構成的不同看法。

一、因素理論流派

（一）單因素論

單因素論的代表人物主要有高爾頓、比奈、特曼等。在單因素者看來，智力只由一種成分構成，因此他們認為，編制只測量一種智力成分的量表就足以區分人們智力的高下。儘管這種觀點現在看來十分片面，但值得反思的是，在實際生活當中，這種衡量標準卻廣泛存在。

（二）斯皮爾曼二因素論

英國心理學家斯皮爾曼 (C. E. Spearman) 透過因素分析法提出了智力二因素論，即智力可被劃分為 G 因素（一般因素）和 S 因素（特殊因素），智力是由一種唯一的 G 因素和一系列 S 因素構成，個體完成任何活動都必須依靠這兩種因素。人的所有智力活動，如掌握知識、制定計劃、完成作業等，都依賴於 G 因素，因此可以將其看作是智力結構的關鍵和基礎。一個人蘊含越多的 G 因素，就越聰明。另一種 S 因素包括五類，分別是：

(1) 口頭能力；

(2) 算數能力；

(3) 機械能力；

(4) 注意力；

(5) 想像力。

斯皮爾曼認為可能還有第六種因素，即智力速度。S 因素以一定的形式和程度參與不同的智力活動，G 因素和 S 因素之間是相互聯繫的。斯皮爾曼認為，G 因素的存在使得人們的智力水準存在一定程度的相關，又因為 S 因素使得人與人之間的智力存在差異，沒有達到完全相關。如圖 5-1 所示，位於中間的大橢圓是 G 因素，其他 6 種 S 因素與 G 因素相互交織，另外一些 S 因素之間也存在相關。

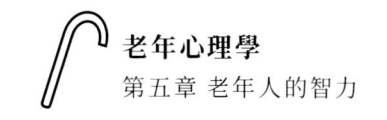

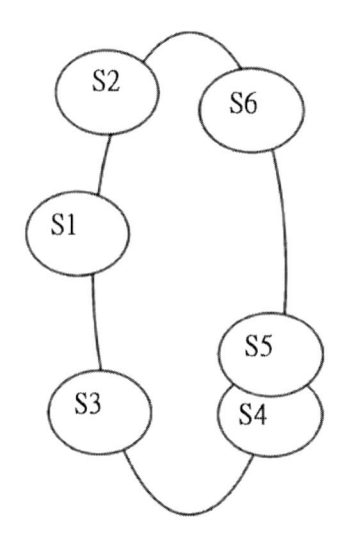

图5-1　智力的G因素和S因素

　　雖然距離智力二因素論的提出已有很長時間，但是它並未被時代所拋棄。對G因素的最新研究支持來自鄧肯等人(Duncan et al., 2000)。研究者透過實驗發現，當被試完成與智力G因素具有高度相關的一系列任務後使用PET掃描來確定被試最活躍的腦區，結果顯示：在幾乎所有的任務作業中，前額皮層都會出現一個非常活躍的特定區域。因此鄧肯等人認為，「G因素來自特定的前額系統，該系統在控制行為的多樣性方面尤為重要」。

二、結構理論流派

（一）弗農的智力層次結構模型

　　智力的結構理論是在因素理論的基礎上發展而來的。英國心理學家弗農(P. E.Vernon)首先於1960年提出智力層次結構模型。他將智力劃分為四個層次：最高層次即智力的普遍因素（G因素）；第二層次分為兩個大因素群，即言語和教育因素、機械和操作因素；第三層次分為若干小因素群，如言語理解、數量、機械訊息、空間能力和手工操作等；第四層次由特殊因素構成，相當於斯皮爾曼的S因素（圖5-2）。

图 5-2 弗農的智力層次結構模型

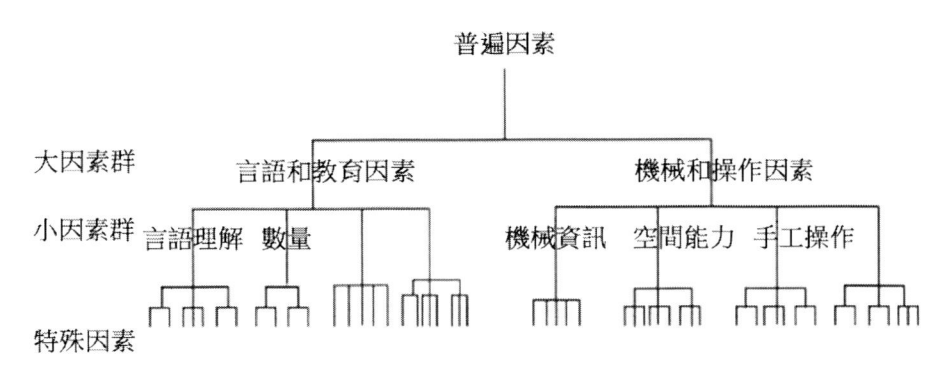

弗農的智力層次結構模型是智力層次結構理論的先導。由言語和教育因素、機械和操作因素構成的大因素群在一定程度上得到了腦科學研究成果的支持，即大腦左半球以語言機能為主，右半球以空間圖像感知機能為主。

（二）吉爾福特的三維智力結構

吉爾福特提出了智力三維結構模型理論。他否認 G 因素的存在，認為智力結構應由操作、內容、產物三個維度構成。所謂智力活動就是人在頭腦裡加工（操作）客觀對象（內容），產生知識（產物）的過程。

智力的操作過程包括認知、記憶、發散思維、聚合思維、評價 5 個因素；智力加工的內容包括圖形（具體事物的形象）、符號（由字母、數字和其他記號組成的事物）、語義（詞、句的意義及概念）、行為（社會能力），共四個因素；智力加工的產物包括 6 個因素，即單元、類別、關係、系統、轉換、蘊含。這樣，智力便由 4×6×5=120 種基本能力構成（圖 5-3）。

舉例來說，當我們識記英語單字時，單字是語義，對單字進行記憶是操作過程，對單字的最終掌握則是智力加工的產物——單元。又如，當我們對馬、玫瑰花、電視機進行歸類時，這幾類事物的含義成為認知分析加工（操作）過程中的內容，最終的歸類類別即產物。

图5-3　智力的120种基本能力

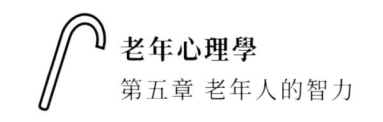

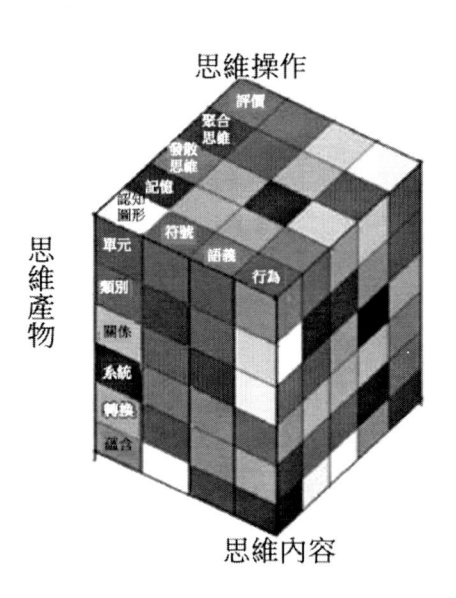

　　吉爾福特的智力結構中最引人矚目的內容當屬對創造性思維的分析，他將以前被智力概念所忽略的創造性與發散性思維聯繫起來，將發散性思維與聚合性思維相對應，認為創造性思維就是發散性思維的核心。在此基礎上，吉爾福特和他的助手提出了創造性思維的四個特徵：

　　流暢性 (fluency)：在短時間內能夠連續地表達出的觀念和設想的數量；

　　靈活性 (flexibility)：能從不同角度、不同方向靈活地思考問題；

　　獨創性 (originality)：具有與眾不同的想法和別出心裁的解決問題的思路；

　　精緻性 (elaboration)：能想像與描述事物或事件的具體細節。

三、認知加工理論流派

　　眾所周知，一個人的智力在不同的生命階段會有不同的表現。那麼這種改變是如何發生的？改變的過程又是怎樣的？

傳統的智力理論總是從智力的組成入手去界定智力，雖然從諸多方面給出了智力的外在表現，但傳統流派給出的答案在解釋以上問題時難免顯得生澀，因為對智力成分進行探討無法反映出智力的內部發生機制。20世紀50年代開始，資訊技術的突破式發展也使得心理學家受到啟發：對智力的研究可以參照電腦處理資訊的過程，即將智力的過程看作一種資訊的獲得、儲存、加工與使用的過程。史坦伯格的智力三元理論、加德納的多重智力理論以及流體智力、晶體智力觀都屬於這一理論流派。

（一）智力的三元結構理論

　　史坦伯格 (Sternberg) 提出的智力三元結構理論是智力認知流派的代表。他認為，一個完整的智力理論應該考慮智力和人所處的外在世界、人的內心世界以及與人的個人經驗之間的關係，即成分、經驗、情境。這三個角度代表了智力操作過程中的不同層面，從而形成了智力的三元論。

　　成分智力 (componential intelligence)。成分智力是指個體在問題情境中能夠運用所儲備的知識分析資料，透過思維、判斷、推理以解決問題的能力。成分智力又包含三種機能成分：

　　一是後設成分 (meta components)，指人們決定智力問題性質，選擇解決問題的策略，以及分配資源的過程。例如，一個好的司機能夠在行車的途中將資源合理分配在手、眼、腳各方面，準確地判斷路況，快速找到解決問題的方法。

　　二是執行成分 (performance components)，是指人實際執行任務的過程。例如演員在跳舞的時候需要不斷回憶肢體動作。

　　三是知識習得成分 (knowledge acquisition components)，是指個體篩選相關資訊並對已有知識加以整合從而獲得新知識的過程。如學生在學會一元一次方程之後才能夠掌握二元一次方程。

　　經驗智力 (experiential intelligence)。俗語中有「不聽老人言，吃虧在眼前」的說法，或許史坦伯格的經驗智力是對這句話最有力的支持。經驗智力是指個體能夠運用已有經驗解決新問題，同時又能夠將其與其他不同的

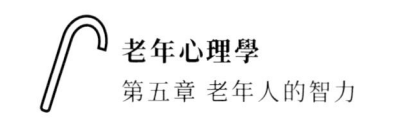

觀念行為相整合使之成為新的經驗。經驗智力豐富的個體能夠較好地分析情況，準確地運用已有經驗去處理當下的問題，即便是面臨新異環境時也具備良好的適應能力。在多次解決某個問題之後，具有經驗智力就可以使個體不假思索、自動地啟動程序來解決該問題，從而把節省下來的時間精力用在別的問題上。由此可知，經驗智力也包括兩方面：

（1）應對新異性的能力；

（2）自動化加工的能力。

```
                經驗亞理論
                個體的經驗和智力如何相互
                影響，包括：
                1. 處理新異事件的能力。
                2. 自動加工的能力。
                         │
                        智力
                       ╱    ╲
    情境亞理論                    資訊加工亞理論
    在特定情境中考               智力行為之下的認識加工，
    察智力，包括                 包括：
    1. 適應環境。                1. 原成分（如策略建構、策略
    2. 選擇環境。                   選擇和對解決過程的監控）。
    3. 形塑環境。                2. 表現成分（如編碼和比較）。
                               3. 知識獲得成分（如選擇性編
                                  碼、選擇性組合以及選擇性比
                                  較）。
```

圖5-4　史坦伯格三元智力理論

情境智力 (contextual intelligence)。情境智力是指個體在日常生活中能夠應用所學的知識去解決實際問題的能力。史坦伯格認為，如何定義智力取決於它所處的社會文化背景，不同文化背景下的人們具有不同的情景智力。

例如，對於需要野外生存的人來說，區分有毒和無毒植物、採集和狩獵是重要的能力。而對於都市的人來說，則需要具備在工業化社會中生存的能力。

（二）加德納的多重智力理論

如果用兩門學科去評價一個人的智力，你會選哪兩門？對於大部分人來說，答案是數學和語文，似乎這兩門學科能夠更準確地反映出一個人的邏輯思維能力與讀寫能力，能夠較好地掌握這兩種能力的個體可以作為智力水準高的代表。但是，加德納在對智力的研究中注意到了三個不同尋常的現象：

第一，大多數有天賦的個體並不是在所有能力上都表現出色，智障、孤獨症患者以及學習障礙者都會表現出參差不齊的認知能力，這就很難用以上只強調邏輯思維與讀寫能力的一元化的智力觀點去解釋。

第二，加納德在對患有腦損傷病人的研究中發現，一些中風恢復後的病人的智力發生了變化。因而他認為，腦部某些特定部位的受損也會導致智力受損，而損傷後病人的變化則可以說明損傷部位的功能。從腦損傷病人那裡得到的證據有力地說明了人類的神經系統經過一百多萬年的演變，已經形成了多種智力的機能定位。

第三，加德納注意到，不同文化背景所看重的角色和機能不同，各個民族都有其特有的代表高智力的行為，可以說每一種智力都具有其文化價值。於是，加德納提出了「多重智力理論」，這一理論使人們認識到，衡量智力的標準並不唯一。

多重智力理論認為，人類至少有七種不同形式的智力，每種都相互獨立，分別與單獨的大腦結構相關聯。加德納後來又補充到：「智力的形式還不止這些，像思考人類存在本質的能力也應該被看作為『存在智力』。」

這七種智力分別是：

1. 空間智力：此種智力主要用於辨別方向以及在空間中的移動，這種智力在看地圖和繪畫中也有運用；

2. 音樂智力：這種智力主要用在樂器演奏、歌唱以及對音樂的欣賞方面；

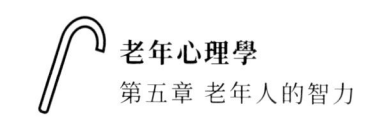

3. 言語智力：這種智力主要指對語言和文字的鑒賞、理解及表達；

4. 邏輯數學智力：這種智力在解決數學問題以及抽象邏輯推理問題時是非常關鍵的；

5. 人際智力：這種智力用於人際交往，表現為對他人情緒和想法的理解與共情；

6. 內省智力：這種智力指向主體自身，表現為對自己內部世界的認識與反思；

7. 身體運動智力：這種智力涉及控制精細的身體運動。

儘管這七種智力成分被單獨地呈現出來，但它們並不是毫無關聯地發生作用，不僅每一個人在不同程度上都具有這七種智力，而且任何活動都會包含幾種智力成分的共同作用。加納德同時也指出每種智力都有自己獨特的發展軌跡。例如，許多偉大的作曲家和運動員，在兒童期就展現出天賦，而卓越的邏輯數學智力則出現較晚，一般是在個體具備了抽象思維能力之後出現。

（三）流體智力和晶體智力

美國心理學家雷蒙德·卡特爾 (Raymond Bernard Cattell) 將智力劃分為流體智力 (fluid intelligence) 和晶體智力 (crystallized intelligence)，這種劃分對智力研究的觀點產生了巨大影響。

流體智力是一種以生理為基礎，與基本認知過程有關的能力，如知覺、記憶、運算速度、推理能力等。它是與生俱來的，很大程度上受到先天遺傳因素的影響，反映了中樞神經系統的能力，隨著神經系統的成熟而提高，又隨著神經系統的衰老而減退，與社會和文化影響的學習經驗無關。流體智力的發展與年齡有密切關係，一般人在 20 歲之後，流體智力的發展達到頂峰，30 歲以後隨年齡的增長而降低。

晶體智力是人們在後天學習當中逐漸積累起來的、用於解決問題的資訊、技巧、策略等。它受到教育、經驗以及個體所處文化背景的影響，如一般性資訊（美國的首都是哪裡？）、詞的理解（危機是什麼意思？）以及數字能

力等都是晶體智力的測驗形式。晶體智力與年齡的關係較小，可以在一生中得到不斷發展。

流體智力和晶體智力在個體身上的發展差異在老年時期開始明顯體現。如下圖所示，在老年時期，通常流體智力有一定程度下降而晶體智力則可以穩中有升（圖 5-5）。

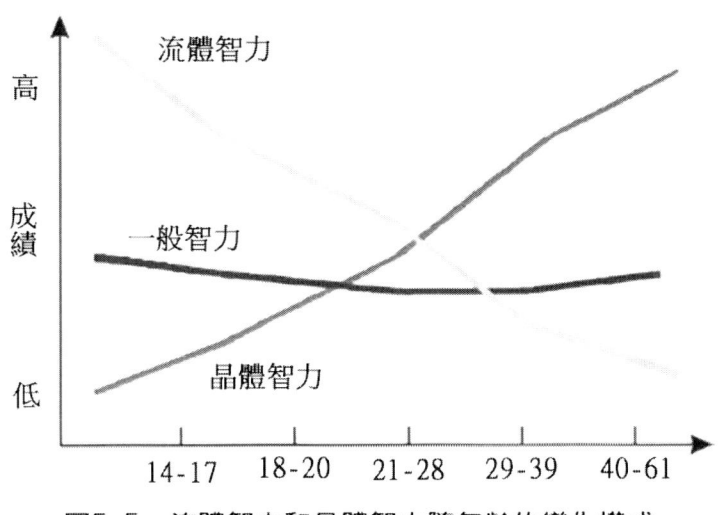

圖5-5 流體智力和晶體智力隨年齡的變化模式

複習鞏固

1. 簡述斯皮爾曼的二因素論。

2. 聯繫實際，說說史坦伯格智力三元論在生活中的體現。

3. 簡述流體智力和晶體智力。

4. 智力理論大致可分為哪幾個流派，簡述每個流派的主要觀點。

第二節 老年人智力的測量方法

在瞭解了智力的概念後，還需要透過科學的方法來反映出一個人的智力水準，因而智力測驗應運而生。智力心理測驗開始於 20 世紀早期，其初衷

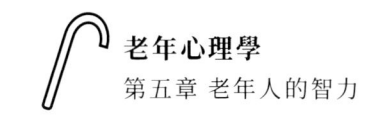

就是對智力進行量化。經過一個世紀的發展，智力測驗的範圍不斷擴大，測驗的對象由兒童擴展到老年人，所測特質也愈加全面。對老年人來說，由於其生理心理機能發生了不同程度的退化，因此，針對老年人的心理測驗不僅需要滿足一般智力測驗的基本要求，還需要根據老年人的獨特性做出改進，使之能夠客觀真實地反映出老年人的智力水準。

一、測驗的基本特點

一項測驗能否測出想要測量的某種特質主要取決於三個方面：信度、效度、標準化。如果這三個方面中有一方未達到要求，測量的結果就很可能無效。

信度 (reliability)，即可靠性，是指某一測量工具反覆使用後得出結果的一致程度。用同一把尺量身高，三次的測量結果均不相同，那麼這把尺便缺乏信度。測量工具的信度高低與測量對象也有較大關係。例如，如果在飯前和飯後分別測量老年人的血糖，結果可能會有較大不同，但我們並不能由此推論血糖測試儀缺乏信度。

效度 (validity)，即有效性，指測量工具或手段能夠準確測出所需要測量的事物的程度。效度越高，說明測量結果與所測特質吻合程度越高。例如，推理能力測驗應該準確反映出個體的邏輯推理水準，而不是反映個體的繪畫水準或語言表達能力。

標準化 (standardization) 即常模 (norm)，是指心理學透過測驗來測量個體的智力水準，根據被試完成問題以及任務的程度來進行評分。智力測驗在設計時必須先從首測目標群體中選取大量具有代表性的個體組成標準化樣本，在對樣本施測後以樣本得分建構出常模。這樣，當測試正式使用時，個體在測驗上所得的分數就可以參照常模分數以做比較，透過參照一個更大、更具代表性、更標準的樣本得分來比較個體受測者的得分高低。如果沒有常模做比較，我們雖能得知受測老人的智力分數，但是卻無法將其分數和其他條件相似的老年人做比較，也就無法更加全面地瞭解其智力的真實水準。

需要注意的是，只有當標準化樣本中的群體能夠代表個體受測者時，常模才能用於比較得分。例如，測驗常模中的得分如果均來自男性老年群體，那麼這一常模就不可以作為女性老年受測者的標準化常模進行參考。

二、個體智力測驗

（一）比奈-西蒙量表

要追溯心理測驗的誕生，法國心理學家比奈 (Binet) 功不可沒。20世紀初，法國政府要求比奈開發一種測試以便將學校裡的發育滯遲的兒童和缺乏學習動機的兒童區分開來。1905年，比奈和西蒙 (Simon) 推出了智力測驗的第一種版本，測驗項目為 59 個，包括記憶、言語、理解和手工操作等，以透過項目的多少作為區分智力的標準。但是，因為簡陋和非標準化的測驗編製及施測過程，該量表早已停止使用。

1916年，史丹佛大學教授劉易斯·特曼 (Lewis Terman) 教授將比奈-西蒙智力量表加以修改後引進美國，形成了後來廣為流傳的「史丹佛-比奈量表」。史丹佛-比奈量表適用於 2～18 歲的個體。量表中的題目主要用於測量個體在學業的各個階段所需要具備的智力及能力。

（二）韋克斯勒成人智力量表

國外的智力測驗多以兒童智力測驗為主，韋克斯勒成人智力量表 (Wechsler Adult Intelligence Scale，簡稱 WAIS) 是最主要的成人智力測驗。

韋克斯勒將智力定義為：「使個體行動有目的，思維合理，有效應付環境的一種聚集或全面的才能。全面即人類行為是以整體為特徵的；聚集指智力由諸要素或諸能力構成，這些要素或能力之間雖非完全獨立，但也存在質的區別。」韋克斯勒將這一思想反映在他對智力測驗的設計上，測驗的主要特點就是在一個總測驗量表中分出若干個分測驗量表，用每種分測驗測量一種智力功能。

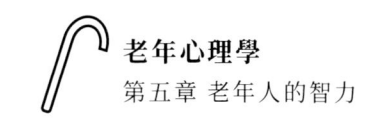

這些分測驗分為兩大類：一類屬於言語分測驗，組成言語總量表，根據這個量表結果計算出來的智商稱為言語智商；另一類測驗屬於操作測驗，組成操作總量表，根據它的結果計算出操作智商。兩個量表合稱全量表，其智商稱為全智商，代表受測者的總智力水準。

韋克斯勒成人智力量表出版於 1955 年。1981 年，WAIS-R 量表問世，使用這一量表的受測者年齡在 70 歲以上。WAIS-R 量表由 11 個分測驗組成，其中 6 個分測驗測量個體的言語使用能力，另 5 個分測驗測量個體的實踐操作能力。WAIS-III出版於 1997 年，可以用於測量 80 歲以上老年人的智力水準。韋氏成人智力量表在全世界範圍內得到廣泛使用。心理學工作者結合實際情況，對韋克斯勒成人智力量表的部分題目進行了修改（表 5-1）。

表5-1 韋氏智力量表簡介

測驗簡介：	
測驗一 知識測驗	了解受測者的知識廣度，共有29題。題目舉例：第17題，人體的三種血管的名稱是什麼？
測驗二 領悟力測驗	考察受測者對實際知識的理解和判斷能力的分測驗，共14題。題目舉例：第7題，成語「趁熱打鐵」是什麼意思？
測驗三 算數測驗	考察受測者的計算與推理能力、計算速度和準確性，共14題，均有時限規定。題目舉例：第13題，8個人6天做完的工作，若想半天完成需要多少人？
測驗四 相似性	考察受測者的抽象概括能力，共13題。題目舉例：第1題，說出和斧頭類似的物品。
測驗五 數字廣度測驗	考察受測者的注意力和機械記憶能力，分為順背和倒背兩種測驗，方法是施測者按照每秒一個的速度讀出一組數位，要求被試者重複或倒背。
測驗六 詞彙測驗	考察受測者的詞彙知識廣度、學習和理解能力，共40個詞彙，要求被試說出每個詞彙的意義。如「美麗」。
測驗七 數位記號測驗	考察受測者的一般學習能力、知覺辨別能力和書寫速度，題目中的每一個數字都有一相應的符號，要求受測者在90秒內在90個數字下面填上代表該數字的符號，每正確填寫一個符號記一分，倒轉符號記半分，最高為80分。
測驗八 填圖測驗	考察受測者的知覺組織和推理能力，共有圖片21張，每張圖片缺乏一個重要部分，需要被試者指出。

續表

測驗九 木塊圖案測驗	考察受測者的抽象推理能力和結構分析能力，題目中有9塊正方形積木，每塊兩面為白色，兩面為紅色，另外兩塊以對角線為分界線分成紅白兩色。要求被試用積木擺出圖案中的造型。
測驗十 圖片測驗	考察受測者對社會情境的理解能力。測驗中有8套圖片，每套有3~6張。如果將每套的順序正確排列，可以說明一個故事，每套圖片按規定打亂後交給被試，讓被試將圖片重新排列。排列正確則得分。
測驗十一 圖形拼湊	考察受測者概念思維和處理部分與整體關係的能力，測驗共有4套圖像組合板，每個圖像被分割為若干部分，打亂後按規定交給受測者，讓受測者重新拼湊以恢復原形。

智力水準的等級劃分：

極優秀	130分以上
優　秀	120 分~129 分，123 分~130 分
中　上	110 分~119分，111 分~122 分
中　等(平常)	90分~109分，90分~110 分
中　下	80 分~89 分，79 分~89 分
邊　緣(臨界)	70 分~79 分，68分~78分
輕度智力低下	55 分~69 分，52分~67 分
中度智力低下	40 分~54分，36分~51 分
重度智力低下	25分~39分，20 分~ 35 分
極重度智力低下	<25分，<20 分

（三）基本認知能力測驗

韋氏成人智力量表被證實有較高的信度和效度，在全世界範圍內得到了廣泛的運用。雖然心理學家按照國情對其做了一定修改，但畢竟文化差異較大，單一的修改無法滿足本土心理測驗發展的需要。在這一背景下，由李明德、劉昌、李貴雲編制的「基本認知能力測驗」彌補了這一缺憾。

基本認知能力測驗適用於小學 4 年級以上的兒童、成年人以及中老年人，適用的年齡範圍為 10 歲～ 99 歲。測驗包括數字鑑別、心算、漢字旋轉、數字工作記憶、雙字詞再認、三位數再認、無意義圖形再認 7 項分測驗。

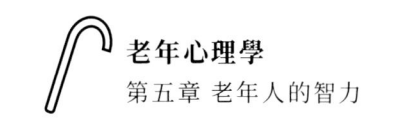

數字鑑別分測驗旨在考察受測者的知覺速度能力。測驗中受測者所面對的電腦螢幕中央隨機顯示單個數字，要求受測者盡快選擇小鍵盤上的相應數字鍵回答，共十次。實驗者記錄下受測者每一次的反應時後，統計平均反應時和標準差。

心算分測驗旨在考察受測者的思維效率。測驗中受測者要完成隨機出現的 2 個一位數加法算術題、2 個兩位數減法算術題和 3 個兩位數的加減運算題。上述三類題目各為 1，2，3 分，滿分 15 分。用測驗總成績除以測驗總時間得出心算效率來反映受測者的此項能力。

漢字旋轉分測驗旨在考察受測者的空間表象加工能力。測驗中受測者隨機呈現一個旋轉為不同角度的正寫或反寫的簡單漢字，要求受測者判斷所呈現的刺激是正寫還是反寫。記錄測驗成績和完成時間，並以測驗成績除以完成總時間計算出漢字旋轉的效率。

數字記憶分測驗旨在考察受測者的工作記憶能力。測驗要求受測者完成若干一位數加減法運算，在完成所有題目之後將答案按照題目的先後順序排列出來。

雙字詞再認分測驗旨在考察受測者的語文記憶能力。測試中按照預定的隨機序列為受測者呈現 20 個雙字詞（如月亮、太陽、房間），要求受測者記住，再隨機逐個呈現包括 20 個未識記過的雙字詞在內的共 40 個雙字詞，要求受測者對識記過的雙字詞進行再認。

三位數再認分測驗旨在考察受測者的數字記憶能力。測試按照隨機順序向受測者呈現 10 個隨機組成的 3 位數，要求受測者進行記憶，再向受測者隨機呈現包括 10 個之前未識記的三位數在內的 20 個三位數，要求受測者對識記過的數字進行再認。

無意義圖形再認分測驗旨在考察受測者的圖形記憶能力。測試按照隨機順序向被試呈現 10 個無意義圖形，要求受測者識記後再向受測者隨機呈現包括 10 個未識記的測驗圖形在內的 20 個無意義圖形，要求受測者對識記過的圖形進行再認。

多項研究結果顯示，基本認知能力測驗具有良好的信度和效度，能夠較好地反映出認知能力的年齡差異和老化程度，可以用作老年智力障礙診斷的臨床測評工具。

三、團體智力測驗

（一）基本心理能力測驗

基本心理能力測驗以瑟斯頓 (Therstone) 提出的七種智力成分為理論基礎，即言語理解 (verbal comprehension)、詞語流暢 (word fluency)、數字運算 (number)、空間定位 (space)、聯想記憶 (associative memory)、知覺速度 (perceptual speed)、歸納推理 (general reasoning)。每一種智力都作為一個獨立的成分加以測量。

言語能力即個體識別並理解詞彙意義的能力。在測試中，受測者需要從多個選項中找出同問題詞彙意義最相近的選項。言語能力透過學習和經驗獲得，因此被認為能夠反映個體的晶體智力。

數字能力即個體進行加減乘除等基本運算的能力，同樣被認為能夠反應個體的晶體智力。

語言流暢性即個體從長時記憶中提取詞彙的能力。受測者需要回憶在測驗開始時讀到的一篇文章並寫出想到的詞語，所用的時間越短、寫下的詞語越多則說明受測者此種能力水準越高。語言流暢性測試同時考察了受測者的晶體智力和流體智力。

歸納推理能力即個體識別及運用抽象關係的能力。受測者需要識別出哪一組字母的排列不屬於 ABCD、WXYZ、BFLK、JKLM 類型的序列。歸納推理能力涉及個體對新異問題的解決，屬於流體智力範疇。

空間定位能力即個體對客體在二維空間內進行心理旋轉的能力。在測試中，首先為受測者呈現一幅幾何圖形，要求受測者按照提示對圖形進行心理旋轉，然後要求受測者從選項中選出旋轉後的圖形。由於涉及對新異問題的處理，故空間定位能力也屬於流體智力。

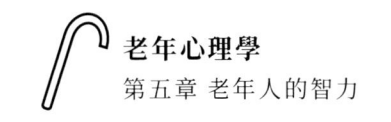

（二）瑞文氏標準推理測驗

瑞文氏標準推理測驗（Raven's Standard Progressive Matrices 簡稱 SPM）是英國心理學家瑞文（J.C.Raven）在 1938 年設計的非文字智力測驗。適用的年齡下限為 5.5 歲，上限年齡不定，因此可以用於老年人智力的測量。

瑞文氏標準推理測驗的編制，理論上根源於斯皮爾曼的智力二元論。瑞文把 G 因素進一步劃分為兩種相互獨立的能力，一種是再生性能力，表示一個人回憶已有資訊並進行語言交流的能力，它能夠反映出一個人接受教育後達到的水準。瑞文認為，用詞彙測驗測量這種能力最有效。另一種是推斷性能力，指一個人做出理性判斷的能力，它與一個人知識水準或受教育程度關係並不密切，但對於適應社會生活卻有重要意義。為了測量推斷性能力，瑞文編制了全部採用幾何圖形的非語言測驗，即著名的瑞文氏推理測驗。

瑞文氏推理測驗由易到難分為三個不同水準的測驗：一是「瑞文彩圖推理測驗」，適用於幼兒和智力水準較低的人；二是「瑞文氏標準推理測驗」，即本部分所介紹的，適用於 5.5 歲以上且智力發展正常的人；三是瑞文高級推理測驗，適用於在瑞文氏標準推理測驗上得高分或者智力水準較高的個體。

瑞文測驗的優點在於測驗對象不受文化、語言和種族的限制，並且可以用於一些生理缺陷者。測驗既可個別進行，也可團體施測，結果呈現直觀、簡單。1985 年在張厚粲教授等人的主持下，對瑞文氏標準推理測驗、瑞文彩圖推理測驗、瑞文高級推理測驗進行了修訂，並制定出兩種版本，進一步提高了測驗的信度和效度。圖 5-6 為瑞文測驗的一道題目。

圖5-6　瑞文標準推理測驗

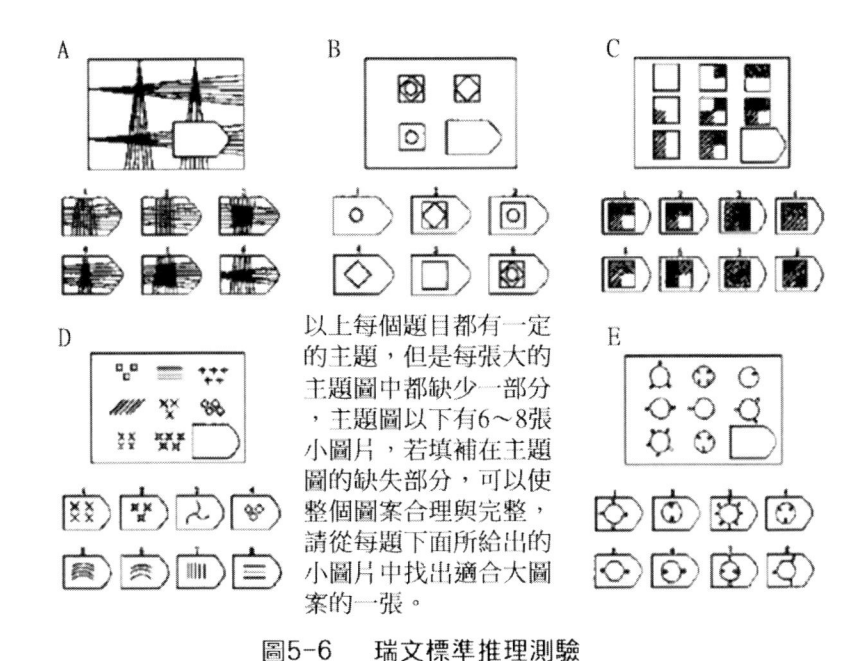

四、智力測驗的不足

多年來，經過心理學家的不懈努力，心理測驗的科學性、可靠性及有效性均不斷提高，心理測驗得到了充分發展。但是，測驗本身的一些不足使我們仍不能將心理測驗的結果作為衡量受測者能力的唯一指標。

首先，受測者和建立測驗常模的標準化樣本很難完全同屬一個群體。

其次，當受測者的答案符合測驗評分標準時，得分較高。但同樣的答案在不同的文化背景下得到的認可程度也會不同，來自其他文化背景下的智力測驗在效度上無疑會受到影響。

再次，「智力測驗的得分是否能夠準確預測個體在現實生活當中的能力」這一問題也受到了諸多研究者的質疑。

老年心理學
第五章 老年人的智力

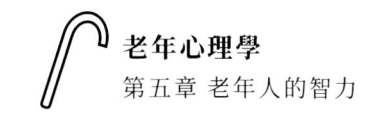

生活中的心理學

生活中的智力考察

如果沒有條件地接受專業的心理測試，在生活中我們也可以創造條件來對自己的智力進行大致評估。以下幾道題目雖然通俗，但是如果你認真學習了以上的內容，是不是也可以從裡面品味出心理學的原理呢？

考察你的晶體智力：

1. 燒一根不均勻的繩子，從頭到尾總共需要1個小時，現有若干條材質相同的繩子，問如何用燒繩子的方法來計算一個小時十五分鐘呢？

2. 你有一桶果凍，有黃、綠、紅三種顏色，閉上眼睛抓取同種顏色的兩種，需要抓取多少個就可以確定你肯定有兩個同一種顏色的果凍。

3. 一個岔路口分別通往誠實國和說謊國，來了兩個人，已知一個是誠實國的，另一個是說謊國的。誠實國的永遠說實話，說謊國的永遠說謊話。現在你要去說謊國，但不知道該走哪條路，需要問這二人。請問應該如何問？

考察你的思維靈活性：

這類題目沒有正確答案，聰明的人能夠將已儲存的知識進行靈活遷移，從而給出別緻而又恰當的答案。

1. 為什麼下水道是圓的？

2. 為什麼狗的壽命比人類短？

3. 你怎樣將Excel解釋給你的奶奶聽？

4. 多少個加油站才能滿足美國的汽車所需？

考察你的流體智力：

數獨：數獨是一種運用紙和筆進行演算的邏輯推理遊戲。玩家需要根據9×9盤面上的已知數字，推理出剩餘的空格數字，並滿足每一行、每一列、每一個粗線宮內的數字均含1-9，且不重複。每一道合格的數獨謎題都有且僅有唯一的答案，難度越大的數獨題目提供在宮格內的數字越少。

複習鞏固

1. 什麼是測驗的信度和效度？

2. 什麼是測驗常模？

3. 假如你要為家裡的老人測量智力，你會選用哪種智力量表，為什麼？

第三節 老年人智力發展的相關研究

一、智力的研究範式

橫斷法和縱向法是研究老年人智力的兩種主要方法。美國學者瓊斯 (Jones) 和康拉德 (Conrad) 等人最早採用橫斷法研究智力的年齡差異。他們發現，採用橫斷法得出的研究成果往往會誇大智力下降的趨勢。沙因 (K. W. Schaie) 和斯特羅瑟 (C. R. Strother) 等人採用縱向研究法從 18000 人中隨機分層抽樣選出 500 人作為被試，將 20 歲到 70 歲的被試劃分為 10 組（每組 50 人，其中男女各 25 人），1956 年研究者首先對這些被試進行了測驗。1963 年，研究者儘可能地找到了原先的那些被試並對他們再次進行測試。此後，研究者分別在 1970 年、1977 年、1984 年、1991 年和 1998 年進行了共 7 次這樣的測驗，蒐集到 42 年的縱向數據。

測試表明縱向研究的結果同橫向研究的結果相去甚遠。以對「言語意義」的測量為例，圖 5-7 生動地表示出橫斷法和縱向法對於在同一種能力上的研究結果的差異。橫斷數據顯示，39 歲是能力發展的一個峰值，在此之後出現快速下降，而縱向研究數據則顯示該能力的提高趨勢會保持到 53 歲至 60 歲，之後才出現輕微下降，甚至對 75 歲的水準估計值都要高於 25 歲 (Schaie & Strother, 1968; Schaie & Willis, 1993)。

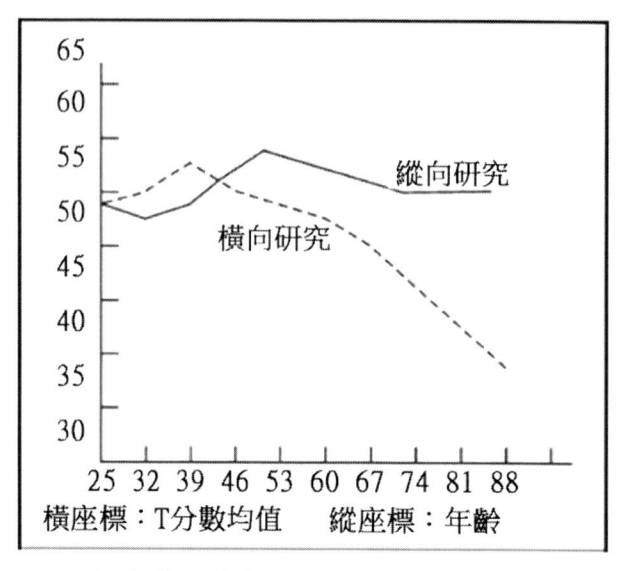

圖5-7　言語意義測驗中橫斷法和縱向法的年齡梯度比較

透過分析兩種測量方法我們發現，在研究與年齡有關的問題時，橫斷研究中的個體差異很可能與跟年齡有關的變化混淆起來，研究者難以確定導致問題的原因究竟來自年齡變化還是被試間的個體差異，並且個體差異很容易誇大變量的變化程度。在縱向研究中，個體間差異得到了控制，研究者可以詳細、系統地瞭解變量的發展變化趨勢，但縱向研究法的不足之處在於需要耗費較大的時間與精力，研究過程中被試的流失、被試身體機能的變化、環境變化等因素都會對實驗結果的客觀性產生消極影響。

拓展閱讀

西雅圖縱向研究

K·瓦納·沙因 (K. Warner. Schaie) 是美國心理學界和老年學界最有影響力的大師級人物。沙因長期致力於成年人能力發展的研究，並以他從事多年的「西雅圖縱向研究」（The Seattle Longitudinal Study，縮寫SLS）在101屆美國心理學學會的年度大會上獲得「傑出科學貢獻獎」。

西雅圖縱向研究 (Seattle Longitudinal Study, SLS) 的結果顯示：社區中的長壽老人在 65 歲之後才出現流體智力的下降；晶體智力出現下降的時間更晚，通常是在 75 歲左右才出現。大多數參與調查研究的被試在 67 歲時出現了至少一種基本心理能力下降的情況，但是當這些成員年齡達到 88 歲時，也沒有一位出現五種心理能力全面下降的情況。

沙因用近 50 年的時間研究成年人能力的變化過程及其原因。他選擇了成人的五種基本認知能力——言語定義、歸納推理、空間定位、數字和詞語流暢性，運用橫向和縱向的方法收集數據。經過 35 年的縱向研究，他收集的數據表明，60 歲以前並無確定的認知衰退平均年齡，然而在 67 歲之前確實發現了有智力衰退的現象，這種衰退很緩慢，延續至 80 歲，且大多數個體的智力衰退曲線並非線性，而是呈階梯狀。根據橫斷研究所收集的數據表明，男女之間智力的性別差異主要體現在婦女流體智力的衰退早於男性，而男性則在晶體智力上早於女性出現衰退。儘管流體智力會早一些出現衰退，而晶體智力則一旦到 75 歲就會出現劇烈衰退的跡象。

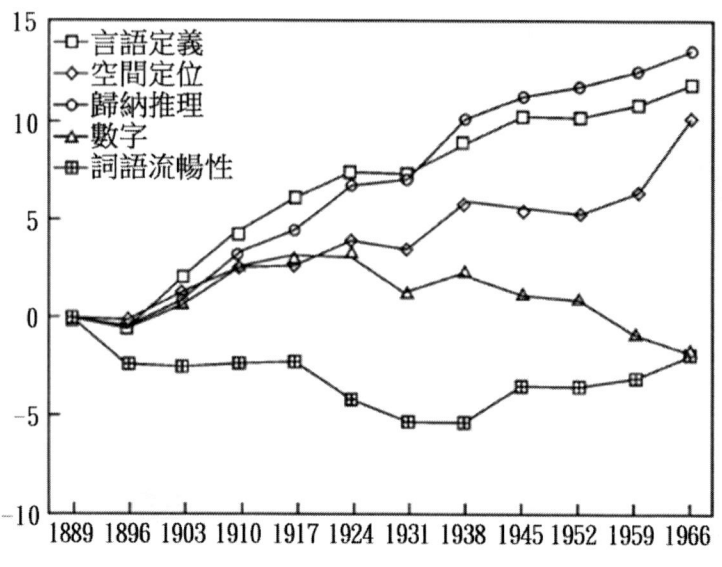

圖5-8　西雅圖縱向研究中年齡對五種智力能力的影響

（橫座標為年齡，縱座標為T分數均值）

二、老年人智力發展的四階段

「智力是否會隨著年齡的增長而下降」這個問題一直是老年心理學關注的焦點。伍德羅夫·帕克 (Woodruff-Pak) 曾說：「每過數十年，老年人智力發展問題的相關研究成果就會發生一次變革。」總體來說，老年人智力發展模式的理論歷經了四種階段，下一個階段的到來並不意味著將之前的理論全盤否定。

表5-2　老年人智力發展理論四階段

階段	
階段 I	關注焦點在於如何描繪出個體進入20歲之後智力顯著下降的趨勢。這一階段大多採用橫斷面研究範式。
階段 II	關注的焦點在於鑑別智力中哪些成分會隨著年齡變化降低，哪些成分能保持穩固。這一階段的理論使人們認識到，智力發展變化的趨勢會受到研究範式的影響。
階段 III	關注的焦點在於研究個體的差異如何影響智力功能。個體的經驗、實踐和訓練方面的因素如何影響智力成為研究者興趣所在。
階段 IV	關注的焦點在於發展一種新的方式來定義和測量智力。對智力的定義擴展到包括智力功能的品質和數量兩方面。

20世紀50年代（階段I），陸軍甲種測驗和韋克斯勒智力量表得到了廣泛運用，由於大量使用橫斷法的研究範式，使得老年人在智力測驗上的得分明顯低於青年人。研究者因此推論：智力功能在成年早期達到高峰，之後便不可避免地出現下降。這一階段中研究的重點在於發現智力下降發生的具體時間以及下降的速度。

20世紀60年代（階段II），一些研究者認識到智力的構成並不單一，而且構成智力的若干成分也會有不同的發展變化趨勢。鮑特斯（Baltes）以及沙因等研究者因此認為：「智力隨年齡增長而下降的這種趨勢只是一種『暮年傳說』。」實際上，隨著年齡增長，知識和經驗都在不斷積累，理解推理能力也隨之提高，因此，成年期至老年的智力實際上是能夠有所提高的。

三、典型智力老化模型

典型智力老化模型反映出不同智力成分隨年齡增長的變化趨勢。WAIS分測驗上的得分趨勢可以很好地說明典型智力老化模型，即言語能力分測驗上的得分在各個老年階段都能夠相對保持穩定，因此，可以把言語能力看作一種年齡無關型能力（ageinsensitive abilities）。反之，實踐操作能力分測

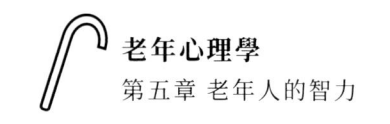

驗上的得分就顯示出隨年齡增長而下降的顯著趨勢，因此這種能力被稱為年齡敏感型能力 (age-sensitive abilities)。

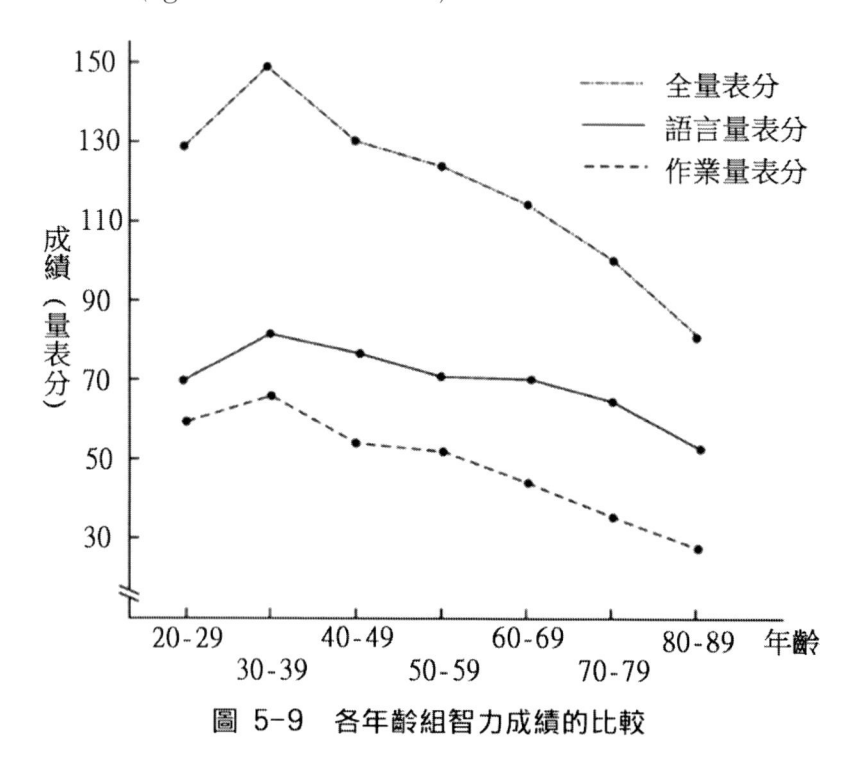

圖 5-9　各年齡組智力成績的比較

四、智力的終生發展觀

　　並不是所有的研究都對智力和年齡的關係持消極態度，智力終生發展觀用五個理由證明了個體的智力可以在一生當中得到不斷的發展與提高。

　　1. 智力的發展貫穿於人的一生，和晶體智力有關能力的發展持續一生，彌補了流體智力衰退帶來的不足。

　　2. 測量工具和測量方法的不斷改進有助於更加準確、全面地測量出個體智力。

　　3. 智力發展受到多種因素影響，並且在人生的不同階段具有不同的發展模式，用一種模式概括個體一生的智力發展是片面的。

4. 跨學科的研究方法促進了智力發展的研究：科學技術的進步使得心理學家能夠利用功能性磁振造影 (FMRI)、正電子發射電腦斷層掃描 (PET)、腦電圖 (EEG)、腦磁圖 (MEG) 等生物醫學研究技術來客觀、確鑿地追尋大腦的真相。

5. 智力發展具有彈性，可以透過訓練和實踐進行塑造和改變。環境決定論的早期代表人物約翰·華生 (John B.Watson) 曾說：「請給我十幾個健康沒有缺陷的嬰兒，讓我在我的特殊世界中教養，那麼我可以擔保，在這十幾個嬰兒當中，隨便拿出來一個，都可以訓練他成為任何一種專家──無論他的能力、嗜好、趨向、才能、職業及種族是怎樣，我都可以訓練他成為一個醫生，或一個律師，或一個藝術家，或一個商界領袖，甚至可以訓練他成為一個乞丐或竊賊。」

五、影響智力發展趨勢變化的因素

（一）生物學原因

腦細胞衰退是老年人出現智力衰退的主要原因。隨著年齡增長，個體腦細胞及大腦褶皺減少，腦重量也隨之減輕，最終導致大腦活動減弱。並且，即便沒有出現大腦機能的全面衰退，大腦某一部分的損害也可能導致智力的嚴重損傷。一般來說，出現在老年人身上的智力衰退，是由多種生物學原因引起的，並非由某一單一因素或者單一腦區的受損引起。

（二）同輩效應

根據縱向研究的結果，個體的智力不僅在一生中保持上升趨勢，並且在許多能力上，每一代人都比前一代人更為聰明。出現這一結果的原因主要在於「同輩效應 (cohort trend)」，即由於所受的教育以及所處時代背景不同，每一代群體都有其獨有的特質。這樣，同輩效應還可以用來解釋為什麼在橫斷研究中，智力發展總體呈下降趨勢。原因可能在於：在橫斷研究中，同輩效應與和年齡有關的差異因素發生交互作用，使得結果更加複雜化。也就是說，不同年齡被試之間差異的加大，並不只是由於年齡增長導致的，代際差異混合於其中，使得差異更為明顯。

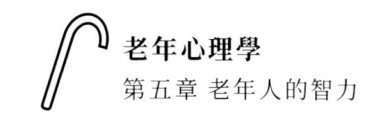

圖 5-10 描述了同輩效應對五種不同基本智力能力的顯著影響。圖中呈現了 10 個相繼出生的同輩團體 (1889-1952) 的測驗成績，歸納推理、言語定義和空間定位能力曲線的總體趨勢是穩步升高。數字能力似乎在 1924 年同輩團體中達到頂峰便開始下降。1938 年是詞語流暢性的一個拐點，在 1938 年之前的同輩團體穩定下降，而從 1938 年以後的同期群團體中則出現了一個輕微上揚趨勢。

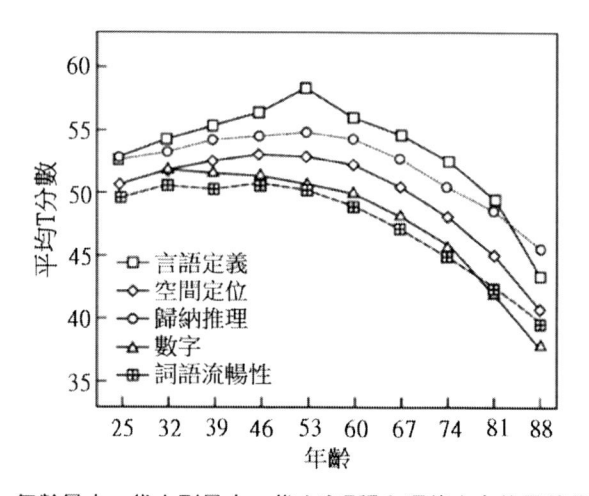

圖5-10　年齡最大一代人到最小一代人在5種心理能力上的累積代際變化

有研究者認為同期群效應產生的原因有二。

一是生物學因素，比如人類攝取的營養更佳，頭顱發育更大，近親婚姻減少，生命質量提高等。

二是社會因素，主要指人類得到的教育水準愈佳，來自環境的刺激日益豐富，進一步促進了人類智力的發展。

因此即便老一代同齡團體成員的能力並沒有出現下降趨勢，但是和年輕一代相比，可能仍顯不足。這種積極的同期群團體效應無疑使得隨年齡增長而下降的某些能力更為明顯。

第三節 老年人智力發展的相關研究

（三）選擇性樣本流失

在有關智力發展的縱向研究過程中，如果樣本流失的問題嚴重，則會使智力的發展趨勢出現過於樂觀的結果。

在縱向研究收集資訊的過程中，對原始樣本的保留會隨著研究的深入進行而愈加困難。一些身體不好、動機不強或對測驗結果不滿意的參與者一旦退出，就很難再重新回到研究中來。這樣一來，所留下的參與者自然具有較高的身體和心理素質，從而影響實驗結果的準確性。

（四）健康

健康的體魄對於智力有著積極影響，身體健康的個體較之其他人擁有更快的反應速度，更合理的邏輯推理，以及更加準確牢固的記憶能力。

赫爾茨克、哈默和斯莫爾 (Hultsch, Hammer & Small) 等人發現，個體的身體健康狀況和智力能力上的成績存在明顯相關，這種趨勢在流體智力上表現得更加明顯。也就是說，隨著年齡增長，個體的健康狀況成為影響智力的一個決定因素。因而，要反應老年人智力的真實水準，就需要研究者能夠將年齡效應從疾病影響中分離出來。

沙因研究了血壓和智力衰退之間的關係後發現，血壓不僅可以作為判斷個體健康狀況的一個指標，也是一個很好的智力成績預測指標。在一項對中年人的縱向研究中，伊萊亞斯、羅賓斯、埃伯斯和特瑞斯坦 (Elias, Robbins Ebers & Streeten) 報告稱，血壓正常的被試的 WAIS-R 成績表現優於患有高血壓的被試。

除了血壓，健康的生活方式對於智力也能產生積極影響。希爾、斯特然特和馬利 (Hill, Storandt & Malley) 記錄了一項針對一組包括 87 名缺乏運動的老年人在進行長達一年的身體鍛鍊後認知能力的變化狀況。結果顯示：長期鍛鍊促進了心腦血管的健康和活力，對於防止言語記憶能力隨年齡而衰退有積極效果。除體育鍛鍊之外，沙因和威利斯的研究顯示，無論是哪個年齡段或教育程度的個體，在多種智商測驗中得到高分的成人往往更傾向於吃不含鈉和脂肪的食物。

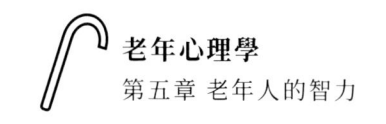

（五）資訊處理速度

在發展心理學中有個不爭的事實是個體的資訊處理速度會隨著年齡的增長而衰退。那麼成年晚期出現的智力衰退是否是資訊處理速度下降導致的？為了驗證這一假設，梅爾和克利格爾 (Mayr & Kliegl) 對 146 名年齡在 70～103 歲的個體進行了測量，測量目標針對個體的資訊處理速度（例如，數字符號作業）、流體智力（推理和聯想記憶）與晶體智力（知識與語言流暢性）。測量結果顯示：由處理速度造成的成績差異以及由速度和年齡共同造成的差異都非常大。通俗地說，在相同年齡的實驗被試之間，資訊處理速度快的個體的成績要顯著優於資訊處理速度慢的個體；在不同年齡的被試之間，年齡高的個體的測試平均成績要顯著低於年齡較低的個體的平均成績。儘管測試在非限時條件下進行，個體無須刻意強調速度，但結果仍然顯示了速度對於智力影響的重要性。

（六）臨終衰退

臨終衰退是指個體的心理和生理能力在其臨終前的幾年出現急劇下滑的趨勢。一般來說，當個體身患消耗他們體能、精力和動機的晚期慢性疾病時，臨終衰退就會發生。慢性疾病損害到老年人的思考能力、注意力以及智力或者機體運動能力，進而導致健康狀況惡化。博斯沃思和沙因的報告 (Bosworth & Schaie) 指出，臨終衰退在 75 歲以上的老年人身上發生的概率要遠高於 65～74 歲這一群體的老年人。這一發現進一步支持了我們對老年人智力的樂觀態度。

（七）智力鍛鍊

適宜的鍛鍊能夠改善體質。我們的大腦組織是否能像肌肉一樣，可以透過訓練、練習，或某種經歷來提高其運作能力？多年來，心理學家一直對這個問題抱有濃厚興趣。近年來的研究表明，老年人的認知功能可以透過訓練得以提高，甚至在一定程度上發生逆轉 (Bares & Lindenberger; Tompson & Foth; Willis et al.)，這一現象被稱為「認知可塑性」。鮑爾蒂斯和克利格爾對這一現象進行了深入研究，他們二人對 60～80 歲之間的被試進行認

知訓練後發現，高齡組在流體智力上的測驗成績水準能夠與低齡組的成績水準持平。二人的研究成果無疑是對認知可塑性理論的有力支持。

（八）智力的性別差異

縱觀智力測驗的整個歷史，不斷有實驗證實，在認知水準上存在著系統的性別差異。多數研究者認為，這些性別差異產生於男孩和女孩不同的社會化模式，而這種性別差異往往持續到整個成年期和老年期 (Feingold, 1993; Schaie, 1996b)。在 WAIS 上，男性在算數、訊息、積木和數字符號等分測驗中占絕對優勢，而女性僅在數字廣度分測驗上和男性平分秋色 (Kaufman et al., 1991)。在基本智力上，男性更擅長空間定位和數字，女性則在歸納推理、言語記憶和知覺速度上表現突出 (Schaie, 1996)。在對 25 項研究的元分析中也發現了相似的差異，同時還發現女性在知覺速度和推理能力上存在較少的下降 (Meinz & Salthouse, 1998)。不過值得一提的是，兩性也存在著相當多的重合，例如，許多女性在空間定位測驗上就超過了男性的平均分數。

在某特定組成的樣本中體現出了性別差異的文化特殊性：在該樣本中沒有發現男性更擅長空間定位這樣的性別差異 (Schaie, Nguyen, Willis-Dutta & Yue, 2001)。在一個超過 65 歲且經過認知訓練的樣本中，空間定位的性別差異也完全消失 (Willis & Schaie, 1988, 1994)。

複習鞏固

1. 簡述智力的兩種研究範式。

2. 簡述典型智力老化模型。

3. 結合影響智力發展變化的因素，談談我們在生活中可以如何鍛鍊智力？

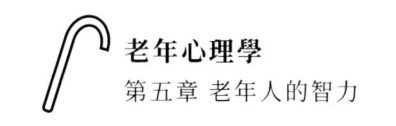

第四節 智力衰退及其預防措施

成年後由於腦病變引起的智力全面衰退，稱為痴呆症或失智症。該病病程發作緩慢，且大多不能逆轉，多發於 65 歲以上的老年人，較嚴重的伴有失語症（語言表達和理解有困難）、失用症（如無法執行吃飯、穿衣等活動）、失認症（不能辨認親友或日常物品）。患有嚴重痴呆症的老年人生活無法自理，甚至出現情緒失控、人格改變的症狀。

本節主要介紹幾種主要的失智症及預防智力衰退的措施。

一、幾種主要的失智症

（一）阿茲海默症病

1. 簡介

阿茲海默症（Alzheimer's disease，簡稱 AD），或稱腦退化症，俗稱老年痴呆症，但隨著社會發展，這一帶有歧視味道的稱呼已不再被使用。AD 最早由德國精神科醫師、神經病理學家愛羅斯·阿茲海默症在 1906 年描述記錄，之後並以他的名字命名。阿茲海默症多發於 65 歲以上的老人，然而也有少數早發性阿茲海默症使病情提前數年。在 2006 年的調查中顯示，全世界約有兩千六百萬名阿茲海默症患者，到 2050 年時，預估全球每 85 人中就有一人罹患此病。

阿茲海默症是一組病因未明的原發退行性腦變性疾病，多起於老年期，潛隱起病，病程緩慢且不可逆，臨床上以智慧損害為主。病理改變主要為皮質瀰漫性萎縮，溝回增寬，腦室擴大，神經元大量減少，並可見老年斑、神經元纖維纏結等病變，膽鹼乙酰轉移酶及乙醯膽鹼含量顯著減少。

患有阿茲海默症的老人多有同病家族史，病情發展較快，顳葉及頂葉病變較顯著，常有失語或失用表現。雖然每個阿茲海默症患者的症狀都各有不同，但有一些共同症狀可以作為診斷阿茲海默症的標準，比如，在疾病初期，最常見的症狀是病人難以記住最近發生的事情。當病人被懷疑是阿茲海默症時，通常要借助認知評估以及認知測試來確定。

2. 診斷

阿茲海默症的診斷要先詢問病史,然後進行神經系統檢查及簡短的智慧測驗。是否有近記憶力減退症狀,必須經過醫師的智慧測驗及腦部 MRI 或者 PET 掃描才能確定。

表5-3 簡易神經狀態檢查 (MMSE) 的智力量表

階段	智能測驗說明	症狀說明	平均期間	成人
一	MMSE：29~30	正常		成人
二	MMSE:29	正常年齡的健忘,與年齡有關的記憶障礙。如忘記物品放置位置或某些字,注意量減少		成人
三	輕度神經認知功能障礙 (MIMSE:25)	計算能力下降（100 − 7,40 + 4）,無法從事複雜活動		年輕之成人
四	輕度阿滋海默症 (MIMSE:20)	計算能力下降（100 − 7,40 − 4）,無法從事複雜活動（個人理財、料理三餐、去商店）,注意力、計算及記憶障礙（近期為主）	2年	8歲~青少年
五	中度阿滋海默症 (MMSE:14)	計算能力明顯下降（20 − 2）,失去選擇適當衣服及日常活動能力,走路緩慢、退縮、容易流淚、妄想、躁動不安	1.5年	5~7歲
六	中重度阿滋海默症 (MMSE:5)	無法念10,9,8…,需要他人協助穿衣、洗澡及上廁所。大小便失禁,躁動不安,語言能力降低	2.5年	5~7歲
七	重度阿滋海默症 (MMSE:0)	需要依賴他人的持續照顧,除叫喊外無語言能力,無法行走,行為問題減少,增加褥瘡、肺炎及四肢攣縮的可能性	MMSE從輕度（23）到0大約6年,每年約降3~4分,MMSE到0後可平均再活2~3年	4週~15個月

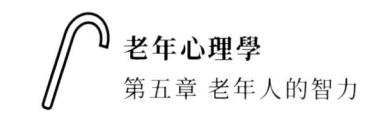

3. 症狀

阿茲海默症主要分為以下兩種。

早發型阿茲海默症：阿茲海默症病中比較罕見的類型，多發於 30～60 歲之間。

晚發型阿茲海默症：占阿茲海默症病中的絕大多數，通常在老年期 60 歲以上發病。

阿茲海默症的病程根據認知能力和身體機能的惡化程度分為四個時期。

（1）前期：最初的症狀常被誤認為老化或者壓力過大，若進行詳細的神經心理學檢查可以發現輕微認知困難，甚至在確認為阿茲海默症的 8 年前就可以發現。這些前期症狀可以影響大部分複雜的日常生活活動，最明顯的缺陷是患者出現失憶，難以記住最近發生的事以及無法吸收新資訊；其他症狀包括出現注意力的管控、事情計劃困難，或是語義障礙。冷漠也是此時會出現的症狀之一，並且是整個病程中一直持續的神經精神病學症狀。

（2）早期：阿茲海默症患者身上的學習和記憶障礙會愈加明顯從而使得醫生能確認診斷。在某些病患者中，語言障礙、管控功能障礙、知覺障礙或是行動障礙會比記憶障礙更明顯。值得注意的是，阿茲海默症並非對病患的所有記憶能力都有相同影響，相對於最近發生的事情或記憶，患者人生的長期記憶、語義記憶和內隱記憶受到的影響較小。

（3）中期：隨著病程逐漸惡化，患者將失去獨立性而無法正常進行大部分日常生活活動。由於無法想起詞彙使得語言表達困難，同時漸漸失去讀寫能力；複雜的動作變得不協調，因此增加了跌倒的風險。在此時期，患者的記憶問題會惡化，變得無法識別親友，之前完整保持的記憶也會受到影響。

處於阿茲海默症中期的患者的行為和神經精神病學變化更為顯著，常見的表現是遊蕩、易怒和情感不穩。這些變化會導致患者突然哭泣，出現突發的非故意攻擊行為或是拒絕接受照顧；此時也會出現日落症候群，即患者一到日落或者傍晚時刻，便開始出現躁動、焦慮、幻覺甚至產生攻擊傾向。大約 30% 阿茲海默症患者會產生妄想誤認症候群及其他妄想症狀，病患也失去

對自己疾病的覺察，可能出現尿失禁。這些症狀對家屬和看護者造成了壓力，只能透過將患者轉移至專業的看護機構來減輕壓力。

（4）晚期：在阿茲海默症的最終時期，語言能力退化至簡單的詞語甚至僅有單字，最後完全失去談話能力，除了失去口語能力之外，病患通常能理解及回應情感刺激，雖然攻擊行為依然存在，但極度冷漠和疲倦成為常態，患者最終無法進行任何事務。肌肉力量和行動能力退化直至臥床不起，亦無法正常進食。阿茲海默症是一種絕症，但死因通常是外部因素，如褥瘡和肺炎，而非疾病本身。

生活中的心理學

莫把痴呆當健忘

張老太太今年63歲，身體一直很硬朗，但最近兩年像變了一個人：做事常常丟三落四，不能根據冷暖及時更換衣物，有時在家中卻吵著要回家，甚至老朋友來訪也不認識。家人以為是老年人健忘，開始時並不當回事，病情加重了才到心理諮詢中心治療。

張老太是個典型的阿茲海默症患者，只因為老年人的家人沒有把症狀往痴呆上想，故病情也未被及時發現。那麼，如何區分老年健忘和老年痴呆呢？其實，生理性健忘的老人對過去的事情只是部分遺忘，而痴呆的老人則是完全遺忘，根本不記得發生過的事情，即使經過提醒也不能回憶。其次，生理性健忘的老人雖然記憶力下降，卻可以清楚地分辨時間、地點及人與人之間的關係。而痴呆老人則對周圍環境喪失辨別能力，如不知道年月日、不知季節變化、不認識親人和熟人等。

再者，健忘的老人情緒不穩定，而痴呆老人的情感則變得冷漠，甚至對關係到切身利益的事情也無動於衷。最後，健忘老人對記憶力下降不僅瞭解，還要求治療，希望可以得到改善。而痴呆老人從一開始就不認為自己有病，並無求醫願望。總之，健忘是老年人的正常生理反應，而痴呆則是一種疾病的表現，只要稍加注意，就能區分開來。

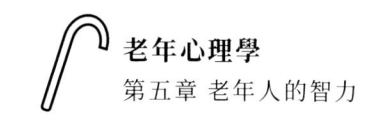

（二）匹克症

匹克症和阿茲海默症病一樣同屬原發性腦部退化疾病，1892 年由捷克教授皮克 (Arnold Pick) 提出。匹克症是較罕見的中年人失智症，通常開始於中年，形成於老年早期，以女性患者居多。它由額顳葉的局部萎縮造成，患者缺乏自制，行為粗魯無禮，情緒衝動易怒或遲鈍冷漠，只能以支持性治療加強代償能力，遏制病情迅速惡化。

（三）亨廷頓舞蹈症

亨廷頓舞蹈症（Huntington's disease，縮寫 HD），是一種遺傳性神經退行性疾病，起因於第四對染色體異常，病發時無法控制四肢，就像手舞足蹈一樣，並伴隨智慧減退，最後因吞嚥、呼吸困難等原因死亡。

亨廷頓舞蹈症是歐美白人比較常見的腦部疾病，亞洲人罹患的概率只有百萬分之一。在發病初期，患者常會用一些刻意的動作來掩飾手腳的擺動，伴隨這些抽動的是認知和思考能力的逐漸退化，短期記憶衰退，以及情緒與人格上的變化。疾病發展到晚期，病人的生活將無法自理，失去行動能力，無法說話，吞嚥困難。所以在病情管理上，患者的營養需求和預防患者可能出現的自殘行為是非常重要的事項。

從目前對亨廷頓舞蹈症病因的研究來看，主要是亨廷頓舞蹈症患者製造的 huntingtun 蛋白（簡稱 Htt 蛋白）中有更多的谷氨酰胺，導致這種異常的 Htt 蛋白容易沾黏、聚集，最終導致神經死亡，而首當其衝的就是患者的基底核，使得其無法修飾或抑制大腦的指令，因而全身肌肉出現無法控制的抽動。到達疾病晚期，甚至連負責下載指令的大腦也逐漸死亡，屆時病人可能失去所有的行動能力。

亨廷頓舞蹈症目前無法治癒，只能靠藥物減輕或控制病情。然而，現有的醫療技術或藥物卻無法延緩或者阻絕 HD 患者腦神經的持續死亡，所以病情只會持續惡化，對於患者本身以及患者的親屬都是非常煎熬的過程。此外，負責製造 Htt 的基因是以顯性的方式遺傳。所以只要父母一方患有亨廷頓舞蹈症，子女便有 50% 的概率得此病。可怕的是，亨廷頓舞蹈症一般在 40 歲

以後才出現明顯症狀,所以常常當患者發現疾病時,早已將疾病基因遺傳給下一代。

(四)血管性失智症

血管性失智症 (vascular dementia) 是指由心血管疾病導致腦部區域的血液循環不良以致腦細胞壞死造成的失智症。多發性腦中風是血管性失智症的主要原因,血壓、血糖、血脂三項指標上的控制不良(俗稱三高)也會加劇患有此症的風險。由於腦中風與血管性失智症的關聯較大,因此,中風每發作一次,患者的智力就會進一步受損一次。血管性失智症患者的症狀表現並不一致,這大概是因為每個患者大腦中風的位置不同,因而對不同患者的認知、智力與行為造成不同的影響。唯一共同之處是,因中風合併的肢體障礙,患者的行為能力比一般失智症患者更糟糕。

(五)帕金森氏症

帕金森氏症 (Parkinson's Disease),是一種慢性的神經系統退化性疾病,表現為運動遲緩、肌張力增高、靜止性震顫和姿勢步態異常。它的病因目前仍不清楚,一般認為,大致有三種原因導致老年人患有此病:一是腦部組織退化,如大腦底部的基底核以及黑質多巴胺細胞快速退化,無法製作出足夠的多巴胺來協調肌肉活動,多巴胺缺乏會使人體產生各種運動協調障礙;二是長期服用大劑量的鎮靜類藥物;三是多發腦中風。

表5-4 帕金森氏症包括動作障礙和非動作障礙兩類症狀

動作障礙	非動作障礙
・靜止時顫抖;單邊或雙邊的手臂會不由自主地抖動。雙腿、雙腳或下巴也會有抖動的現象。手部經常伴有類似「搓藥丸」的動作。 ・僵直:中樞性的持續性肌肉緊張,導致肌肉疼痛或身體無法伸直。	・人格退縮,即迴避性人格表現,其最大特點是行為退縮、自卑心理、面對挑戰多採取迴避態度或無能為力。 ・情緒憂慮、焦慮。 ・認知出現偏差:患者常根據表象甚至虛假的資訊做出反應和對人或事進行判斷。

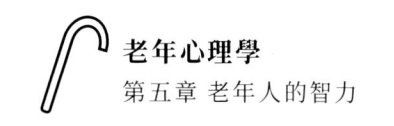

動作障礙	非動作障礙
・無法運動和運動遲緩，面部表情呆滯，足部蜷縮，動作起始困難等症狀。 ・姿勢保持反射障礙，呈現前傾姿勢、步伐細碎、加速步行的狀態。 ・平衡感差，病人常因為缺乏平衡感而跌倒。 ・寫字越來越小。 ・不由自主的情緒反應或肢體動作。 ・個體的行動或反應會毫無徵兆地停止，個體甚至陷於半沉睡狀態。 ・音調呆板。	・感覺異常。 ・疲倦。 ・自律神經失調，即自律神經系統內部失去平衡，自律神經並不為我們本身的意志所控制，它自動的調節消化與血液循環、呼吸、排泄等全身功能的神經。 ・睡眠障礙。 ・便秘。

帕金森氏症可能伴有腦部皮質退化，阿茲海默症患者罹患此病的概率比健康的同齡人高出六倍，衝動易怒、猜疑、以自我為中心是帕金森氏症人格障礙的三大特徵。

二、智力衰退的預防措施

沙因透過西雅圖縱向研究得出的結果表明，老年人若具備如下因素就可以幫助個體減少智力衰退的風險，更大程度上保持智力的良好水準。這些因素分別是：

1. 沒有心腦血管或其他慢性疾病；

2. 沒有出現知覺感受性的衰退；

3. 高於平均值的教育水準和收入水準；

4. 經常從事複雜程度較高的活動而非長期只從事一種單調的活動；

5. 健康的心態；

6. 對於早年或中年生活的滿意程度；

7. 家庭成員完整以及擁有一位教育水準、智力水準較高的配偶。

第四節 智力衰退及其預防措施

　　從沙因的研究結果可以看出，預防智力衰退不是一時之事，甚至需要我們從年輕時期就開始積澱。如果老年人不具備沙因所說的以上條件，也不意味著一定會出現較大的智力衰退。日常生活中的許多動作和習慣都可以造成鍛鍊大腦的效果。

　　1. 常用腦。經常為大腦提供新異的刺激和訓練，如閱讀，學習一門新知識或從事健康的活動，如下棋、繪畫等。這些活動能使大腦對資訊進行積極主動的加工，從而保持頭腦的靈活性。

　　2. 適當的體育鍛鍊。在自己身體條件允許的範圍內進行適度的體育鍛鍊可以為神經細胞提供充足的氧氣和能量，從而提高神經活動的均衡性、靈活性和耐受性。

　　3. 攝取均衡的營養。研究表明，以攝取大量水果、蔬菜、橄欖油、豆類和魚以及適度飲用葡萄酒為飲食結構的老年人擁有更加健康的心腦血管，其增齡性的智力衰退也更不明顯。此外，缺乏維生素 B12 可能會加速老年人的智力衰退。美國科學家對 1000 多名 65 歲以上的老年人進行了為期 10 年的跟蹤調查，結果顯示，血液中維生素 B12 含量較高的老人，認知能力要好於缺乏這種維生素的同齡人。

　　4. 保持充足睡眠。保持充足的睡眠時間，對於緩解大腦疲勞有重要作用。與年輕時相比，大部分老年人的睡眠時間都會減少，睡眠深度也變淺，其實這些都是正常的。一天 6 小時的睡眠時間對老年人來說最佳，超過 6 小時，反而會使老年人的心臟跳動降到基本率，新陳代謝、血液循環等都開始降低，整個身體也會喪失強健性。

　　5. 擁有良好的心態。大量研究表明，擁有健康人格、良好心態的老年人會更少地遭受身體機能衰退帶來的困擾。

　　6. 積極參加社交活動。陳豔玲、陳志玲（2004）對河南省駐馬店市的 50 名智力正常的老年人進行了 5 年的跟蹤調查研究後發現：能根據自己的具體情況把生活安排得充實，能依據自己的興趣愛好、智力安排活動，堅持社交，

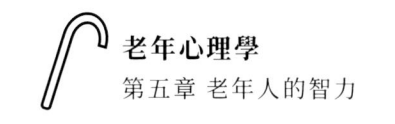

積極廣泛地與外界溝通的老年人，其心理年齡都比實際年齡小，並且智力、記憶以及反應速度都得到了較好的保持甚至改善。

三、提高認知儲備，預防智力衰退

隨著年齡的增長，老年人身體各部分機能出現衰退老化的趨勢是必然的。雖然衰退意味著功能的受損，但腦部受損並不就一定意味著會出現智力衰退的情況。Katzman 等研究者發現，也有部分腦組織受損害的患者並未出現失智症狀。原因在於，這部分患者的腦重量和神經元的數量都超越常人，雖然腦組織受過損傷，但依然保留了大部分活躍的神經元。那些在平日生活中建立了豐富認知儲備的個體，能夠更好地抗拒認知衰退和由腦部病變引發的失智症。因此，勤於用腦，養成良好的用腦習慣對於在老年階段保持良好的智力水準具有重要意義。

而所謂儲備分為腦儲備和認知儲備兩種。前者好比電腦的硬體，後者如軟體。腦儲備高指個體的腦體積較大，神經網路較密集，因此能夠抗衡病變的侵害，使腦功能得以發揮正常的作用。但抗衡力有一定的範圍，如果超過這一範圍就會出現智力衰退。認知儲備是指認知歷程能有效地運作，腦損傷發生後依然能夠運用有限的神經網路來發揮最佳效率，以此來抗拒神經病理的侵害。

認知功能、教育成就、職業成就、雙語的掌握等，都是認知儲備的資源，其中以童年期的高智力為最佳的認知儲備。腦儲備從腦的解剖結構（體積、神經網路密度）來說明抗拒衰退的機制，認知儲備則從資訊加工效能的方面加以解釋。二者的關係是相互影響的。

智力、教育和工作職位等方面較高的以及積極參與休閒活動的人，可延緩失智症的發病時間。多運用思維去解決問題，多做體能運動也可以提高認知儲備量。大腦活躍程度與神經網路效能的提高能夠更好地防止個體認知受到損害，同時也可以更有效地補償受損腦組織的功能，延緩認知衰退。因而，提高認知儲備有助於降低失智症的發病率。

還有一個現象值得我們注意，即智力較高的老年人，阿滋海默症病發後其認知衰退較為緩慢，但教育程度較高的老人，病後的衰退卻較快。這可能是因為教育程度高的老人會暫緩病發，在這個過程中已經消耗了大量認知儲備，而個體的認知儲備畢竟有限，因此一旦發作，個體便無力抵抗疾病的侵襲。因而我們可以說，認知儲備延緩症狀的出現不一定能免除失智症，認知儲備豐富的個體患有失智症後，也未必會有明顯症狀。對認知儲備有更深刻的認識有助於避免漏診，從而讓患者和家人有更好的準備。

複習鞏固

1. 說說老年人可能患有哪些失智症。

2. 簡述阿滋海默症病程發展的四個時期。

3. 簡述如何預防智力衰退。

第五節 智力和日常問題的解決

最早的心理測驗是以評估兒童學業成就為目的的。這類測驗在實踐中也被證明可以有效恰當地判斷出某個孩子或年輕人是否應該進入某類學校學習或從事某種職業。儘管預測效度有時不夠完美準確，但總體上差強人意。無論是孩子還是年輕人，他們將生活中的大部分時間、精力投入在校園、課堂當中，也就是說他們運用於日常生活當中的智力也正是心理測驗所要測量的智力，從而可以將測驗結果作為一個客觀的評判指標推論到實踐中去。但對於年紀較大的個體來說，心理測驗是否能反映他們在日常生活中的智力水準呢？

因此有心理學家認為，成人智力的研究應該著重探尋身心機能正常的個體如何解決其所面臨的日常問題 (Berg, 1990; Berg & Sternberg, 1985-1992)，但這樣很容易將智力與社會期望行為相混淆。並且，按照這種方式測量得到的智力特徵可能僅能代表某一人群，無法做大範圍的推論。由於時代的變化，每一代際下的人群可能有其特有的智力代表行為，因此測量受到

老年心理學
第五章 老年人的智力

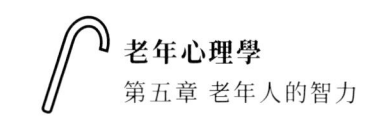

時空的限制。在本小節中，作者將所蒐集的資料進行整理彙編，詳述那些重要的智力成分是如何與日常任務相關聯的。

一、心理測驗及其生態效度

對於成年人來說，心理測驗主要有兩個重要作用：一是可以成功預測出具備某種知識或技能的個體在工作上的成就，僱主也可以運用心理測驗來評估員工是否具備勝任某項職責的能力 (Salthouse & Maurer, 1996)；第二，心理測驗能夠對老年人群體的神經心理水準做出臨床評估 (Botwinick, 1984; Schaie, 1996; Schaie & Willis, 1996)。類似韋克斯勒智力量表這樣的測驗廣泛涉及一系列智力類型，能夠較為全面客觀地反映出個體智力水準。

但是針對老年人的心理測試仍存在著較大爭議。由於大部分老年人在很久之前便完成學業，與年輕人支配時間和精力的方式有很大不同，因此對於老年人來說，智力測驗的生態效度是衡量測驗好壞的重要指標。許多心理學家認為針對老年人的心理測驗並不能夠反映出老年人體現在日常生活中的智力類型及水準。

這一批判使得一些研究者意識到，人生不同的階段應該對應不同的智力量化方法。因此我們需要探索出一種新的角度來對老年人的智力進行概念化並對其測量。伍德羅夫·帕克 (Woodruff-Pak) 提出了「四相位觀點」 (IV Phase)，提倡從目的、含義、功能和認知四個角度來對老年人的智力進行定義和測量。這一觀點使研究者從智慧、創造力、日常問題解決等更廣泛的視角來研究智力，更加注重智力測試的生態效度。

二、日常任務的解決

老年人在解決許多日常生活中的任務時的表現，能夠反映出智力的若干能力和素質，這些具體瑣碎的任務和要求在某種程度上也受到個體年齡的影響。在成年早期，日常生活中涉及的活動主要與學校、工作以及為人父母有關。年紀較長者的生活則更為豐富，因而日常活動也更加多樣。儘管學生的角色已經與他們相去甚遠，但有些老人仍願意將自己的精力用於學習當中；有些老人則擁有一份全職或兼職工作，但這時工作的主要目的不再是為了報

酬；有些老人仍然扮演著父母的角色，只不過撫養的對象是自己的孫輩。對於大部分生活在社區裡的 75 歲以上的老年人來說，他們主要關心自己能否繼續獨立地生活下去。和獨立生活有關的日常任務主要有兩種，一是照顧自己；二是能夠妥當地控制自己 (Willis, 1996)。很明顯，視覺和聽覺的敏銳度對於老年人的正常生活是尤其重要的。除此之外還需要哪些能力？能否用測驗檢測這些能力？這類測驗的成績是否和流體或晶體智力相關聯？心理學家透過以下幾種途徑來回答這些問題。

（一）日常活動

日常活動 (Activities of Daily Living) 類別裡包含洗澡、穿衣、吃飯、行走、如廁、在床和椅子之間移動等日常自我維護方面的活動。日常活動方面的評估主要用於決定個體是否喪失行動能力並需要看護服務。

（二）日常工具性活動

日常工具性活動 (Instrumental Activities of Daily Living, IADL) 類別包括更高層次的日常任務，例如管理個人財產等。

（三）日常問題測試

日常問題測試 (Everyday Problems Test, EPT) 由威利斯 (Willis) 和她的同事馬塞斯克 (Marsiske) 設計，測試包含寫作任務和 IADL 類別兩個部分，表 5-5 呈現了 IADL 類別下的每一項所對應的任務。

表 5-5　IADL 類別下的每一項所對應的任務

類別	樣例
用藥	能夠閱讀藥品標籤並且能夠知道每日用藥量 能夠填寫一張患病史表格
理財	能夠比較出不同理財產品的大致區別，如股票和普通存款 能夠填寫稅收單
購買日用必需品	能夠列出購物清單 在不同品牌的商品間比較 能夠支付電話帳單
使用通訊工具	能夠分辨出哪部分通話內容更加緊急
烹飪食材	能夠對食品的營養成分做出評估 按照食譜指導完成烹飪
家務	能夠閱讀某種家務產品的操作說明 能夠理解產品保證書
出行	能夠閱讀公車站牌 能夠計算計程車費用

老年人在 EPT 上的得分與他們的心理測驗得分呈正相關，但與流體智力的相關程度要高於同晶體智力的相關程度。

（四）日常任務的行為測量

日常任務行為測量 (Behavioral Measures of Competence in Daily Living) 和只透過讀寫材料進行的測試不同，迪爾、威利斯、沙因等人運用行為觀察法來研究老年人日常生活當中的任務完成情況。研究者在老年人家中觀察老年人的一系列日常行為完成情況，例如，按劑量服藥、使用電話、備餐等。研究者發現，老年人在這些行為上的完成情況同老年人在日常問題測試中的得分和流體智力均有較高相關。這一關係得到了迪爾的證明，他對若干名美國白種老年人和黑種老年人在日常工具性活動項目中每種類別下的三種任務進行了細緻觀察，結果也的確證實這一相關：即任務行為完成情況越好，個體在 EPT 和流體智力測試上的得分也越高。

（五）日常認知組

「日常認知組」（The Everyday Cognition Battery，簡稱 ECB），是阿萊爾 (Allaire) 和馬塞斯克首先用普通的心理測驗測量了年齡在 60～92 歲之間、生活在社區當中的美國白種人和黑種人的流體智力和晶體智力。除此之外，他們又使用 ECB 的紙筆測驗來考察老年人在「食物準備」、「藥品使用」、「理財」這三類日常活動類別的推理能力和知識儲備量。例如，在知識儲備這一類別當中，其中一道推理題目就是要求受測者閱讀兩種不同品種辣椒的營養成分標籤並挑選出最適合減肥者食用的品種。知識儲備題目要求老人能夠從多個選項中選出最合適的問題答案，如「產品包裝上的『截止日期』是指：

A. 食物能夠食用的最後期限；

B. 能夠保證產品品質最優的最後日期；

C. 對食品進行包裝的日期；

D. 以上幾個選項均不正確」。

研究結果顯示，老年人在 ECB 測試中推理和知識儲備方面的得分和他們在一般推理和知識儲備心理測試上的得分均呈相關。也就是說，在 ECB 上得分高的老年人同樣能在類似的心理測驗上取得較高分數。另外，前面提到過的典型智力老化模型也在 ECB 上有明顯體現：流體智力在 60 歲至 92 歲的老人當中呈下降趨勢，而在測驗當中體現出的晶體智力則保持穩定。

這些研究結果說明在心理測試和日常任務之間是有一定重疊的。然而，需要注意的是，不管是日常任務測試還是日常認知組測試，都是考察同日常工具性活動有可能相關的任務，但如果這類任務果真需要老年人在日常生活中完成，那便無法測量出完成的好壞程度。還有一點需要我們注意，即不同文化背景下的老年人通常會有不同的日常任務，我們在做出定義之前需要考慮到個體所處的生活環境。

在關於日常認知組的諸多研究當中，大部分只將心理測驗結果同個體日常行為能力在某個單一的時間點上進行對比分析，因而得出的結論難免片面。

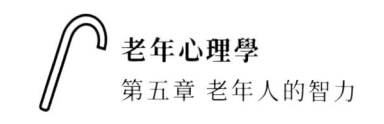

不過,威利斯和她的同事的一項研究在一定程度上彌補了這一缺陷,他們對美國六個城市當中獨立生活的老年人進行了長達5年的研究,結果顯示:那些早年間接受過認知訓練的老年人能夠更長久地保持日常任務完成能力,並在工具性活動測試中較少報告有困難。類似這種縱向研究有助於研究者找到維持完成日常任務能力的決定性因素是什麼。

拓展閱讀

30歲、50歲、70歲高智商者的主要特徵

	30歲	50歲	70歲
解決問題的新穎性	1.對獲取知識和了解新事物很感興趣 2.表現出好奇心 3.敢於對公眾媒體呈現給人們的內容提出質疑 4.能夠各種各樣的新概念進行學習和推理 5.能夠以新穎獨特的方式分析問題	1.能夠以新穎和獨特的方式分析問題 2.能夠知覺和儲存新資訊 3.能用用各種各樣的新概念進行學習和推理 4.敢於對公眾媒介呈現給人們的內容質疑	1.表現出好奇心 2.能從無關資訊中篩選出有價值的資訊 3.能從已有資訊中得出結論 4.能夠理解對方資訊並做出相應回饋
晶體智力	1.是自己領域內的行家 2.能勝任工作 3.能從接收到的訊息中得出結論 4.言語清晰 5.講話富有智慧	1.能夠根據生活情境調整自己 2.對人和事富有覺察力 3.能夠適應有挫折的情境 4.能夠很好地適應環境 5.知道自己專長領域以外的事情	1.能夠勝任工作 2.對自己的能力有正確認識 3.閱讀內容廣泛 4.詞彙豐富
日常生活能力	1.良好的公眾意識 2.能夠根據生活情境調整自己 3.能夠適應有挫折的生活情境 4.對自己的家庭和家庭生活很感興趣 5.能很好地適應環境	1.舉止得體 2.高尚的價值觀 3.對自己的家庭及家庭生活很感興趣 4.良好的公眾意識 5.是自己領域的行家高手	1.對自己的家庭及家庭生活感興趣 2.思想和行動中充滿智慧 3.三思而後行 4.能夠適應有挫折的生活情景 5.知道自己周圍正在發生的事情

第五節 智力和日常問題的解決

複習鞏固

1. 為什麼要從日常生活問題的解決入手來考察老年人的智力？
2. 舉例說明有哪幾種方法考察老年人智力的日常生活問題。
3. 名詞解釋：日常認知組。

生活中的心理學

關於實際智力與情緒智力

有一位很成功的物理學家因為偶然事故而導致大腦前額葉受損，痊癒後他雖然仍具有很高的智商得分，但是卻無法繼續從事其他的工作。他能夠按照程序指示進行工作（如開車），但卻缺乏適應環境的能力。很顯然，他的行為當中缺乏了智力中的一些重要成分，然而這些成分卻無法透過傳統的智力測驗測量出來。史坦伯格經過研究，進一步提出了實際智力和情緒智力的概念。在史坦伯格看來，對於實際智力的測量可以最好地代表個體的智力水準。所謂實際智力，是指和生活中一切成就有關的智力。

傳統的智力測試主要都用來測量學術成就，史坦伯格指出，有證據表明由傳統智力測試得到的個體智力水準並不和事業成就水準相關。成功的商業人士儘管在智力測驗上的得分並不高，但他們最終取得的事業成就的水準卻遠遠高於其在傳統智力測驗上的成就。學業所需要的資訊主要透過聽和讀這兩種途徑獲得，而史坦伯格提出的實際智力則是個體透過對他人行為的觀察獲得。擁有較高實際智力的個體能夠更好地學習普遍規範和準則並能夠將其合理應用。因此，實際智力就是考察一個人運用普遍準則解決每天所面臨的問題的能力。

後來，一些心理學家進一步擴充了實際智力的概念範圍，將情緒納入智力的範圍，可以說是對傳統智力觀的又一次突破。情緒智力是指對情緒評價、估計、表達以及調節的一系列技巧。心理學家丹尼爾·高爾曼（Daniel Goleman）指出，情緒智力是一個人能與他人友好相處的基礎。它使我們能夠更好地想他人所想，更好地感同身受並對他人的需求做出適宜反應。

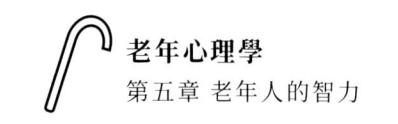

可以說，情緒智力是移情、自我覺察以及諸多社會技巧的基礎。一般的智力理論將關注的重點放在認知方面，但是隨著人們生活環境的日益複雜，價值的多元化，人們漸漸發現，智商高的個體未必能在實踐當中取得較大成就。美國一家很有名的研究機構調查了188個公司，測試每個公司高級主管的智商和情商，並將每位主管的測試結果和該主管在工作上的表現聯繫起來進行分析。結果發現，對於領導者來說，情商的影響力是智商的九倍。智商略遜的人若擁有較高的情商，一樣可以成功。

因此，儘管「老年人的智力水準會出現不同程度下降」這一客觀事實無法逆轉的確令人沮喪，但是絕不能因此而否定老年人的智力。

對於情緒智力的研究有助於我們解釋為什麼在傳統智力測驗上得分並不高的個體能夠取得較大成就。但是，對於情緒智力的量化必須嚴密。隨著對情緒智力重要性的認識逐漸普及，它使我們意識到，智力的成分以及衡量個體智力的方式方法有多種。因此，對於老年人智力的研究也應該從多種角度入手，從而得到一個更為客觀真實的認識。

本章要點小結

1. 智力的理論流派大致可劃分為三個類型。智力的因素理論包括單因素論、斯皮爾曼二因素論。單因素論者認為智力通常僅由一種元素構成。智力的結構理論包括弗農的智力層次結構模型、吉爾福特的三維智力理論。弗農將智力劃分為四個層次，第一層為G因素；第二層為言語教育因素、機械操作因素；第三層為小因素群；第四層由特殊因素構成。吉爾福特從內容、操作、產物三個維度去描述智力構成。智力的認知加工理論包括史坦伯格的智力三元論，加德納的多重智力理論以及卡特爾流體、晶體智力理論。認知加工流派將智力的過程看作資訊的獲得、儲存、加工和使用的過程。

2. 老年人可用的智力測驗包括韋克斯勒成人智力量表、基本認知能力測驗、基本心理能力測驗、陸軍甲種測驗、瑞文氏標準推理測驗。

3. 應用最廣泛的評估成人智力的測驗是WAIS-R，這個測驗包括言語量表和操作量表兩部分。

4. 典型智力老化模型顯示言語能力在老年階段可以保持相對穩定，實踐操作能力則會出現不同程度的下滑。

5. 智力的終生發展觀對智力在老年階段的發展變化呈樂觀態度，在科技進步的幫助下，人們可以更好地瞭解智力從而改善智力。

6. 影響老年人智力的疾病有阿滋海默症、帕金森氏症、血管性失智症、亨廷頓舞蹈症、匹克症等。

7. 老年人可以從腦力和體力鍛鍊、健康飲食、健康心態、積極社交等方面防止智力的衰退。

8. 老年人在日常活動、日常任務解決以及日常問題測試當中反映出的智力能夠更加真實地反映出其真實智力水準，彌補智力測驗生態效度不足的缺陷。

關鍵術語表

成分智力 componential intelligence

經驗智力 experiential intelligence

情境智力 contextual intelligence

信度 reliability

效度 validity

標準化 standardization

同代群體 cohort group

同輩效應 cohort trend

西雅圖縱向研究 Seattle Longitudinal Study

日常活動 Activities of Daily Living

日常工具性活動 Instrumental Activities of Daily Living

日常問題測試 Everyday Problems Test

老年心理學
第五章 老年人的智力

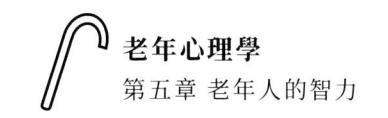

日常認知組 The Everyday Cognition Battery

選擇題

1. 下列哪些心理學家屬於智力因素論流派？

A. 卡特爾

B. 斯皮爾曼

C. 高爾頓

D. 吉爾福特

2. 智力的三元理論包括哪些成分？

A. 經驗

B. 情境

C. 成分

D. 操作

3. 下列哪幾項屬於和晶體智力有關的能力？

A. 記憶

B. 邏輯推理

C. 解決問題的技巧

D. 語言表達能力

4. 以下哪一項屬於非文字智力測驗？

A. 陸軍乙種測驗

B. 基本認知能力測驗

C. WAIS-R

D. 瑞文氏標準推理測驗

5. 影響智力發展變化的外部因素有哪些？

A. 同輩效應

B. 個體健康

C. 選擇性樣本流失

D. 醫療技術，教育水準的提高

6. 下列哪幾項是幾種失智症均具有的症狀？

A. 較高的遺傳性

B. 運動能力受損

C. 情緒、人格不穩定

D. 精神萎靡

7. 阿茲海默症患者在哪幾個病程階段中仍具有獨立性，能完成大部分日常生活活動？

A. 前期

B. 早期

C. 中期

D. 晚期

8. 下列哪幾項可以影響老年人智力的發展？

A. 教育程度

B. 人格

C. 職業

D. 興趣愛好

9. 你認為下列哪一個選項具有較高的生態效度？

A. 韋克斯勒成人智力測驗

B. 日常工具性活動

C. 瑞文推理測驗

D. 日常認知組測驗

10. 下列哪些選項是智力終生發展觀的觀點（多選）？

A. 智力的發展貫穿於人的一生

B. 智力發展具有多維度、多方向、多原因的特點

C. 智力發展具有彈性，可以透過訓練塑造改變

D. 每一代個體都有其獨特的智力發展特點

第六章 老年人的人格和社會性發展

　　進入老年期，我們的人格還會發生變化嗎？有的人格理論認為老年人的人格具有穩定性，同時也有的理論堅信老年人的人格具有可變性，心理學家們對這個問題仍然爭論不休。隨著老化、退休、喪偶等一系列重大生活事件的發生，老年人在社會性發展上會出現哪些特點，老年人應該如何適應？本章主要介紹人格發展理論和老年人的人格特徵、老年人的社會性發展以及人格和社會性發展與老年人幸福感的關係等內容。

　　心理學界對人格概念的定義尚未統一，綜合各家的看法，可以將人格理解為構成一個人的思想、情感和行為的特有的統合模式，包含一個人區別於其他人的穩定而統一的心理品質。在老年期，人們既有大量的連續性人格特質，也有相當大的主觀改變。如何獲得幸福感成為老年人的主要興趣所在。例如，儘管所有年齡階段的人都會回憶過去，但是老年人更可能在心理上以強烈的方式進行回憶，以整合經驗、保持親密感，甚至是準備迎接死亡的方式。

　　個體形成適應社會的人格並掌握社會認可的行為方式的過程即是社會性發展。進入老年期以後，人們社會生活的主要任務包括享受家庭生活、承擔喪失親人的痛苦、重新適應生活等。晚年家庭、友誼、其他社會關係以及隔代話題構成老化過程中的主要問題。老化使人們意識到剩餘的時間和機會是有限的，導致其對目標和社會關係的選擇增加，且越來越專注於那些最能夠滿足自己情感需要的事情。由於這些原因，老年人通常都是按照年齡形成自願的社交網路，表現出對與家人和親密夥伴相互來往的極大興趣。對於大多數老年人而言，家庭和其他社會支持是其生活的重要方面。

第一節 老年期的人格發展

　　人格是否隨著年齡增長而發展是心理學中最早的爭論之一，至今關於人格的發展問題仍然存在兩個理論陣營——穩定性和可變性。那麼老年期人格是否還會繼續發展或改變？已有研究對於老年期人格發展的理論很豐富，但

是相互矛盾。因此可以透過自己的日常觀察和經驗得出一些判斷，調查身邊的老人是否還保持著年輕時候的本質特徵，比如外向、害羞等。

穩定性和可變性的矛盾在人格研究領域比其他領域更明顯，因為我們本身對人格就持有矛盾的看法。一方面，人格特徵基本保持穩定，一個穩定的人格使我們在不同情境中和同一個人接觸更容易；另一方面，人們也願意相信人格中的不足之處是可以改變的，因此人格也具有可變性。

為了瞭解老年期的人格發展，本節主要介紹三種人格理論以及它們對老年人格特徵的解釋。

一、人格特質理論

在你的身邊有沒有這樣的人，無論到哪裡他的身邊總有許多朋友，他願意和別人接觸，並且很高興地和別人聊天，即使是和陌生人在一起也很舒適愉快。

我們會怎樣評價他？一種總結可能是「他很外向」。怎樣得到的這種判斷？可能是結合他行為的許多方面形成的一些概念。這種做法就是人格特質理論的運用。

特質是個體區別於他人的可辨別的、相對穩定的方式 (Guilford, 1959, p.6)。當使用諸如平靜、好鬥、獨立和友好等詞對他人進行描述時，我們已經在使用特質理論的基本原則。

科斯塔和麥克雷 (Costa & McRae, 1988) 的特質理論模型有三個基本原則：首先，特質建立在個體間比較的基礎上，因為對於像友好這類概念沒有完全量化的標準；其次，構成一種特定特質的行為要避免和其他特質混淆；最後，特質構成一個特殊的人，具有穩定的人格特徵。人們通常會假定那些在許多場合中都很友好的人在我們下一次見到他們時也會友好。這三個假設都體現在特質的定義當中，在此基礎上，特質理論假設人格在老年期可能只會出現微小的改變。

第一節 老年期的人格發展

科斯塔和麥克雷的模型包括五個獨立的人格維度：神經質、外向性、經驗的開放性、一致性—對抗性、認真負責—無指導性。其中每個維度都包含六個方面來反映其主要特徵。

神經質的六個方面是焦慮、敵意、自我意識、沮喪、衝動和脆弱性。焦慮特質較高的人容易緊張、擔心和悲觀。具有敵意特質的人易怒，而且不易接觸。高自我意識的人對批評敏感，容易自卑。沮喪特質的人容易悲傷，感覺沒有希望，覺得自己沒有價值。衝動特質的人缺乏自我控制。脆弱性較高的人無法應對壓力，過分依賴別人的幫助。

外向性的六個方面可以概括為人際特質（熱情、合群、自信）和情感特質（活躍、尋求刺激、積極情緒）。熱情和合群組成交際能力，自信特質的人善於掌管事物和做決定。外向的人喜歡保持忙碌，他們看起來有用不完的精力，他們喜歡刺激和富有挑戰的環境。

經驗的開放性包括六個不同方面。想像，開放性代表具有生動的想像力。審美，開放性在藝術和美好事物的欣賞中，是對美的敏感。行動，開放性代表嘗試新鮮事物的願望。對觀點和價值觀持有開放性的人具有好奇心和求知慾。開放性使人們具有自由的價值觀。開放的個體強烈地體驗著他們自己的感覺，並視之為生活意義的主要來源。

理解一致性—對抗性維度的最簡單方法是考慮對抗性特徵。對抗性特質的人傾向於將自己和他人相對立，他們多疑、麻木、頑固、粗魯。然而一致性特質高的人可能過分依賴和謙讓。

最後，高認真負責特質的人工作努力、積極向上、堅忍謹慎、具有成就動機。缺乏責任感的人主要表現為懶惰、粗心、消沉、漫無目的。

俗語說「江山易改，本性難移」，這說明個體的個性和人格特質不易改變。究竟老年人的人格特質是否會隨著年齡的增長而有所變化？在一項對20～90歲不同年齡階段的人跟蹤30年的調查研究中，發現30年前後人們的人格特質基本保持穩定。在人們生活的30年當中，會改變的事情有很多。人們可能離婚、喪偶、換工作、退休、面臨各種壓力，社會變革和經濟起落

都可能影響我們。然而最本質的人格特徵卻幾乎不會改變。這種人格類型的連續性，在瞭解老年人的行為上，頗具有預測作用。

依據人格心理學家的研究，老年人的人格既有改變的一面，也有不變的一面。其中，不變的層面是指其人格類型和特質，例如一個在年輕時就外向、獨立的人，到老了依然會表現得較為外向和獨立。這種人格特質或類型具有穩定性和連續性。而可能會發生改變的方面是指，對思想、情緒的內外向化即對特殊事件的態度。進入老年期後，人們的冒險、進取和挑戰的決心及毅力均有所降低。老人們總是思慮較多、自我反省較多、朝向內心世界，對特殊事件的態度，比如婚姻觀念、教育子女、休閒娛樂等，則會隨情境的不同而有所改變。

二、心理發展階段理論

許多理論並不把人格看作特質，而是將其視為需要、動機、性情、習慣和能力的綜合。這種人格觀點源於佛洛伊德 (Sigmund Frend) 的精神分析理論，之後又得到安娜·佛洛伊德 (Anna Frend)、榮格 (Carl Jung) 等人的補充和調整。這些理論關注自我發展，認為自我發展是人格發展的基礎。其中涉及老年人自我發展的最具影響力的是艾里克·埃里克森 (Erik Erikson, 1982) 的心理發展八階段理論。

（一）埃里克森理論中的最後發展階段

埃里克森認為人格的形成取決於個體內部成熟需要和外部社會環境的相互作用。他提出人的心理社會性發展包含八個階段，每一階段都有特定的心理社會危機和相應的解決危機的基本力量。埃里克森認為，對每一發展階段心理社會危機的解決都有助於形成老年期智慧和達到自我整合的頂點。在表 6-1 中列出每一階段的心理社會危機、解決危機的基本力量以及在老年期能夠實現的頂點。

第一節 老年期的人格發展

表6-1 埃里克森的心理社會性發展階段

	階段	心理社會危機	基本力量	老年期頂點
1	嬰兒期	信任對不信任	希望	重視相互依賴和人際聯繫
2	幼兒期	自主對自我懷疑	意願	接受人生發展規律
3	學齡前	主動對內疚	目標	幽默，理解他人，良好的適應能力
4	學齡兒童	勤奮對自卑	勝任力	謙遜，接受生活事件和未完成的心願
5	青春期	同一性對角色混亂	真實感	認為生活是複雜多樣的，統一的感官、邏輯和審美
6	青年期	親密對疏離	愛	認為人際關係是複雜多樣的，重視愛的自由

續表

	階段	心理社會危機	基本力量	老年期頂點
7	成年期	再生對停滯	關心	照顧別人，理解別人，關心別人
8	老年期	自我實現對悲觀失望	智慧	自我認同，自我實現感能夠對抗軀體衰退

(來源:The Life Cycle Completed: A Review by E.H.Erikson, 1982, New York: Norton. Reprinted with permission of W.W. Norton & Company, Inc. 1982 by Rikan Enterprises Ltd.)

　　埃里克森理論的每個階段都存在兩種相反的傾向，二者都存在於個體經驗中。各階段的名稱反映了衝突事件，這些衝突透過內在心理和外在環境的相互作用而得到解決。成功的結果會成為建立心理社會力量的基礎，失敗的結果會削弱自我發展並不利於未來發展。埃里克森的階段理論區別於漸成原則，即每種心理社會力量都有其特定的發展關鍵期。

　　到了老年期，人們必須解決自我整合和絕望之間的衝突。這一最後的人生發展階段開始於個體逐漸意識到自己靠近人生終點，但是實際上只有少數的人能夠完全意識到這一點。這一階段的任務是檢驗和評價自己的生活和成就來確證自己人生的意義。這一過程通常包括與他人共同回憶和尋求自己確實得到過一些成就的保證。那些成功渡過前面發展階段的人能夠滿腔熱情地面對老年期，並且感覺他們的人生很充實。

那些感覺無意義的人，對老年期的到來充滿焦慮，並且體驗到絕望。透過成功地解決這種衝突而獲得心理社會力量是明智的。自我整合不只是面對老年期，埃里克森認為老年人同樣具有許多機會來為社會做貢獻。例如，老年人通常扮演積極活躍的祖父（母）角色，一些老年人還能繼續做兼職工作。

老年人的人格是個體過去人格的繼續發展，對應於每一個生命年齡的階段，都有一個相應的特定的人格發展要素，而且這種要素有兩個相反可能的發展方向，人在相應的階段都要經歷不可避免的對這種取向的選擇，當然這種選擇可能是由環境決定的、被動和無意識的。若因某種原因選擇不好，則人格發展在這一要素上便出現偏差。

因此，從這種意義上說，這種選擇也可以說是個體在人格發展上所經歷的一次危機，個體每次解決這種危機的方法（積極的或消極的）對該個體的未來發展與環境適應產生很大的影響。老年人格中的積極成分應當是過去人格中優秀要素的結晶，而適應不良則是過去危機解決不妥的表現，兩者具有前因後果的關係。

（二）匹克對埃里克森老年階段理論的補充

匹克 (Robert Peck) 對埃里克森發展階段理論的老年階段進行了補充，他把「自我實現對悲觀失望」又具體劃分為三種發展任務，這三種心理社會危機是老年人需要逐一面對的。

分化對角色關注：老年人必須重新進行原來工作角色之外的價值確認。他認為老年人需要參與許多活動才能補充那些原本是用來工作或照顧孩子的時間。

身體超越對身體關注：老年人必須學會應對身體健康狀況逐漸變差的現實。到了老年期，人們可能會長期伴隨病痛，而且身體機能不斷退化。老年人的自我確認感也包括其身體健康狀況，因此逐漸下降和衰退的健康狀況和身體機能會嚴重威脅到他們的自我確認感和生活滿意感。然而，儘管大多數老年人都經歷著病痛，仍然有很多老人能夠享受生活，他們豐富的興趣和人際關係使他們能夠超越對自己逐漸老化的軀體的關注。

自我超越對自我關注：老年人必須認識到死亡是不可避免的，而且可能已經離自己不遠了。如果讓老人意識到自己成功地撫養大了自己的子孫，或是自己從事過的事業對社會的發展做出了貢獻，他們就能夠從容地面對死亡。

三、人格認知理論

人生階段發展理論和特質理論的衝突反映出我們如何認知這個世界。這些認知強調個體和環境的交互作用是人格發展背後的主要力量。然而，自我理論和特質理論在人格發展上都沒有關注這些認知。人格的認知理論主要彌補這方面的不足，我們發現認知理論在許多方面對特質理論和自我理論進行了整合。

認知理論的基礎是人們自己關於人生該如何發展的認識。對於人格發展而言，如何看待事件比事件的實際狀態更重要。換言之，重要的是如何感知自己，而不是人格測驗的分數。成人期的人格發展取決於個體經驗、行為、對他人的態度以及逐漸接近死亡時的態度上的改變意識。

這裡主要介紹湯瑪士 (Thomas) 的人格認知理論。他提出了老化的認知理論，並列出三個假設形成瞭解釋人格發展的基礎，尤其適用於調節老化過程。

（1）對改變的感知比客觀改變本身更與行為改變相關。只要我們認為自己會隨著時間而改變，我們就會表現得不同，可以忽略別人是否認為我們有變化。這一假設，既是所有人格認知理論的基礎，也表明人們相信未來是可以改變的。人格改變多少都依賴於個體認為改變是可行的。

（2）人們感知和評價他們生活中的任何改變都是依據他們的優勢關注點和當時的期待。在不同的人生階段，人們對同一個問題會有不同的看法。例如，人們自我同一性的主要來源隨著他們從學生變成某人的配偶，再變成父母等身份的變化而變化。這些不同人生階段激發人們對情境認識的不同。

（3）適應老化取決於人們的認知和動機結構之間的平衡。如果人們積極地認識他們的生活狀態，相信可以繼續成長，並且將改變解釋為現在人生階段的補充，那麼就可以適應老化。

从汤玛士的三个假设中可以总结出来，成年期的人格改变不会减弱。我们每个人都有改变的潜力，但能否改变则取决于我们对改变的渴望程度。

为了确定成功适应老化的所有途径中最重要的组成部分，汤玛士（1976）在对老化的纵向研究中探讨了这些改变的过程。这项研究不同于其他纵向研究，主要是因为它几乎包含了生物心理社会模型的所有方面。汤玛士确定十种生物、社会和感知-动机发展的交互模式来定义老化过程。更重要的是，他发现老年人的适应能力不是取决于发展过程中某一种特定的交互模式。汤玛士发现有许多种成功实现老化适应的模式，而非只有某一种模式。尽管这些交互作用很复杂，汤玛士注意到除非人们对自己和环境的感知要求改变，否则一定会呈现出所有人格特征的稳定性。

四、生命回顾

在老年人格发展理论中，生命回顾是一个普遍的主题。生命回顾包括回忆自己的生活经历、对这些经历进行评价并解释这些经历以及对这些经历进行重新解释。有时生命回顾会进展得很平静，有时也会很强烈，这时往往需要进行大量的努力来实现一些人格整合。生命回顾可能开始于一些偶然的、无关紧要的对自己和人生发展的思考，而且这些思考可能会在以后的生活中断断续续地出现。

当过去的一切在脑海中流过的时候，老人们审视著、思考著。人们开始重新考虑过去的经验和它们的意义，这个过程往往伴随著对过去的修正和更全面的理解。这种对过去的重新组织可以使我们看到全新的生活意义。同时，它也帮助老年人减少对死亡的恐惧，做好接受死亡来临的准备。我们可以看看《生活中的心理学》一书中关于一位75岁老人进行生命回顾的故事，最终她决定为自己的孙子孙女录一卷录音带来记录自己的人生，好让他们在她去世后仍能记得这个奶奶。

随著生命回顾的推进，老年人可能会向配偶、子女或其他亲密的同伴透漏一些从未说过的秘密。反过来，对方也可能会讲出自己的秘密。老人们开始说出隐藏已久的重要事件，这能够帮助老年人改变他们对自己的看法和认

識。然而成功的老化並不意味著要一直思考過去。在一項研究中發現，能將過去和現實相結合的老年人比沉迷於過去的老年人更能良好地適應老年生活。

生活中的心理學

一位 75 歲老人的生命回顧

這裡講述的是一位 75 歲的老奶奶，在進入老年期後，她經常回想自己的生活。以下是她的一些思考。

我經常思考生活，每當這個時候我的腦海中會浮現出許多場景。當我看到我的兒女和孫子、孫女時，就會想起過去的時光。當我沿著街道散步時，便會想起我年輕的時候與我的朋友和父母在一起，好像又回到了那些愉快的時光裡。我會想起我的丈夫，我們的婚禮，還有掙扎著度過的苦日子。現在，他已經走了，但我卻留著許多關於他的美好記憶。

老奶奶經過一面鏡子，她看著鏡子裡的自己說道：

「我看到一個老太婆，她滿臉的皺紋，身體在不斷衰退。我告訴自己我看起來有多老。這讓我想到死。但這也讓我想到過去——我都犯過哪些錯誤，我又做過什麼貢獻。」

幾年前，在她丈夫去世之後，老奶奶曾住院兩個月。她想：

「我感覺很不快樂，很沮喪。我丈夫永遠地離開了。我要瘋了。我恨這個世界。為什麼我的生活會變成這樣？我也生自己的氣，我反思自己，『我本該做得更好的。或許要是當時我不那樣做，現在就不會這麼痛苦了』。」

出院 6 個月後，生命回顧對她的生活產生了建設性的作用：

「現在我對生活的態度比半年前積極多了。我有 6 個很棒的孫子、孫女，還有兩個好女兒。我決定錄一卷錄音帶來記錄我對晚年生活的積極感受。我想講出我的生活故事，這樣我的孫子、孫女們長大後就可以聽到這些，就好像是我在給他們講故事一樣。多希望在我去世之後，他們也能聽到我講的故事。」

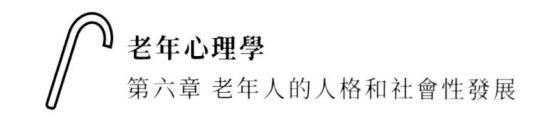

五、老年人的人格特徵

（一）個性特徵

老年人個性變化的最主要特點是更加成熟，年輕時某種性格特徵的顯現以及與年輕時個性特徵相反的變化。

大量的心理學研究結果表明，個體進入老年後，個性心理特徵會發生一系列的變化。對大量研究總結發現，老年人的個性心理特徵變化大致上有以下特點：自我中心性、內向性、保守性、容易亂猜疑、嫉妒心強、辦事刻板、靈活性和應變力差、適應力下降、不耐煩、愛發牢騷、好管閒事、依賴性強等。65～75 歲之間的老年人，其刻板性沒有明顯的變化，但從 75 歲左右開始，老年人的刻板性明顯增強。另外，心理學家的一些研究發現，老年人普遍感覺自己變得比年輕時更急躁和多疑，但也有一些老年人認為自己不像年輕時那麼愛發火了。

儘管老年人的個性心理特徵出現了一些變化，但我們也要看到老年人個性心理特徵中持續穩定的一面。美國的一項縱向研究曾對 40～80 歲的個體進行了長達 10 年的跟蹤，結果發現，老年人的個性心理特徵既有變化的一面，也有穩定的一面。他們的個性結構和所屬的類型基本上都是保持穩定的，但隨著年齡的增長，他們對待周圍環境的態度和方式則表現出一些變化，具體而言即由主動轉向被動、由外部世界轉向內部世界的變化趨勢。

由此可以看出，在老年人個性心理特徵的變化中，年齡並不是決定性因素，智力、教育、社會地位、文化背景、健康狀況以及環境中的各種變化所造成的不同個體或群體之間的差異等等，都會對老年人的個性心理特徵產生重要影響。

（二）情緒情感特點

老年人由於生理上的變化，社會交往和社會角色地位的改變以及心理機能的變化，在情緒情感方面也會出現一些特徵，無論在情緒情感的兩極性，還是體驗的強度、持久性和深刻性等方面，都有自己的特點。

首先，有些老年人在情緒表現上會出現一些消極的變化，比如，變得神經質、愛唱反調、任性、脾氣暴躁，或者變得過度冷漠、不關心人、對未來的看法也變得較為負面。他們常常會感到身體明顯不如以前，由於身體機能和抵抗力的下降，很容易受到疾病的困擾，而且疾病通常也會持續較長的時間；由於工作環境和職務的變化，使他們參加集體活動的時間和機會減少；子女忙碌於自己的工作和照顧小家庭，沒有大量的時間陪伴在他們身邊，因此常感到孤獨。

另外，老年人比其他任何年齡階段的人都更多地面臨喪親、喪友甚至喪偶的痛苦，所有這些重大應激事件都使得老年人很容易產生老朽感、冷落感、孤獨感、疑慮感、憂鬱感和不滿感。天津市社會科學院的一項調查研究結果表明，老年人容易產生很多要擔心的問題。在調查的 860 位老年人中，擔心自己健康狀況的人最多，接近人數的一半（43.95%）；最擔心物價上漲、經濟問題的有 299 人，所占比例達 34.77%；也有許多老人擔心自己患病後的照顧問題，占 11.63%；另外，還有一些老年人擔心自己會被社會遺忘等等。

較之於其他年齡階段的人，老年人的情緒情感體驗通常會比較深刻，重視美感。他們主要看重的是美的內容，老年人更看重那些對社會、對人類有益的事物或行為，他們更傾向於用自己的理智去審美，追求內在而深沉的心靈美。

老年人情緒情感體驗的另外一個特點是持續的時間較長。老年人的情緒、情感一旦被激發，就需要花費很長的時間才能夠恢復平靜。無論是心境、熱情，還是應激都是如此。同時，由於老年人形成了比較穩定的價值觀以及較強的自我控制能力，所以他們的情緒、情感一般不會輕易因為一點點環境的變化而起伏變化。

（三）老年期的人格變化與適應性調整

個體進入老年期後，面臨著一系列涉及人格發展的心理轉變問題，老年人的身心健康狀況在很大程度上取決於個體能否盡快適應這些變化。下面將從四個方面簡述老年人需要面對的人格變化和適應性調整。

老年心理學
第六章 老年人的人格和社會性發展

　　1. 個人價值確認的轉變。在青年和成年期，人們的自我價值確認往往來自個人對社會的貢獻，以及別人對自己成績的肯定。而老年人退休後則脫離了從前的人際圈和工作環境，所做的任何事情與原來的人際圈不再有任何關係，個人價值不再能夠透過勞動或貢獻來衡量，家庭和社會只是把老年人視為需要特別照顧的一類人。因此，進入老年期之後，如果還以年輕人的價值確認標準來衡量自己，老人很容易感覺自己被社會拋棄，喪失了被人需要的能力和自信。因此對於老年人而言，價值確認應轉變為自我肯定和自我完善的標準。

　　2. 從體能型向經驗型的轉變。年輕時，人的自我價值感往往是從自己的精力充沛和體力強壯等方面來體現，然而隨著年齡的增長，體能的下降速度往往要比智慧下降快得多。老年人常說「力不從心」，這說明一個已經在年齡上進入老年期的人往往還沒有意識到自我價值的定位已經從體能型轉向經驗型。也就是說，在老年期最重要的價值是他豐富的經驗積累和社會閱歷，而不是年輕時的體能。如果老年人能很好地意識到這種轉變，發揮自己所長，多用自己的知識經驗和智慧來面對老年期的生活，甚至繼續自己的工作，這樣更有利於人們適應老年期，並且保持身心健康。

　　3. 人生關注點的轉變。在青年和成年時期，人的自我價值感往往從所擁有的權力和財富中獲得，因此年輕人的關注點在事業上的成就，卻很少關心自己的身體。隨著所追求目標的實現和願望的滿足，以及年齡增長帶來的體能衰退和疾病多發，老年人對身體健康的擔憂和死亡的恐懼日益增長，身體成為關注的中心。老年人對權力和金錢的看法往往與以前有很大不同，他們比年輕人更能體會到生命和健康的寶貴。然而，如果一個人過分陷入這種以身體為生活中心的認識，則很容易產生悲觀失望和恐懼心理。從心理健康的角度看，人們到了老年期，如果將自己的注意力轉向更加豐富的精神生活、人際交往和創造性的活動，更有助於擺脫由身體衰弱帶來的煩惱與恐懼，獲得心理上的滿足感。

　　4. 對青年人態度的轉變。剛剛退休的老年人往往會怨恨青年人。他們覺得正是成長起來的青年人威脅了他們的地位，奪去了他們的尊嚴。老人因為

害怕喪失而怨恨青年人的心態，不僅不利於社會發展，而且不利於老人自己的身心健康。事實上，青出於藍而勝於藍才是社會發展的客觀規律，因此具有智慧的老年人應該順應客觀規律，虛懷若谷，大膽地培養和扶持青年人，這樣才能真正贏得青年人以及整個社會的愛戴與尊重，同時這也是繼續為自己的事業和整個社會做出更好的貢獻。

複習鞏固

1. 試簡述本節中三種人格理論對老年人人格發展特徵的基本觀點。

2. 對身邊的老人進行調查，結合收集到的資料，說說進行生命回顧的意義和作用。

3. 簡單概括老年人的人格特徵。

第二節 老年人的社會性

社會經驗能否在一定程度上解釋我們為什麼老化？我們是否對老年人有某種模式化的印象？

人際關係中的親密感是一種對他人承擔情感及道德承諾的能力。親密感會出現在友誼和愛情中，它要求坦率、勇氣和倫理感，並且往往要犧牲一些個人偏好。其中，婚姻關係尤其重要，因為婚姻伴侶之間的相互支持貫穿我們一生。

一、老化的社會理論

在這裡，我們主要介紹三種關於老年人社會性的理論——分離理論、活動理論和社會崩潰與重建理論。

長久以來，人們都認為老年人最好的生活方式是脫離社會。分離理論認為，由於老年人生活慢下來了，因此他們在逐漸地與社會相脫離。實際上，脫離是一種相互的運動，不僅僅是老年人在脫離社會，社會也在脫離老年人。根據這一理論，在社會性發展過程中，老年人會越來越注重自我關注，減少與他人的情感聯繫，同時對社會問題漠不關心。

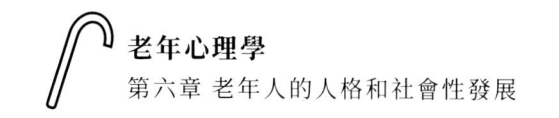

該理論認為減少與社會的接觸，同時增加自我關注，這樣可以提高老年人的生活滿意度。分離理論認為，低士氣往往伴隨著高行動力，這種分離是不可避免的，他們正是在老年人中發現了這種分離。然而在後來的研究中證實，分離理論是不科學的。在老年期，如果人們繼續很活躍、積極地生活，他們的生活滿意感不僅不會下降，有些時候甚至還會上升。

與分離理論相對應的是活動理論。根據活動理論，越活躍、越願意和其他老年人接觸的老人，越容易對生活感到滿意。活動理論認為個體在老年期也應該繼續中年時的角色，如果必須放棄這些角色（比如退休等），那麼找到某種替代角色就顯得很重要，進而在新的角色中保持活躍並積極參與社會活動。

另外，還有一種老化的社會理論，即社會崩潰與重建理論。該理論認為由於社會對老年人消極的社會態度和缺乏關心和服務老年人的規定，使得老年人產生消極心理，從而加速老化。社會重建可以透過改變社會對老年人的態度和給老年人提供充分的支持體系得以實現。社會崩潰開始於消極的社會態度，結束於老年人最終認同自己是無能力的，如圖 6-1 所示。與之相對，圖 6-2 呈現了社會重建如何逆轉社會崩潰的結果。社會崩潰與重建理論認為，社會應重建老年人的信心與適應技巧，這樣能夠避免老人社交生活的瓦解。

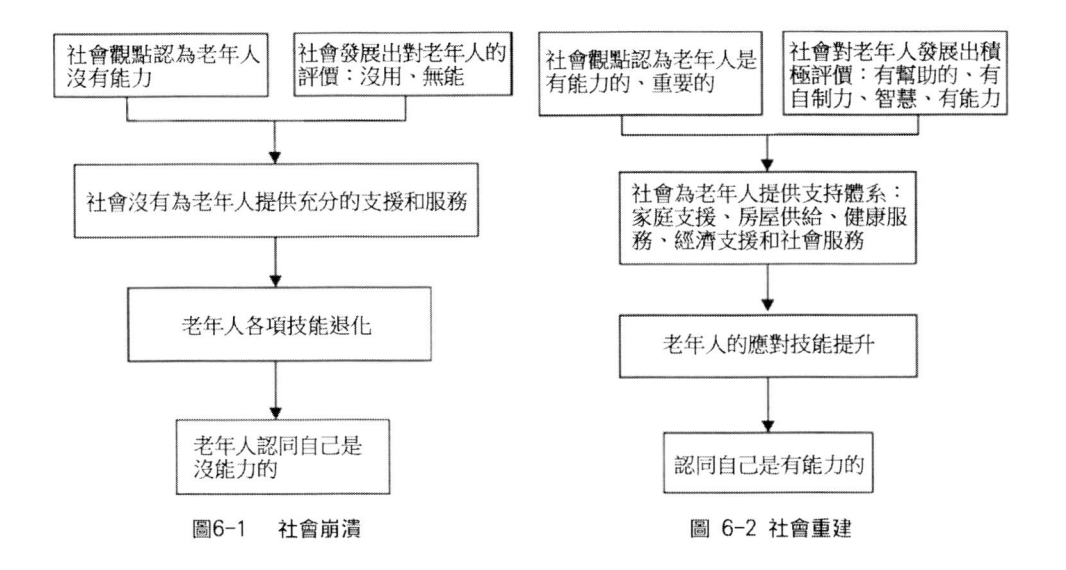

```
社會觀點認為老年人    社會發展出對老年人的         社會觀點認為老年人是    社會對老年人發展出積
沒有能力              評價：沒用、無能            有能力的、重要的        極評價：有幫助的、有
                                                                        自制力、智慧、有能力
         ↓                   ↓                            ↓                     ↓
   社會沒有為老年人提供充分的支援和服務              社會為老年人提供支持體系：
                                                   家庭支援、房屋供給、健康服
                                                   務、經濟支援和社會服務
              ↓                                               ↓
       老年人各項技能退化                              老年人的應對技能提升
              ↓                                               ↓
       老年人認同自己是                              認同自己是有能力的
       沒能力的

         圖6-1   社會崩潰                              圖 6-2 社會重建
```

　　社會活動理論和社會崩潰與重建理論都認為老年人遠比人們認為的更具有能力。他們鼓勵老年人積極主動地參與社會活動，這樣能增加他們對生活的滿意度，並對自己產生更多的積極看法。

二、對老年人的刻板印象

　　年齡歧視是指因為年齡而對某人產生偏見，這種偏見在老年人身上尤其明顯，許多老年人都面臨著一些令人感到痛苦的責備。

　　老年人一般很難找到新的工作，而且很容易由於年齡而被免職，因為人們往往認為老年人過於死板，同時能力不夠。社會上人們會迴避老年人，這可能是由於人們認為老人又衰老又無聊。還有一些人認為老年人就像小孩一樣，用類似於「可愛」等詞來形容老人。老年人可能會逐漸從家庭中被排擠出來，因為子女覺得他們體弱多病、又老又醜，像個寄生蟲。總之，人們認為老年人糊塗、不能接受新鮮事物、無法為社會做貢獻等等。如果想更進一步地瞭解相關現象，可以參閱本節「生活中的心理學」，試著評估自己對老年人的刻板印象以便進行一些調查研究。

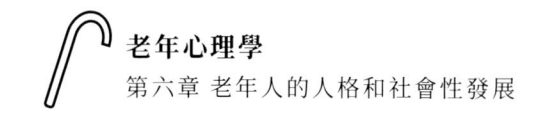

老年心理學
第六章 老年人的人格和社會性發展

生活中的心理學

對老年人刻板印象的評估

你有沒有注意過電視和雜誌上是怎樣描繪老年人的？他們被統一描述成疲憊、醜陋、沒用、多病、孤獨，並且行將就木，有時也將老年人描繪得更積極一些，比如智慧、和藹可親，這也是對老年人的刻板印象之一。當今社會對老年人的刻板印象到底如何，隨著社會老齡化的發展，人們對老年人的印像有沒有隨之改變？

如果感興趣，你可以分析一些雜誌是如何描繪老年人的，然後再去圖書館找到幾十年前的雜誌，比較早期的雜誌和如今的雜誌分別是如何描述老年人的。人們對老年人的刻板印象或消極看法是減少了，還是仍然保持著原來的印象？透過比較不同時期人們對老年人的印象，你可以學著批判性地思考人的畢生發展問題。具體方法包括區分社會歷史因素和文化因素以及鑑別個體差異等。

在已有研究中發現，青年、中年和老年人都對老年人有許多相同的模式化印象。所有年齡階段的人都對老年人有以下七種印象：完美祖母、年長者、保守、機能衰竭、脾氣壞、沮喪、離群索居。我們發現在這些印象中，積極印象和消極印象幾乎數量相當。隨著社會的老齡化發展，越來越多的人能夠活到老年期，這使得人們對老年人的社會印像有所提升，社會也在為老年人提供更好的生活環境。

三、老年期的社會文化

在許多調查研究中發現，社會在總體上對老年人的看法是消極的，特別表現在老年人身體和認知能力的下降等方面。這種消極的世俗看法造成了對老年人的偏見，即「年齡歧視」。美國的一名記者為了瞭解人老了意味著什麼，她假裝成八十幾歲的老人走上大街小巷。她帶上厚厚的眼鏡和耳塞，來減弱她的視力和聽力；腿上纏繞著厚重的繃帶使自己像其他老人一樣行動困難；手上也纏上膠布，就像患了關節炎那樣不靈活。

第二節 老年人的社會性

這個「老人」打不開瓶子、寫字困難、看不清楚路標、擠不上公車⋯⋯然而高速發展的世界冷落了她,在她需要幫助時,很少有人理會她,甚至人們會嘲笑她的衰老。我們可以想見,這種「年齡歧視」限制了老年人的機會,孤立了他們,強化了老年人對自己的消極看法。

但是隨著社會的進步和發展,也由於越來越多的國家步入高齡化社會,社會對老年人的關注程度有所增加,也在逐漸改變對老年人的消極態度。而且由於集體主義的社會文化和尊重老人的民族傳統等因素,生活在中國和日本的老年人的社會地位一直都普遍高於其他國家。在民族傳統和社會文化下,一般而言老年人在家庭中具有較高的地位,子女很少會讓老人獨自一人生活。

雖然現在人們幾乎都是三口之家的小家庭生活,但是照顧老人和贍養老人依然是社會讚許的美德。在日常生活中的許多方面我們都可以看到家族和社會對老年人的尊重,比如吃飯時老人要坐主位、年輕人要向長輩問好、公車上人們會主動給老人讓座等等。

為什麼東西方文化中,老年人的社會地位有如此大的差別?具體是社會文化中的哪些因素支持著東方文化中人們對老年人的普遍尊重?根據已有研究,可以總結出老年人能否獲得較高的社會尊重取決於社會文化中的以下六個因素:

1. 老年人有寶貴的知識經驗;

2. 老年人掌控著主要的家庭或社會資源;

3. 允許老年人長期從事社會工作;

4. 擁有貫穿一生的連續性角色;

5. 老年人是完整家庭生活中的一部分;

6. 社會文化更傾向於集體主義,而非個人主義。

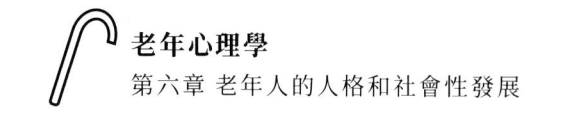

四、家庭與社會關係

老年人婚姻關係的本質是什麼？他們的友誼和社會關係網的實質是什麼？這些都是涉及老年人家庭和社會關係的重要問題。

（一）家庭

婚姻由愛情關係發展而來，心理學上認為愛情包括三個組成部分：熱情，即對某人的強烈心理渴望；親密感，即可以分享所有的想法和行為；責任感，即願意陪伴彼此同甘共苦。真正幸福的婚姻，應該擁有以上三者，但隨著時間流逝，每部分所占的比重在不斷變化。

以上三種成分的不同組合可以幫助人們理解老年期婚姻關係的發展。年輕時的戀人對彼此通常有很高的熱情，但是親密感和責任感會比較低。隨著關係繼續發展，逐漸形成友好的愛情關係，其中親密感和責任感越來越重要。激情的愛就像一朵脆弱的花，會隨著時間而凋謝；友好的愛則是一株常青樹，接觸越多越繁茂。一般來說，年輕夫婦看重愛情關係中的熱情，而老年夫妻則更關注親切感和忠誠度。

關於婚姻滿意度的研究發現，隨著年齡的增加，人們的婚姻滿意度呈 U 型曲線形態。婚姻滿意度在新婚時最高，之後一直下降直到孩子離開家，在老年期再一次升高。

子女是家庭關係中的另外一個重要組成部分。進入老年期後，子女完全成熟，作為父母的老年人必須接受孩子已成熟的現實，而不能再以自己的希望要求他們。因而在這個階段父母完全失去了對子女的控制。這時，子女或許已經有了自己的孩子，開始以客觀的眼光認識自己年邁的父母，開始意識到父母的身體日益衰弱，開始能夠自覺地照顧父母。兩代人之間逐漸開始形成一種互相幫助的交往模式，祖父母幫助照看孫輩的同時既享受天倫之樂，也在某種程度上體現出自己的價值。

已有研究對維持婚姻持久性的影響因素進行了調查研究，要求表示自己婚姻幸福的夫妻列出他們婚姻長久的原因，並根據它們的重要程度進行排序。結果發現，最重要的幾條是：將配偶視為自己的朋友、喜歡對方、認為婚姻

是一種長期的承諾、夫妻有共同目標等。總之，改變個體的生活方式來適應對方，學習如何處理老年期可能出現的生活變化，比如生病、退休等，是幸福婚姻的祕訣。

（二）成為祖父母

成為祖父母對於大多數人而言是一件激動人心的事情，這代表個體又獲得了一個新的角色。大約四分之三的 65 歲以上的老年人都有至少一個孫子或孫女，而且大多數老人都會定期和孫輩接觸。大約 80% 的祖父母提到，在祖孫關係中感覺到快樂，大多數祖父母認為當爺爺奶奶比當爸爸媽媽更容易些，而且也更享受。在一項研究中發現，祖父不如祖母在祖孫關係中的滿意感高，中年祖父母（45～60 歲）比老年祖父母（60 歲以上）更願意把照顧孫輩視為自己的責任。

祖父母角色具有重要的意義，研究表明老年人可以從祖父母角色中獲得一些積極的意義，大致可以分為以下五種：中心角色，即祖父母角色在其全部生活中的重要程度；作為長者的價值，即是否認為自己是有智慧、有用的人；在家族中的地位，老人們更希望自己能夠被整個家族和後代記住，至少被自己的子女和孫輩記住；回憶和再次參與自己的過去，自己成為祖父母之後，老人們往往會回憶起自己小時候和祖父母在一起時的場景，並重新體驗和他們的關係；獲得愉悅感，即老人們和孫輩一起玩耍、娛樂時獲得的滿足感。

在不同的家庭、文化和情境中，祖父母可能扮演著不同的角色。祖父母角色間的差異也在一些關於祖父母與他們自己的祖父母之間關係的調查研究中得到印證。祖父母與孫輩的接觸方式主要有三種：正式型、娛樂型和疏遠型。正式型的祖父母扮演著他們認為合適的、符合規矩的角色。這類祖父母對孫輩有強烈的興趣，同時不會過多干涉其父母該盡的養育義務。娛樂型的祖父母不那麼嚴肅，而且愛玩，照顧孫子孫女是他們的一種休閒活動。大部分祖父母都是疏遠型，這種祖父母是親切仁慈的，但是不經常和孫輩接觸。超過 65 歲的祖父母更容易和孫輩成為正式型的關係；65 歲以下的祖父母更多的是娛樂型。

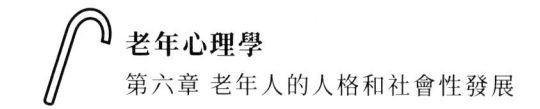

（三）友誼

像其他親密關係一樣，友誼也需要時間來培養。友誼的發展分為三個階段，每個階段對應著不同的個體捲入水準。第一階段僅僅是有共同的認識，彼此注意到對方並會做出一些判斷。第二階段朋友之間開始有一些自我表露。在前兩個階段中人們相互熟識、彼此瞭解。對於真正的友誼，第三階段是必不可少的，即親密階段。在這一階段，伴隨出現與親密友誼有關的一系列人格特徵，比如誠實、真誠、情感支持等。

平均而言，人們在年輕時比其他任何年齡階段都有更多的朋友。在友誼的發展過程中，我們會發現隨著年齡增長，我們身邊的親密朋友越來越少，到了老年期更是寥寥無幾，其中一個原因就是隨著年齡增長，老年人的朋友可能都相繼去世了。儘管朋友數量減少了，但友誼在老年期顯得特別重要。老年人的生活滿意度很大程度上不是取決於與年輕人或家人的接觸，而是與朋友相互來往的頻率和質量。

為什麼對老年人而言，朋友如此重要？一些心理學者認為其中一個原因可能是，老年人擔心自己會成為家人的負擔，因此他們更願意和朋友相互扶持著，獨立於家庭而生活。這種互助是老年期友誼的關鍵之處。

年紀大的人，由於其配偶可能不在人世、子女不在身邊或不容易溝通，會導致老年人往往缺乏分享內心深處想法的對象。因此，他們對友誼的需求相當強烈。「老友」是老年人生活中不可欠缺的一部分。所謂老友就是同年齡、同背景的老朋友。由於年齡相仿、背景相同，他們彼此間最容易溝通，最能相互瞭解。老年期友誼的需求相當強烈，因此老年人的子女應鼓勵他們走出家庭，多參與社會活動，多結交朋友或與朋友多聯繫和來往。如此，老年人的生活才會充實並感到愉快。

圖6-3 老友

（四）社會支持

　　進入老年期以後，老人面對著許多重大的生活改變，如退休、喪偶等。老年人應對這些重大生活改變能力的關鍵來自家庭、朋友和社會的支持。儘管不能避免壓力，但是社會支持可以幫助老年人積極應對這些重大事件。社會支持可以幫助老年人調整自己，進入新的角色，開始新的興趣和生活方式。

　　老年人在退休後，因為家人、朋友的搬遷或去世，可能會體驗到越來越多的孤獨感。養寵物、去超市買東西或是偶爾去親戚家串門這類社會活動並不能完全使老年人在情緒上體驗到充實，因此可以鼓勵老年人加入一些社團，與同齡人形成更頻繁的社交往來。老年社會團體會組織豐富多樣的活動，比如合唱、舞蹈、書法、美術、旅遊等，這些活動有助於老年人克服孤獨感。

　　除了參加老年社會團體，也有許多退休老人選擇進入老年大學。近年來，老年大學的數量大幅度增加。在那裡有專業的老師教授各種才藝，老人們有的重拾年輕時的興趣愛好，有的學習新的才藝技能，在這裡既可以豐富業餘生活，也可以找到志同道合的朋友。中年期承擔著重大的工作壓力而沒能實現的願望，都可以在退休後得到補償。許多心理學家都鼓勵老年人接受再教育，透過學習和訓練等活動保持與社會的接觸。「活到老，學到老」不僅能

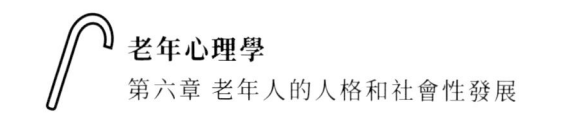

以有益的活動填補老年人退休後產生的空虛感,增加老年人的人際交往能力,同時也能使他們的智力繼續得到鍛鍊,防止智力衰退。

另外,老年社會工作已經成為一種新興行業。老年社會工作者的積極幫助和輔導,可以幫助老人積極正確地對待老化和各種疾病,正確評價自身的健康狀態,對自己的身體持健康樂觀的態度,做到定期檢查、早發現、早治療。鼓勵老年人走出家庭,走向社會,積極參與社會活動,豐富自己的休閒生活。

複習鞏固

1. 列舉老年人的社會性發展理論。
2. 人們對老年人的刻板印象包括哪些?
3. 簡單概括成為祖父母對老年人的積極意義。

第三節 人格和社會性發展與老年人幸福感

在我們的生活中,有一些人總是悲傷或不快樂,也有一些人總是很快樂。這在很大程度上是人格導致的。在預測主觀幸福感時,人格因素即使不是最好的預測指標,也是最可靠的預測指標之一(鄭雪,2007)。幸福感具有跨情境的一致性和跨時間的穩定性,因此,可以把幸福感本身看成是一種人格特質。

另外,人們與他人的關係也是影響幸福感的重要因素之一。良好的人際關係和穩定的親密感使人們容易感受到愉悅的心情,而孤獨或人際關係惡劣的人則往往幸福感水準較低。法國社會學家涂爾幹認為,社會成員所共同擁有的情感總體即「集體意識」將人們聯結在一起,並使社會秩序得以確立和維持。

本節將從三個方面來探討人格和社會性發展與老年人幸福感的關係,以瞭解並幫助老年人獲得幸福指數更高的晚年生活。

一、自我控制感與幸福感

在各個年齡階段，自我控制感都是心理狀態的一個重要預測指標。為什麼人們如此重視自我控制感？我們先來瞭解什麼是自我控制。試想你在考試中沒有取得你以為能夠得到的成績，這是你的錯嗎？還是考試題目太難了？對這類問題的回答隱含著人們的態度和行為傾向。我們分析事件成因的最重要方式就是考慮什麼人或事是可控的。自我控制是指個體相信依靠自己本身可以完成某事的程度。

有高自我控制感的人相信事情的成敗取決於自己，而低自我控制感的人則認為能否完成某事更多地受到外在力量的影響。控制點是指人們認為哪些事情是可以實現的。自我控制具有多維性，一般情況下老年人既承認外界對其行為的重要影響，同時也相信自己能夠掌控一些事情。

心理控制點的概念反映著人們對行為與未來事件之間關係的期望，並反映人們內部控制和外部控制的傾向性。我們可以做一個簡單的小測驗：你認為是人定勝天，還是成事在天？認為控制力量集中在外界的人更相信行為結果是由自己行為以外的因素（如他人、命運、環境等）造成的；而認為控制力量存在於內部的人，則更傾向於把行為結果看作是自己行為本身所決定的。通常內部控制傾向的人在各個方面表現得更好，更能很好地應對壓力，生活幸福指數更高。這正說明了，高的自我控制感能帶來高的幸福感。而外部控制傾向的人經常受到壓迫，經歷過多次不受自身控制的傷害後，更容易感到沮喪和無助。在任何集體中，控制權少的人積極性低，壓力感大，也容易出現更多的健康問題。

幸福感的產生並不是因為你能得到什麼，而是你能控制什麼。人們常說，成為自己的主人才是最幸福的。為自己做決定很大程度上體現在有效地管理和支配自己的時間，那些不能計劃和充分利用自己時間的人，他們睡懶覺、看電視劇、無所事事，結果只會留下無聊和空虛感；而對另一些人而言，時間是有計劃的、充實的，他們總能快速而高效地完成工作，他們也為自己對時間的控制權感到自信和快樂。

另外，有研究表明，提高人們的自我控制感能顯著地改變他們的健康狀況和活力，從而提高人們的幸福感。例如，耶魯大學心理學家羅丹 (Judith Rodin) 在研究中鼓勵病人自己選擇生活環境，提高他們的自我控制感。結果表明，90% 以上的病人開始變得更活潑、更快樂。

總之，多數的研究結果都認為內控者的主觀幸福感更高。因為內控者有較好的應激方式，他們試圖去改善目前的情境，而不像外控者那樣逃避現實。凡是能解決各種問題的人，他們的主觀幸福感都是較高的。就像阿羅等人 (Arrow et al., 1992) 所說，憂鬱者並不是一個憂鬱的人，而是認為世界不可控制才導致憂鬱。

因此我們鼓勵老年人在自我能力範圍內儘量自己安排生活，合理支配時間，多做一些有興趣、有意義的事情，比如體育鍛鍊、發展興趣愛好、朋友聚會、做力所能及的家務，以及照顧孫輩等。透過提高自我控制感，既能夠繼續實現個人價值、發揮作用，同時也能得到家人和朋友更多的認可和尊重，進而提高老年人的幸福感水準。與此同時，子女們也應該更正確、合理地表達對老人的孝心。

並不是所有事情都為老人考慮到、什麼事情都不讓老人去做就是好的，這樣反而會使老年人容易陷入消沉。相反，作為子女，應該多帶老年人接觸新鮮事物，不要讓老年人覺得自己已經被這個世界拋棄了，提高老年人對自己和對外界的瞭解並進而提高自我控制感才是提高其主觀幸福感的有效途徑。

二、認知模式與幸福感

認知理論認為，人們對獎賞和懲罰資訊的加工方式決定著幸福感，而不是這些刺激本身。也就是說，人們加工愉快資訊和不愉快資訊時的精確性和速度差異導致了不同水準的幸福感，那些能夠回憶出更多積極刺激的人更容易認為他們是幸福的。就像榮格曾經說過的那樣，老年人總要經常重溫他們年輕時代的輝煌事跡，想靠著回憶他們年輕時代的英勇事跡來燃旺他們的生命火焰。

斯切爾和卡萬 (Schreer & Cavan, 1985) 提出的樂觀理論也支持著認知加工方式會影響人們的幸福感的觀點。他們認為樂觀代表了人們期待有利生活結果的普遍趨勢，那些相信自己的行為將產生有利結果的人更容易堅持自己的行為，而那些認為無法避免失敗的人則會更多地放棄努力，從而與他們最初的目標漸行漸遠。這是一種對未來的積極思維效應，生活態度積極樂觀的人更容易獲得成功，而且這似乎已經形成了一種良性循環，因為積極思維所以成功，因為成功所以更容易體驗到幸福。

由於世俗普遍上對老年人的消極態度，人們往往會害怕變老，老年人也會因此而體驗到自卑和與外界的疏離。無論是老年人本身，還是整個社會都應該改變對老年期的認識。事實上人們都希望自己能夠到達那個年齡，既然如此我們本就不該對老年人顯示出憐憫、同情，甚至是斥責。西塞羅在《論老年》一書中寫道：「大事業的成就不是靠筋肉、速度或身體的靈巧，而是靠思想、人格或判斷。在這幾點上，老年人不但不比別人差，而且比別人好。」人們一直在可憐老年人衰老的身體和不靈活的行動能力，但卻忽略了長久的人生經驗帶給老年人的思想和智慧，這是多數年輕人無法企及的人生境界。

如果整個社會，尤其是老年人自己，都能改變傳統觀念對老年人的消極認知，完整而積極地評價老年期，尊重老年人的智慧，那麼老年人應該更容易體驗到幸福感。

三、一致性模式和社會比較論

一致性模式認為個體的人格特徵與社會情境相適合的人幸福感較高。比如外向人格特徵的人在社會活動豐富的環境中感覺更快樂，而內向的人則更喜歡生活在安靜平穩的環境中。因此，一方面老年人和家人要努力創造與自身人格特徵相一致的生活方式，另一方面老年人也要儘可能地繼續完善自己的人格來適應那些自己無法左右的社會環境。

社會比較論則認為人們與社會中其他個體或群體的比較會影響人們的幸福感。「比上不足，比下有餘」這句俗語很恰當地闡釋了社會比較對幸福感的影響。具體而言，在進行比較時，當參照點與個體目前情況相似時，向下

比較會提升幸福感，相反向上比較會降低幸福感。向下比較是自我增強的，因為它可以使個體感受到自己的優勢；向上比較是自我威脅的，因為它可以使個體看到自己的缺陷和不足。根據社會比較對幸福感的不同影響，可以將社會比較劃分為有利的社會比較（向下比較）和不利的社會比較（向上比較）。

老年人出於自尊的需要，常常會和其他人進行社會比較，尤其是和鄰居、朋友之間進行比較。他們只有全面地評價和認識自我和他人才能使這種社會比較產生積極作用。對老年人的評價標準是多維的，包括老年人自身的成就、老年人子女後代的成就以及身體健康狀況等方方面面。大多數人都會有其長處也有其短處，因此在進行社會比較時要全面整體地評價，不要過分自負也不能妄自菲薄。

另外，老年人在與人交往中應該正確地把握生活目標和社會比較內容，以積極向上的互動模式進行朋友間的比較，從而實現共同的利益，比如結伴鍛鍊身體、參加社會活動、旅行等等。這些積極向上的生活目標和社會比較有利於老年人幸福感的提升。

複習鞏固

1. 簡述自我控制感和老年人幸福感的關係。

2. 簡述老年人的認知模式與幸福感的關係。

3. 綜合本節內容，談談如何提高老年人的主觀幸福感。

拓展閱讀

小測試——你能活到 100 歲嗎？

這個測驗可以粗略地預測你能活到多少歲。我們假定男性的基本壽命預期是 71 歲，女性是 78 歲。首先，請寫下你的基本壽命預期。如果你已經到了 60 歲，那麼你可以增加 10 年的基本壽命預期，因為年齡在一定程度上已經證明了你身體相對健康。如果你已經超過了 60 歲，並且仍然保持活力，那麼你可以再在基本壽命預期上增加 2 年。

第三節 人格和社會性發展與老年人幸福感

你的基本生命預期

接下來,請判斷下列項目與你生活的相符程度,據此在基本生命預期的基礎上增加或減少預期年齡。

1. 家庭背景

如果有兩個或兩個以上祖父母活到80歲以上,加5年。

如果在父母、祖父母或兄弟姐妹中有任何人在50歲之前死於心臟病發作,減4年。

如果在父母、祖父母或兄弟姐妹中有任何人在60歲之前死於心臟病發作,減2年。

如果在父母或祖父母中有人患有糖尿病、甲狀腺疾病、乳腺癌、消化系統的癌症、哮喘或慢性支氣管炎,減3年。

2. 婚姻狀況

如果你已經結婚了,加4年。

如果你已經超過25歲,而且還沒有結婚,以10年為單位,每10年減1年。

3. 經濟狀況

如果你家庭年收入超過60,000元,加2年。

如果你生活中大部分時間都感覺窮困,減3年。

4. 體格

每超重10磅,減1年。

腰圍每超過胸圍1英呎,減2年。

5. 鍛鍊

如果有規律而適度的鍛鍊,加3年(例如,每週慢跑3次)。

如果定期鍛鍊,而且精力充沛,加5年(例如,長期堅持每週跑步3次)。

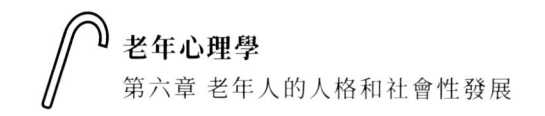

如果你從事久坐的工作，減 3 年。

如果你的工作需要經常活動，加 3 年。

6. 酒精

如果少量飲酒，加 2 年。

如果酗酒，減 5-10 年。

如果滴酒不沾，加 1 年。

7. 吸煙

如果每天吸煙兩包或兩包以上，減 8 年。

如果每天吸煙少於兩包，減 2 年。

如果經常吸煙斗或雪茄，減 2 年。

8. 個性

如果你是理性而實際的人，加 2 年。

如果你容易著急，好勝心強，減 2 年。

如果你對生活基本滿意並感覺快樂，加 1-5 年。

如果你經常感覺不快樂、擔憂或內疚，減 1-5 年。

9. 教育

高中以下學歷，減 2 年。

高中畢業後繼續接受 4 年教育，加 1 年。

高中畢業後繼續接受 5 年或 5 年以上教育，加 3 年。

10. 環境

如果你大部分時間都生活在鄉下，加 4 年。

如果大部分時間都生活在城市，減 2 年。

11. 睡眠

如果每天睡眠超過 9 小時,減 5 年。

12. 溫度

如果室內溫度始終不超過 36℃,加 2 年。

13. 衛生保健

如果有定期的體檢和口腔保健,加 3 年。

如果你經常生病,減 2 年。

最終,你的預期壽命是( )

本章要點小結

1. 人格特質理論認為老年期人格具有穩定性,可能只會出現微小的改變。科斯塔和麥克雷的特質理論模型有三個基本原則、五個獨立的人格維度,其中每個維度包含六個方面來反映其主要特徵。

2. 埃里克森的心理發展階段理論認為人生包含八個階段的發展,老年期是人格發展的最後一個階段,這一階段的心理社會危機是自我實現對悲觀失望。匹克把「自我實現對悲觀失望」又具體劃分為三種發展任務。

3. 湯瑪士的人格認知理論認為成年期的人格改變不會減弱,能否改變則取決於我們對改變的渴望程度。其理論包括三個假設。

4. 生命回顧是老年人格發展理論中一個普遍的主題,包括回憶自己的生活經歷、對這些經歷進行評價、解釋這些經歷以及通常會對這些經歷進行重新解釋。

5. 老年人的個性心理特點主要是更加成熟、年輕時的某種性格特徵的顯現以及與年輕時個性特徵相反的變化。

6. 老年人在情緒情感上的特點是容易產生消極的情緒情感體驗;情緒情感體驗通常比較深刻;持續時間較長,但情緒情感不會輕易起伏變化。

8. 在老年期人格的變化與適應性調整上，包括四點內容：個人價值確認由他人肯定到自我確證、自我完善的轉變；由體能向腦力的轉變；人生關注點由成就轉向身體健康和心理世界；順應客觀規律，幫助培養和扶持年輕人。

9. 老化的社會理論包括分離理論、活動理論和社會崩潰與重建理論。

10. 對老年人的七種刻板印象：完美祖母、年長者、保守、機能衰竭、脾氣壞、沮喪、離群索居。

11. 老年期的社會文化觀念總體上是消極的。但是在傳統社會文化下，一般而言老年人在家庭中具有較高的地位。

12. 愛情包括三個組成部分：熱情、親密感、責任感。在不同年齡階段，每部分所占的比重在不斷變化。

13. 婚姻滿意度呈 U 型曲線，婚姻滿意度在新婚時最高，之後一直下降，在老年期再一次地升高，老年人的婚姻滿意度水準相對較高。

14. 維持婚姻持久性最重要的幾條是：將配偶視為自己的朋友、喜歡對方、認為婚姻是一種長期的承諾、夫妻有共同目標等。

15. 祖父母角色具有五種積極意義：中心角色、作為長者的價值、在家族中的地位、回憶和再次參與自己的過去、獲得愉悅感。祖父母與孫輩的接觸方式主要有三種：正式型、娛樂型和疏遠型。

16. 友誼在老年期特別重要。由於年齡相仿、背景相同，老友之間最容易溝通，最能相互理解。老年期友誼的需求相當強烈，老人們應與朋友多增加聯繫和來往。

17. 老年人應對重大生活改變能力的關鍵來自家庭、朋友和社會的支持。社會支持可以幫助老年人調整自我，進入新的角色，開始新的興趣和生活方式。

18. 人格和社會性發展特徵會影響到老年人的幸福感。在自我控制感上表現為內控特點的人主觀幸福感更高；完整而積極地評價老年人的認知模式

有助於提升老年人的幸福感；當個體的人格特徵與社會情境相適合時，人們的幸福感較高；積極向上的生活目標和社會比較有利於老年人幸福感的提升。

關鍵術語表

人格特質 personality trait

自我發展 ego development

生命回顧 life review

分離理論 disengagement theory

活動理論 activity theory

社會崩潰與重建理論 social breakdown and reconstruction theory

刻板印象 stereotype

社會支持 social support

自我控制 personal control

選擇題

1. 平常我們描述一個人平靜、獨立或友好時，我們是在使用（　）。

A. 人格特質理論

B. Erikson 的心理發展階段理論

C. Peck 的心理發展階段理論

D. 認知理論

2. 下列哪些是 Costa 和 McRae 的特質理論模型所包括的人格維度（　）。

A. 神經質

B. 外向性

C. 一致性 - 對抗性

D. 隨和性

3.哪些人的理論關注自我發展，認為自我發展是人格發展的基礎（　　）。

A.Freud

B.Skinner

C.Erikson

D.Jung

4.Erikson 認為老年人面臨的主要心理社會危機是（　　）。

A. 自主對自我懷疑

B. 親密對疏離

C. 再生對停滯

D. 自我實現對悲觀失望

5.Peck 把「自我實現對悲觀失望」又具體劃分為三種發展任務，包括（　　）。

A. 分化對角色關注

B. 再生對停滯

C. 自我超越對自我關注

D. 身體超越對身體關注

6.老年人的情緒情感特點包括（　　）。

A. 會出現消極變化

B. 情感體驗比較深刻

C. 不會輕易因為一點點環境的變化而起伏

D. 持續的時間較長

7.老年人需要面對哪些適應性調整？（　　）

A. 個人價值確認的轉變

B. 體能向腦力的轉變

C. 人生關注點的轉變

D. 對青年人態度的轉變

8. 下列哪種老化的社會理論認為個體在老年期也應該繼續中年時的角色，而不是減少與社會的接觸？（ ）

A. 分離理論

B. 活動理論

C. 社會學習理論

D. 社會崩潰與重建理論

9. 下列哪項不是老年人能否獲得較高的社會尊重的社會文化因素？（ ）

A. 社會文化更傾向於個人主義

B. 社會文化更傾向於集體主義

C. 老年人是完整家族生活中的一部分

D. 老年人有寶貴的知識經驗

10. 愛情包括（ ）三個組成部分。

A. 熱情

B. 親密感

C. 責任感

D. 物質

11. 祖父母與孫輩的接觸方式主要有（ ）。

A. 正式型

B. 娛樂型

C. 溺愛型

D. 疏遠型

12. 下列哪種老年人更容易體驗到幸福感？（　）

A. 自我控制屬於內部控制傾向

B. 自我控制屬於外部控制傾向

C. 積極地評價自己所處的老年期

D. 人格特徵與社會情境相適合

第七章 老年人的心理健康與維護

　　隨著年齡的增長，老年人的身體狀況會越來越糟糕，老年人的心理健康問題也隨之越發突出。那麼什麼是老年心理健康？它的判斷標準和影響因素又有哪些？家庭是怎樣影響老年人心理健康的？面對一些常見的老年心理問題，如老年痴呆、老年憂鬱、老年焦慮，它們的主要症狀和表現是什麼？又如何進行防治？在日常生活中，應該怎麼樣對老年人的心理健康進行維護？本章主要介紹老年人的心理健康的概念和標準，家庭對老年人心理健康的影響，老年人的常見心理衛生問題，老年人心理健康的維護等方面內容。

第一節 老年人的心理健康概述

一、心理健康的概念

　　心理健康 (mental health) 也稱心理衛生，到目前為止，心理健康與不健康之間沒有一個確定、絕對的界限，心理健康的概念也隨著時代的變遷、社會文化因素的影響而不斷變化。20 世紀中期，人們普遍認為「沒有疾病就是健康」；至 1977 年，世界衛生組織將健康概念確定為「健康不僅僅是沒有疾病、身體強壯，而是身體、心理和社會適應的完滿狀態」；到 20 世紀 90 年代，健康的含義納入了環境的因素，即健康為「生理—心理—社會—環境」四者的和諧統一；進入 21 世紀，「健、康、智、樂、美、德」六個字組成了更全面的「大健康」概念，它成為幸福人生的更佳境界。

　　人格心理學家奧爾波特 (G. W. Allport) 認為健康的人不被潛意識所控制和支配，健康的個體在理性的和有意識的水準上活動，指引這些活動的力量是個體完全能夠意識到的，並且是可以控制的。

　　美國當代心理學家馬斯洛 (A. Maslow) 認為極度健康的人（自我實現者）有更高級的需要：實現他們的潛能，認識並理解他們周圍的世界，他們有成為具有完美人性以及實現他們全部潛能的「超動機」，他們的目的是擴大和豐富生活經驗，在現有的生活上增進快樂和欣喜，即自我實現。

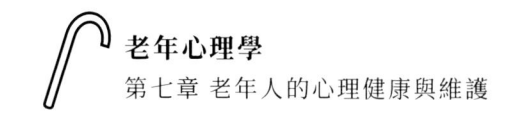

綜合前人觀點,從廣義上講,心理健康是一種高效而滿意的持續的心理狀態。從狹義上講,心理健康是指人的基本心理活動的過程內容完整、協調一致,即認識、情感、意志、行為、人格完整協調,能適應環境,與社會保持同步。

二、心理健康的標準

然而,到目前為止仍然沒有一個全面而確定的心理健康標準,因為不同的理論流派、不同的學者的觀點不盡相同。其中影響較大的有馬斯洛 (Maslow) 和密特爾曼 (Mittelman) 提出的心理健康的十條標準。

(一) 馬斯洛提出的心理健康十大標準

美國心理學家馬斯洛於 1951 年提出了判斷心理健康與否的十條標準:

(1) 具有充分的自我安全感;

(2) 能充分地瞭解自己,並對自己的能力作適當的估價;

(3) 生活目標切合實際;

(4) 不脫離周圍現實環境;

(5) 能保持人格的完整與和諧;

(6) 善於從經驗中學習;

(7) 能保持良好的人際關係;

(8) 能適度地發洩情緒和控制情緒;

(9) 在符合集體要求的條件下,能有限度地發揮個性;

(10) 在不違背社會規範的前提下,能恰當地滿足個人的基本需求。

(二) 心理學家對心理健康的界定

在中國數千年的醫療中,人們歷來重視心身關係。如《易經》中八卦的「對立統一」觀、《黃帝內經》中的「天人合一」觀以及「形神合一」觀等都有關於心身關係的論述。

許又新（2000）提出了衡量心理健康的體驗標準、操作標準和發展標準。

（1）體驗標準是指以個人的主觀體驗和內心世界為準，主要包括良好的心情和恰當的自我評價。如果一個人經常受不愉快情緒左右，看問題就容易偏執，輕者工作熱情和效率低下，無所作為，重者難免對事或人的行為反應過分；相反，如果經常保持愉快的情緒，則容易調整負性情緒。

恰當的自我評價是指個體對自身的優點和缺點有著恰如其分的評價和態度。恰當的自我評價是個體待人處事的基礎，是心理健康的重要層面。缺乏自知之明者往往把不愉快歸咎於他人和客觀因素，看不到自己錯誤的認知態度導致的不良影響。

（2）操作標準是指透過觀察、實驗和測驗等方法來考察心理活動的過程和效應，其核心是效率，主要包括個人心理活動的效率和個人的社會效率或社會功能（如工作及學習效率高、人際關係和諧等）。各種心理能力，從知覺速度到行為反應的準確度，從記憶功能的強弱到思維的敏捷程度，都可以作為心理能力的指標來判斷個體的心理健康程度。

（3）發展標準著重對人的心理狀況進行時間縱向（過去、現在與未來）考察分析。發展標準指個體有向較高水準發展的可能性，並且伴有為實現其可能性而進行切實可行的行動措施。實際年齡和心理年齡的一致程度是衡量個體心理健康的重要標準。

許又新認為衡量心理健康時不能孤立地考慮，要把這三種標準聯繫起來綜合考察。

三、老年人常見心理問題

個體進入老年後，不僅生理上發生很多正常變化，機體、各臟器（包括大腦）都開始逐漸老化，如行動不便、視力聽力下降、免疫力下降、皮膚起褶皺等，同時在心理上也發生著一系列變化。

1. 感知覺下降。不能對事物做出正確的反應和判斷，如大小、長短不分，遠近混亂，經常聽錯話、說錯話、做錯事。

2. 情緒不穩定。老人情緒波動較頻繁，對周圍的很多事物都看不慣、心煩，常會因為小事而大發脾氣，多愁善感；有的常常自以為是、固執己見；而有的老年人則變得壓抑苦悶、情緒低落、鬱鬱寡歡，對很多事都表現得淡漠，提不起興趣。

3. 智力、記憶力下降。老年人的精力和腦力不足，對於抽象概念的理解、分析、概括和計算能力都開始下降，容易出錯；除此之外，老年人的記憶力也開始下降，忘記熟人的名字，東西放下就忘，經常要找各種東西。

4. 性格改變。首先，說話開始重複，容易固執己見，想法很難轉變。第二，在心理上「返老還童」，有些老人隨著年齡增長，心理和行為會變得像小孩一樣，行為變得幼稚，思維簡單，情緒控制能力也變差。如在自己的親戚、朋友面前蠻不講理，對生活中的事物表現出前所未有的興趣和好奇心，喜歡和孩子們一起玩，貪吃零食，變得自私貪婪、愛占小便宜等。

5. 意志異常。做事經常反覆無常，盲目行動，常常虎頭蛇尾。

老年人的心理健康問題往往不是由單一的原因引起的，它摻雜著老年人自己與自己的衝突、自己與他人的衝突以及與社會的衝突。

四、老年人心理發展的主要矛盾

（一）老有所為與身心衰老的衝突

具有較高的價值觀念和理想追求的老年人，通常在他們離開工作崗位之後，都不甘於清閒。他們渴望在有生之年，能夠再為社會多做一些工作。然而，很多年高志不減的老年人，身心健康狀況並不理想，他們或者機體衰老嚴重，或者身患多種疾病，甚至有些老人的感知、記憶、思維等心理能力也迅速衰退。因此，這些老年人在志向與衰老之間形成了矛盾，甚至有可能為此而陷入深深的苦惱和焦慮之中。

（二）角色轉變與社會適應的衝突

退休、離休雖然是一種正常的角色變遷，但不同職業群體的人，對退休的心理感受是大不一樣的。對退休公務員和退休上班族的對比調查發現，上

班族退休前後的心理感受變化不大。他們退休後有更充裕的時間料理家務、消遣娛樂和結交朋友，並且有足夠的退休金和保險，所以內心比較滿足，情緒較為穩定能良好地適應社會；但退休公務員的情況就大不相同了，這些人在退休之前，有較高的社會地位和廣泛的社會聯繫，其生活的重心是機關和事業，在退休之後，老年人的生活重心變成了家庭瑣事，廣泛的社會聯繫驟然減少，這使他們很難適應。

（三）安度晚年與意外刺激的衝突

老年人都希望安度晚年，但這種美好願望與實際生活中的意外打擊、重大刺激往往形成強烈的對比和深刻的矛盾。假如一位老人突然遭遇喪偶的打擊，若是缺乏足夠的社會支持，會很快垮掉，甚至導致早亡。據統計，居喪老年人的死亡率，是一般老年人死亡率的7倍。除喪偶之外，夫妻爭吵、親友亡故、婆媳不和、突患重病等意外刺激，也會對老年人的心理造成嚴重創傷。

（四）老有所養與經濟保障不充分的衝突

缺乏獨立的經濟來源或可靠的經濟保障，是老年人心理困擾的重要原因。一般來說，由於缺乏經濟收入、社會地位不高，這類老年人容易產生自卑心理，他們性情鬱悶、處事小心、易傷感。如果受到子女的歧視或抱怨，性格倔強的老年人甚至會滋生一死了之的念頭。

生活中的心理學

五十歲才到中年

記得臧克家先生在給詩人艾青80壽辰時的祝詞中說：「八十是少年，九十是青年，百歲是中年，一百五十歲是老年。」也許有些詩人的誇張成分，但當今百歲老人已不鮮見。早在1990年，中國百歲老人就逾6000人。目前，法國百歲老人有6200人，日本達1萬多人，我們姑且認為50歲是中年也不過分。

醫學專家研究的資料表明：人的壽命可延至 120～150 歲。當然，想要活到 150 歲，必須有良好的生存環境，它包括社會大環境和家庭小環境。在這方面，日本的做法很值得借鑑。1998 年 8 月 28 日，日本厚生省公布的《1997 年簡易生命表》表明，日本人男女的平均壽命均居世界第一。其主要原因就是生存環境好，綠化稱雄於世，培育了無汙染的作物和禽畜，居民區無滾滾塵煙；家庭和美，老人多與子孫共處；良好的社交環境，老人受年輕人尊重，年輕人善學習且樂於助人。凡是百歲老人，其所處生存環境良好、家庭和睦、心情舒暢。因此，現代醫學認為，心情愉悅可以推遲人體的衰老。

儘管當今人類平均壽命與百歲的目標仍有很大差距。但是，隨著社會的文明進步，人口素質的提高，人過百歲，並非幻想。當然，這需要政府和民眾的共同努力。值得一提的是，我們有必要重新認識老的含義，用心理的年輕戰勝生理的衰老，不斷提高生命質量，注重心理養生，保持心理健康，達到延年益壽的目的。

複習鞏固

1. 試簡述心理健康的概念。

2. 簡述許又新提出的衡量心理健康的標準。

3. 老年人常見的心理問題有哪些？

4. 老年人心理發展的主要矛盾有哪些？

第二節 家庭與老年人的心理健康

老年人退休以後，家庭成為他們主要的活動場所。家庭的結構、家庭成員之間的關係以及老年人在家庭中的地位等都會影響老年人的心理健康。特別是居住在「空巢家庭」中的老年人，由於退休後與社會接觸較少，就會加快他們精神上的衰老，思維能力和判斷能力也會迅速衰退。

第二節 家庭與老年人的心理健康

一、成年親子關係與老年人的心理健康

親子關係在生命進程中是不斷發展變化的，具有階段性和連續性，從子女依賴父母到子女成年獨立於父母的平行關係，再到父母轉而依賴其成年子女，關係的方向由縱向到橫向再到縱向。成年親子關係是代際關係的重要組成部分，其對老年人的心理健康有重要的影響。

（一）親子關係與老年人積極心理結果

親子關係對老年人的健康自評有直接的影響。許多關於社會支持與健康狀況的研究表明，社會支持程度高的個體更為健康。子女對老年人的生活照料和老人向子女提供生活資料對老年人的健康自我評價沒有影響，而親子間的情感交流能夠改善老年人的健康自評狀況。促進老年人的家庭和睦和代際交流，有助於改善老年人的心理福利和健康狀況。

親子關係是影響老年人主觀生活質量的重要因素之一，也是成功老齡化的一個必要條件。有研究調查了挪威、英國、德國、西班牙和以色列5個國家75歲及以上的老人，結果表明，代際間的相互支持和家庭成員所持有的積極情感（如溫暖、親近、理解、信任、尊敬等）及其程度以及對這些情感的相互性體驗，都對老年人的生活質量具有重要的影響。

親子關係影響老年人的生活滿意度。生活滿意度是用於衡量老年人對自身生活的滿足感、生活稱心如意的程度的。老年人社交圈的縮小，使得其與成年子女、朋友的交往成為主要社交活動。老人與成年孩子交往的質量越高，其對生活的滿意度就越高。

親子關係影響老年人的自尊。自尊是對自我評價的結果，是一種積極的心理體驗。薩拉森(Sarason)認為老年人接受的社會支持越多，他們就更有能力去面對生活中遇到的問題，從而提升老人解決日常問題的信心和自尊；而賴斯曼(Reissman)認為給予子女訊息支持越多的老人，自尊水準越高，這種被兒女需要的感覺，會給予老人很大的精神鼓勵，從而使老人體驗到自身的價值，感受到自己的能力，提升自尊感。

親子關係影響老年人的幸福感。親子支持是親子間親情聯繫的紐帶，也是親情表達的一種方式。研究者王大華等（2004）對來自 4 個省市的 288 名 53～87 歲的老年人進行問卷調查，結果表明，親子支持透過影響老年人自尊感、孤獨感、恩情感，從而影響其主觀幸福感。是否親子支持越多越好呢？並非如此。代際間適量的幫助對老年人有益，但過度接受和提供幫助都可能會產生負面影響，因為這樣會侵蝕掉老人的自理能力，同時強加給老人過度的需求。此外，晚年獨身老人向子女提供適度的幫助，不會增加心理痛苦，反而會降低憂鬱和消沉。

圖7-1　老年人和成年子女在一起

（二）親子關係與老年人消極心理結果

親子關係與老年人心理痛苦程度相關。與支持性關係相比，惡性關係對老年人的影響更大。有研究者以美國老人為樣本，考察了積極交流和消極交流發生的頻率對幸福感和心理痛苦的影響，結果發現親子關係中消極的交流和父母較高的心理痛苦有關。

親子關係與老年人的孤獨感相關。孤獨感是衡量老年人主觀幸福的一個重要指標。家庭是老人重要的生活場所，親子支持會降低老年人的孤獨感。年老的父母，身體功能逐漸衰退，希望子女們給予支持和幫助，以更好地適

應老年期生活，並且非常渴望子女們孝順，無論是物質上和精神上的體現，都是對老年父母養育之恩的認可和報答，滿足了老人的生活需求，更重要的是滿足老人們心理上的需求和慰藉。

親子關係與老年人自殺行為相關。自殺行為是一種結束自己生命的極端形式。陳柏峰（2009）老人自殺的實證研究表明，代際衝突導致的自殺較多，其主流是激憤型自殺。其中原因主要有老人在衝突中處於不利地位而慪氣自殺、老人無法面對衝突帶來的巨大打擊或家庭親密關係的突然崩塌而賭氣自殺。親子衝突超越了老人的應對能力，或不孝行為突破老人的底線，老人因基本生存條件無法得到保證而自殺。家庭本應是自殺的避風港，但是老人自殺率居高不下，反思其因，與不良的親子關係有重大關聯，親子衝突是老人選擇絕路的重要因素。

（三）建立和睦親子關係，關懷老人心理健康

親子關係會伴隨人的一生，是老人的一把保護傘，代際關係的縱向和橫向的轉換，正體現了關係中強者與弱者的角色轉換、依賴者與被依賴者的改變。因此，關懷老人的心理健康，應從建立和睦親子關係著手。這需要社會的投入，以及成年子女和老年父母雙方的共同努力。

1. 增強老人自我調適能力

親子衝突和矛盾情感是老人心理痛苦的主要來源。老人需要學習瞭解自己的心理特點和發展規律，並逐步掌握這些規律，增強自我調適能力，透過學會心理自我安慰、增強自我獨立意識來進行自我調節和心理保健。老年人可以透過自我幫助來減少對成年子女的依賴，透過互助和社會交往的人際資源與支持，來提高應對代際衝突和矛盾的心理能力，促進代際和睦。

2. 成年子女傳承孝道

自古以來，傳統家庭文化強調以孝為核心，孝道的傳承要求人們安頓老人，使其處於社會尊重、愛戴、關照的優越地位，在維護家庭的和諧和穩定上有積極作用。孝要建立在平等和相互尊重的基礎之上，成年子女自覺樹立養老、敬老、愛老的責任意識，主動履行對老人的「反哺」義務，達成撫育

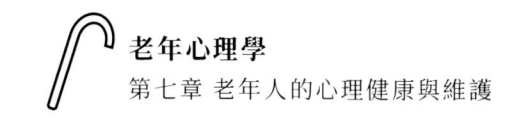

和贍養的平衡。不能只是重視物質養老，還必須重視精神養老，給予老人精神慰藉，提高老人的幸福感、生活質量和滿意度。

3. 親子溝通與協調

兩代人在態度和價值觀上會存在很大差別，對同一問題的思考角度、行為傾向也大不相同。成年子女要多以老年人的角度和立場考慮問題，多關心父母的心理感受，瞭解老年心理健康知識，理解父母感受到衰退的變化和相應的感受，以親情來彌補老人的喪失感、孤獨感，以關懷理解來消除代際隔閡，並達成代際和睦，提高老人幸福感。老年人的經驗豐富、處世能力強，成年子女可以積極請教老人，向他們學習人生的經驗和智慧，這可以提升老人的價值感和自尊自信；老人也應虛心向成年子女學習新思想和新知識，與時俱進，建立和睦代際關係。

二、空巢老人的心理健康

「空巢」(emptynest) 這一術語最早源於自然界，是指雛鳥逐漸長大展翅飛翔，並開始獨立築建自己的幼巢，母巢裡只剩下年邁老鳥的現象。空巢老人是指隨著最後一個孩子離開，家庭只剩下一對夫妻獨自生活的老年父母。它逐漸成為人類家庭生命週期中一個必不可少的階段。在這個階段，孩子完成了學業開始步入社會，而父母卻已退休，獨自留在家裡。

（一）空巢老人心理健康的基本狀況

從世界範圍來看，有關空巢老人心理健康的研究結論絕大部分都帶有消極色彩。

首先，獨自居住存在較大的社交孤立 (social isolation) 風險，透過比較空巢老人與非空巢老人的人際交往發現，空巢老人在與他人交往的過程中存在更多限制，容易產生心理紊亂；

其次，非空巢老人的幸福感指數要高於空巢老人；

第三，韓國學者尤和李 (You & Lee, 2006) 把空巢老人與非空巢老人的身體狀況、心理健康水準以及情緒狀態依次對比，結果發現，非空巢老人的

心理健康水準更高，情緒狀態更好。因為與他人同住才會儘可能多地在情感上獲得支持，在實際生活中得到幫助。

有研究者對偏遠山區空巢老人生活滿意度的調查發現，空巢老人生活滿意度較低、收入少、代際關係較差、社會支持少，同那些非空巢老人相比，他們內心更多的是感到孤獨和憂鬱，在心理上表現出更多的痛苦、不適、焦慮，並且對自我評價偏低。

空巢老人的確在情感上更脆弱，對來自外界的支持與關心更渴望，他們的心理健康問題更突出。這些突出的心理問題歸納起來有一個統一的名稱即「空巢症候群」（empty nest syndrome）。其主要表現有：焦慮、失落、憂鬱、恐懼、失眠、頭痛、食慾不良等，這些症狀如長期得不到緩解就會導致老年人性格變得孤僻、自閉，內分泌紊亂，免疫力下降，嚴重時甚至可能引發老年痴呆。

（二）空巢老人心理健康的影響因素

社會支持是維護空巢老人心理健康的重要因素之一。對於空巢老人而言，來自子女的支持應排在第一位，親人的支持常常能給老人帶來更多動力，那些單身、無子女、離異以及寡居的老人或多或少會在社會支持方面略顯劣勢。其次是鄰居，空巢老人對鄰居關係的感知直接影響他們的身體健康和幸福感。最後是同齡朋友，空巢老人一旦感到孤獨，這種獨自居住的方式就會對他們的自信心、幸福感產生不利影響，要緩和這種狀況需要建立適宜的人際關係，加強對其情感支持。

性別與婚姻狀況是影響空巢老人心理健康的另外兩個重要影響因素。首先，女性空巢老人與男性空巢老人相比，其心理健康狀況更欠佳。「空巢」即代表母親角色的喪失，更強調女性角色的轉變。如果女性對這種改變不能做出盡快調整，就容易出現適應不良的現象。相反，男性空巢老人的生活滿意度較高，他們覺得單獨居住不僅有利於自身獨立、獲得自由，而且能促進自我成長。

其次，已婚可以降低其憂鬱程度，而寡居的男性憂鬱程度較嚴重，從未結婚或沒有生育子女的女性憂鬱程度較深。總體來說，不同性別、不同婚姻狀況的空巢老人在心理健康水準上有明顯差異，特別是女性，由於與生俱來的母性本能，孩子的離開更容易使她們感到情緒低落、心情憂鬱。

經濟狀況與空巢老人的心理健康有著非常密切的關係。空巢老人如果缺少子女的經濟支持、經濟狀況不佳，常常難以確保醫療服務的質量，從而影響其心理健康、降低生活質量、增加死亡的風險。

除了上述主要因素外，還有其他多種因素對空巢老人的心理健康產生直接或間接的影響。如宗教信仰，一些研究者認為空巢老人的宗教信仰可以讓他們的精神有所寄託、轉移注意、減少憂鬱。當然，空巢老人自身的身體健康狀況也不容忽視，生理與心理二者之間緊密相連，身體狀況不佳往往也會給他們造成精神上的壓力，帶來心理上的痛苦。此外，空巢老人的教育水準會對他們的心理健康產生影響，教育水準偏高的空巢老人比教育水準偏低的空巢老人更懂得如何進行自我調節，因此他們更容易主動尋求外界幫助或透過自身適應去改變。

（三）空巢老人心理健康的維護對策

首先，改善空巢老人的經濟狀況、居住條件並保障其安全。尤其農村地區的經濟發展相對落後，生活水準較低，居住環境也較差，從根本上不能給空巢老人提供一個良好的生活環境。此外，因為沒有監護人在身邊，空巢老人的安全也存在隱患，這些都影響著空巢老人的心理健康。因此，改善他們的經濟狀況、居住條件並保障其安全成為維護其心理健康的重要對策。

其次，加強空巢老人社會支持系統的建設。空巢老人因子女不在身邊常常感到孤獨、寂寞，尤其隨著年齡的增長，他們自身解決問題的能力下降，在遇到困難的時候就特別需要其他親人、朋友或鄰居的幫助與照顧。

最後，需要政府與社會的介入，加快養老保障制度的完善，建立健全的社區服務與教育干預系統。近年來隨著家庭養老的削弱，如果沒有一個完善的養老保障體制，老人們退休以後沒有了經濟來源就會完全陷入困境。

複習鞏固

1. 親子關係對老年人心理健康有哪些影響？
2. 空巢老人心理健康的影響因素有哪些？
3. 如何改善空巢老人的心理健康？

生活中的心理學

對老年人的特殊尊重

一位剛從英國倫敦回來的學者介紹說，在倫敦，到處是女王般儀表堂堂、高貴嚴肅又親切和藹的老人。有許多老年婦女衣著得體大方、坦蕩磊落，因為她們覺得是她們的青春和智慧為這座城市建造和發展的輝煌奠的基，在那裡隨處都能看到她們創造這座城市的足跡。國家也尊重她們曾經的付出，讓她們也成為消費市場的主力軍。倫敦有許多老人用品商店，不是鳳毛麟角的一兩家，更不是老氣橫秋、專門為敷衍老人賺幾個小錢的粗糙醜陋的專賣店，而是老人的時裝店、老人的日用器皿店、老人的手工皮鞋店、老人的雨傘店、老人喝下午茶的咖啡店、老人的手杖店、老人的體育用品店、老人的首飾店等等，商業區還專設一些工作崗位來接納老人再工作，這些老人春風滿面、精神抖擻，這無形中提高了老年人的社會地位，同時也開發了老人市場，為老齡社會保險基金贏得更多的紅利，讓老人老有所養、老有所樂。

目前，在我們許多城市的商業中心，很少有專為老人的服飾用品而設計的專賣店。那些裝修得富麗堂皇的商店，都是為那些具有經濟實力的新潮年輕人設計的，根本就沒有為老年人設想過，更確切地說，那些設計師們在設計自己的產品時，也很少想到過自己年邁的父母。

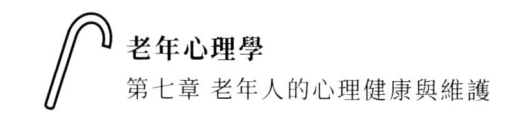

第三節 老年人常見的心理衛生問題

一、痴呆

痴呆的主要症狀為智慧衰退、記憶力喪失、動作遲緩。很多家屬把痴呆誤認為是年老的自然結果，因而只有 25% 的中度痴呆和 34% 的重度痴呆患者到醫院尋求治療。痴呆的發病率隨增齡而增加，而且受教育程度較低者、女性和農村患者的發病率較高。

（一）老年痴呆的分類

根據病因和病情將老年痴呆大致分兩類：

1. 原發性痴呆。主要指老年性痴呆，也叫阿茲海默症病 (Alzheimer's disease, AD)，它是一種中樞神經系統變性病，起病隱襲，病程呈慢性進行性，是老年期痴呆最常見的一種類型。本病女性多於男性（約 1.5：1～2：1），主要表現為漸進性記憶障礙、認知功能障礙、人格改變及語言障礙等神經精神症狀，嚴重影響社交、職業與生活功能。

2. 繼發性痴呆。主要指血管性痴呆 (Vascular Dementia, VD)，外傷性痴呆、多發性中風性痴呆和腦腫瘤性痴呆等也較為常見。血管性痴呆是老年痴呆的第二大常見形式，它是由腦血管疾病（如原發性高血壓、腦動脈硬化、腦出血、腦梗死，腦血栓、腦血管畸形等）引起的腦組織缺血、缺氧，從而導致腦功能衰退。

（二）老年痴呆的一般症狀表現

輕度痴呆期症狀（1～3 年），表現為記憶減退，對近事遺忘突出；判斷能力下降，病人不能對事件進行分析、思考、判斷，難以處理複雜的問題；做事漫不經心，不能獨立進行購物和進行經濟事務等，社交困難；儘管仍能做些已熟悉的日常工作，但對新的事物卻表現出茫然難解、情感淡漠，偶爾易激惹，常有多疑；出現時間定向障礙，對所處地理位置定向困難，複雜結構的視空間能力差；言語詞彙少，命名困難。

中度痴呆期症狀（2～10年），表現為記憶嚴重受損，視空間能力下降，時間、地點定向障礙；在處理問題、辨別事物的相似點和差異點方面的能力有嚴重損害；不能獨立進行室外活動，在穿衣、個人衛生以及保持個人儀表方面需要幫助；計算不能；出現各種神經症狀，可見失語、失用和失認；情感由淡漠變為急躁不安，常走動不停，可見尿失禁。

晚期症狀（8～12年），為重度痴呆期，表現為嚴重記憶力喪失，僅存片段的記憶；日常生活不能自理，大小便失禁；呈現緘默、肢體僵直；有強握、摸索和吸吮等原始反射。最終昏迷，一般死於感染等併發症。

（三）老年痴呆的治療和照料

照顧痴呆病人需要極大的耐心和各種應變措施，在病因尚不清晰、藥物也不能完全治癒病人的情況下，生活和心理上的呵護尤為重要。

首先，不要讓患者單獨外出以免其走失，應讓患者隨身攜帶家屬的聯繫方式，以防走失時好心人與警察聯繫，有條件的家庭可使用GPS衛星定位設備。

其次，對患者要和顏悅色，避免使用呆傻愚笨等詞語，根據不同患者的心理特徵採用安慰、鼓勵、暗示等方法給予開導。對情緒悲觀的患者，應該耐心解釋並介紹一些治癒的典型病例，以喚起患者戰勝疾病的勇氣和信心。

第三，照料者要耐心鼓勵患者做一些力所能及的家務活動，喚起其對生活的信心，延緩病情的惡化速度，切不可越俎代庖。在室內反覆帶患者辨認臥室和廁所，親人要經常和他們聊家常或講述有趣的小故事以強化其回憶和記憶。

第四，有實驗研究證明音樂能改善大腦皮層的功能，增加其供血供氧，較好地調節自主神經系統的功能，根據患者的文化修養和興趣愛好選擇性地給他們播放一些他們愛聽的樂曲，以活躍其情緒。

第五，根據患者的病情和文化程度可教他們記一些數字，由簡單到複雜，反覆進行訓練；亦可把一些事情編成順口溜，讓他們記憶背誦；亦可利用玩撲克牌、玩拼圖、練書法等，以幫助患者擴大思維和增強記憶。

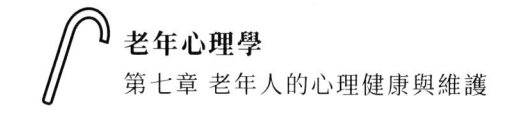

二、老年憂鬱

（一）老年憂鬱的現狀

美國 65 歲以上老年人口中，16.3% 的人有憂鬱症狀，3.23% 的人患有重度憂鬱症，其復發率高達 40%。憂鬱症患者的自殺率是正常人群的 2 倍。

（二）老年憂鬱的臨床表現

1. 情緒低落是憂鬱障礙的核心症狀。主要表現為顯著而持久的情緒低落、悲觀失望。患者常體驗到與過去明顯不同的情緒狀態，對生活沒有興趣，提不起精神，高興不起來，整日憂心忡忡、鬱鬱寡歡、度日如年、苦不堪言。在憂鬱時病人會感到絕望（對前途感到無比的失望，認為自己沒有出路）、無助（對自己的現狀缺乏改變的信心和決心）與無用（認為自己生活毫無價值，充滿了失敗，一無是處）。70% 以上的老年憂鬱患者可能有焦慮和激越，因而表情緊張、惶惶不可終日。老年患者對憂傷的情緒往往不能很好表達，有時軀體表現出來的焦慮狀態完全掩蓋了憂鬱。

2. 思維遲緩。患者思維聯想緩慢，反應遲鈍，言語少、語調低、語速慢，自覺「腦子較以前明顯不好」。輕者可以進行言語交流，多為問多答少。初始交流還可以，繼續交流就越顯困難，嚴重者無法交流。

3. 意志活動減退。患者表現為行為緩慢，生活懶散，不想做事，不願與周圍人交往。患者不但喪失以往對生活的熱情和樂趣，越來越不願意參加正常活動，如就餐、社交、娛樂，甚至閉門獨居、疏遠親友，這樣更感到精力不足，疲乏無力，以致越來越無精打采、精疲力竭，甚至連日常生活都不能自理。輕者喪失參與活動的主動性，辦事拖拉，重者終日臥床，不語、不動、不食，達到木僵狀態。

4. 嚴重憂鬱發作的患者常伴有消極自殺的觀念和行為。消極悲觀的情緒及自罪自責觀念致患者產生絕望的念頭，認為「自己是個沒用多餘的人」，進而發展到自殺行為的產生。老年憂鬱有慢性化趨勢，也有不堪忍受憂鬱的折磨，自殺念頭日趨強烈，以死求解脫。長期追蹤的結果發現，憂鬱性障礙總的自殺死亡率高達 15%～25%。

5. 軀體症狀也很常見，主要表現為睡眠障礙、食慾減退、體重下降、性慾減退、便祕、軀體某部位的疼痛、陽痿、閉經、乏力等。約有 80% 的患者有睡眠障礙，主要是中段和末段睡眠差，伴有入睡困難和噩夢，少數患者睡眠增多。典型的是早晨兩三點醒後，即陷入白天如何過的痛苦絕望之中。憂鬱心境有晝重夜輕的節律變化，早晨重，傍晚後心情平穩些，此點常作為內源性憂鬱診斷特徵之一。軀體不適症狀也較常見，如心慌、心跳、出汗、噁心、嘔吐。由於自我評價低，患者總以批判的眼光、消極的態度看待自己的過去、現在和將來，把自己說成一無是處，並堅信自己罪惡深重，將會被遺棄或受到懲罰，逐漸形成被害和罪惡妄想。性慾減退在老年人中也較常見，男性表現為陽痿，女性表現為性慾缺乏。

生活中的心理學

憂鬱自評量表

現代社會壓力很大，關注老年人心理健康的同時，也不能忽略了對自己心理狀態的觀察，來看看你有沒有憂鬱的傾向吧。

憂鬱自評量表含有 20 個項目，分為 4 級評分的自評量表，原型是 Zung 憂鬱量表（1965）。其特點是使用簡便，並能相當直觀地反映憂鬱患者的主觀感受。主要適用於具有憂鬱症狀的成年人，包括門診及住院患者。

請根據您最近一週的感覺來進行評分，數字的順序依次為「從無」記 1 分、「有時」記 2 分、「經常」記 3 分、「持續」記 4 分，* 代表反向計分。

1. 我感到情緒沮喪、鬱悶；

*2. 我感到早晨心情最好；

3. 我要哭或想哭；

4. 我夜間睡眠不好；

*5. 我吃飯像平時一樣多；

*6. 我的性功能正常；

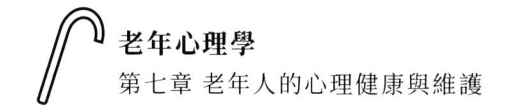

7. 我感到體重減輕；

8. 我為便祕煩惱；

9. 我的心跳比平時快；

10. 我無故感到疲勞；

*11. 我的頭腦像往常一樣清楚；

*12. 我做事情像平時一樣不感到困難；

13. 我坐臥不安，難以保持平靜；

*14. 我對未來感到有希望；

15. 我比平時更容易發怒；

*16. 我覺得決定什麼事很容易；

*17. 我感到自己是有用的和不可缺少的人；

*18. 我的生活很有意義；

19. 假若我死了別人會過得更好；

*20. 我仍舊喜愛自己平時喜愛的東西。

結果分析：指標為總分；將 20 個項目的各個得分相加，即得粗分；標準分等於粗分乘以 1.25 後的整數部分；總粗分的正常上限為 41 分，標準總分為 53 分；憂鬱嚴重度 = 各條目累計分 /80。

結果：0.5 以下者為無憂鬱；0.5～0.59 為輕微至輕度憂鬱；0.6～0.69 為中至重度；0.7 以上為重度憂鬱。以上結果僅做參考。

（三）老年憂鬱的治療與預防

大約 4%～7% 的嚴重憂鬱患者需要進行干預治療，20%～25% 的患者需要家庭護理。憂鬱症的患病率不隨增齡而增加，但漏診率較高，只有 4%～10% 的老年憂鬱患者得到治療。這是由於它難以與其他疾病區別、病

人及家屬忽視或諱疾忌醫、醫護人員缺乏相應知識或過分關注軀體症狀等而得不到及時治療。

老年憂鬱患者的家庭護理方法如下：

首先，憂鬱情緒常由精神刺激或軀體疾病誘發，因此對患者要多給予安慰、勸解、疏導和鼓勵，幫助其解除精神壓力負擔；生活上對其熱情照顧，並積極治療其軀體疾病。

其次，老年憂鬱症患者常會厭世輕生，要對其多加監護，嚴防其自殺。

第三，鼓勵患者多參加群體活動、多聽音樂等，減少臥床時間，多交朋友，常談心互助。

第四，儘量保持家庭和諧氣氛，家庭成員要多關心、支持、諒解患者。

第五，如果患者病情較重，應及時陪同患者到醫院檢查、診斷、治療。

鍛鍊可以減輕憂鬱。一項研究（Camacho, et al, 1991）調查了 8023 名老年人的運動和憂鬱之間的關係。結果表明，不參加運動的老年人，其患憂鬱症的概率會更高。學者賈龍等（2012）以有憂鬱和焦慮症狀傾向但無嚴重軀體疾病和嚴重精神疾患的老年女性為研究對象，根據研究對象個人情況，制定不同的運動方案，如登山、太極拳、民族舞蹈等。結果經過 4 週規律的運動後，研究對象的憂鬱和焦慮情緒均有顯著緩解，8 週後改善更為明顯。長期中等強度的登山運動、太極拳運動和民族舞蹈運動均可有效改善老年婦女的憂鬱和焦慮情緒。

三、老年焦慮症

焦慮症（Anxiety disorders）又稱焦慮性神經症，它是以持續性緊張、擔心、恐懼或發作性驚恐為特徵的情緒障礙，伴有自主神經系統症狀和運動不安等行為特徵。患者在心理、社會調節上存在不良的問題，工作和社會功能損害嚴重，生活質量及滿意度低。焦慮症是神經症中發病率較高的心理障礙，而老年人又是精神性疾病的高發人群，在患慢性軀體疾病的情況下，焦慮症的發病率進一步升高。

目前綜合性醫院的醫師對焦慮症認識不足，漏、誤診時有發生。約 4%～10% 的老年人存在焦慮障礙，有焦慮症狀但未達到診斷標準的約有 15%～20%。社區初級醫療機構處調查患病率約為 3%～11%。焦慮也常見於老年痴呆患者，8%～71% 的痴呆患者存在焦慮症狀，5%～21% 達到焦慮障礙的診斷標準（劉新軼，2006）。

（一）老年性焦慮的臨床表現

焦慮的臨床表現主要有 3 個方面：焦慮的情緒體驗、自主神經功能失調和運動不安。臨床上將焦慮分為驚恐障礙和廣泛性焦慮障礙兩種形式。

1. 驚恐障礙

（1）主要表現為突然的驚恐發作，這種發作反覆進行，並且不可預測。

（2）老年人突然感到情緒緊張、坐立不安，或即將失去理智，使其難以忍受，同時感到心慌、胸悶、氣急、喉頭堵塞等。

（3）可能出現大汗、口渴、心悸、氣促、脈搏加快、血壓升高、潮熱等自主神經症狀。嚴重時有陣發性氣喘、胸悶、窒息感，甚至瀕死感。也可能出現妄想、幻覺。

（4）一般突然發作，很快症狀達到高峰（10 分鐘左右），很少持續 1 小時以上，發作時意識清楚，事後能夠回憶，發作完後，症狀緩解或消失。

2. 廣泛性焦慮障礙

（1）精神焦慮：對日常瑣事過度而持久的不安、擔心、焦慮。在精神上體現為對一些指向未來的或不確定的事件過度擔心，害怕有不吉利或災難、意外或不可控制的事件發生，患者常常處於心煩意亂的恐怖感之中。

（2）自主神經功能失調：訴心悸、胸悶、出汗、呼吸困難、顫抖、面色蒼白、腹脹、腹瀉、便祕、食道異物感等。

（3）運動不安：與肌肉緊張有關，表現為緊張性頭痛、肌肉緊張痛和強直，如胸、背、肢體及全身疼痛等，常搓手頓足，坐立不安，來回走動，也可能出現入睡困難、易醒、噩夢、夜驚等。

（二）焦慮症的治療

對老年焦慮症的治療是綜合性的，藥物治療雖然是主要部分，但還應該考慮到老年人所處的環境和心理因素，如生活單調、寂寞，還有生活上的困難，這些都可能成為誘發因素。此外，老年人的軀體疾病，也要同時治療，並且要考慮到多種藥物應用的相互作用。下面主要介紹幾種常見的非藥物治療方法。

認知-行為治療（CBT）對老年焦慮症患者有效。認知-行為治療多用於治療廣泛性焦慮障礙，也有些證據顯示其對於驚恐障礙和強迫症也有效果。認知-行為治療包括心理教育、自我監測、放鬆訓練、解決問題、暴露於恐懼或消除刺激、行為活化、睡眠衛生和認知重建技巧。

當採用CBT治療時，最佳治療週期要比傳統的8～10次會談要更長些。相對而言，個體化治療比團體治療更具優勢，行為治療比認知療法要更有成效，因為個體治療在學習和應用以下技巧時要更為靈活（如調整技巧訓練的進度、簡化實踐練習、擴大書寫字體、改變重複學習技巧的時間）。採用CBT治療時，透過在會談期間提醒患者注意上次會談的問題或布置的家庭作業的方法，治療效果會更佳。

催眠療法對焦慮症的治療有效。治療方法就是透過與患者進行潛意識交流，瞭解深藏於潛意識中的焦慮根源，使其暴露於意識之中，讓患者瞭解並進行疏導、發洩，從而緩解焦慮症狀。趙豔紅等做了催眠療法對廣泛性焦慮的臨床療效對照研究，比較了催眠療法與贊安諾治療廣泛性焦慮的臨床療效，結果顯示催眠療法治療廣泛性焦慮症療效較好。

森田療法認為焦慮情緒是一種自然現象，人人都有，不用理它，症狀會自然消失。對焦慮症的治療，森田療法有兩種形式：門診治療和住院治療。門診療法是透過心理門診，使患者接受森田療法談話交流和治療指導，指導患者接受自己的症狀，不排斥它。住院治療是森田治療的基本方法。治療前先向患者講解森田住院式理論，讓患者認識到由於過度擔心而使自己整日在痛苦之中從而加重了軀體和心理的負擔，會導致病情惡化。讓患者知道這種身心交互作用是導致病情加重的動力，治療的目的就是要消除這種動力。

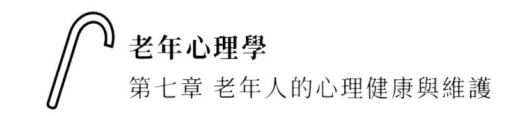

眾多的心理治療學派發展出不同的療法，這些療法的療效各有千秋。心理學者意識到，在不同的治療階段，使用不同的治療方法，其效果比單一治療更理想。如有學者建議治療開始階段採用人本主義治療手段，促進良好的治療關係；在治療中期採用精神分析，幫助或者解決潛意識層面的問題；在治療後期採用行為主義，督促患者注重現實，訓練生活技能，積極融入社會。多種方法並用已成為心理治療發展的趨勢。

複習鞏固

1. 老年痴呆症的臨床表現有哪些？

2. 老年憂鬱的特點有哪些？

3. 老年焦慮症的非藥物治療有哪些？

第四節 老年人心理健康的維護與促進

一、從成功老齡化到積極老齡化

20 世紀 60 年代，哈維赫斯特 (R. J. Havighurst) 提出了「成功老齡化」(successful aging) 的理論。該理論認為在個體的社會生活中，個體能夠獲得最大限度的滿意感，社會可以維持老年、中年、青年以及男女群體之間滿意度的平衡。

1987 年 5 月世界衛生組織 (WHO) 在世界衛生大會上首次提出「健康老齡化」(healthy aging) 的概念，認為應從軀體、社會、經濟、心理和智力五個方面來評估健康水準。健康老齡化的目標是使大多數老年人的健康預期壽命逐漸接近最高自然壽限，延遲傷殘或功能喪失的出現，縮短功能喪失的持續時間。

2002 年 4 月在西班牙召開的第二屆世界老齡大會提出了「積極老齡化」的觀點 (active aging)。該觀點認為老齡化既是成就又是挑戰，強調老年人作為社會重要資源之一，在與年輕人共享社會福利的同時，有責任和義務以

其技能、經驗和資源積極參與社會發展；強調老齡化應變被動為主動、變消極為積極。「健康、參與、保障」是當今全球老齡事業的行動綱領。

過去對心理健康的研究，過多關注心理障礙的問題，而積極老齡化的含義則更加廣泛，強調老年人的主動參與意識。積極老齡化要求老年人要積極面對生活，不僅要保持身心健康，而且作為家庭和社會的重要資源，要融入社會，參與社會的發展。

二、老年人心理健康的自我維護

學者普遍認為老年人的心理健康指老人積極、正常的心理狀態，並且對當前的自然和社會環境能夠較好地適應。對於老年人的心理健康問題，主要還是以預防為主，即從保持自我意識、培養學習興趣、維護人際關係、適應社會和熱愛勞動五方面進行自我調適。

1. 保持自我意識

自我意識是指老年人對於自己的心理、能力、情感和人格等有一個客觀的認識，透過自我觀察、體驗來評價和認識自己。老人要學會自尊、自愛、自信，要接納自己、喜歡自己、保護自己，這是老人能夠保持身心健康的前提。

2. 維護人際關係

老年人應該積極維護與他人的人際關係，透過人際交往的過程提高自身的心理水準。鑒於老年人的心理特點，應該注意以下兩點：

一是從尊重他人的立場出發，不要把自己的觀點強加給別人；

二是聽從善意的建議和批評，儘量多真誠地鼓勵他人。

3. 培養學習興趣

學習永遠不會晚。老年人的生活方式、內容都發生了很多的改變，退休、喪偶、空巢的家庭越來越多，而學習可以填補這些空虛的時光。老人們可以

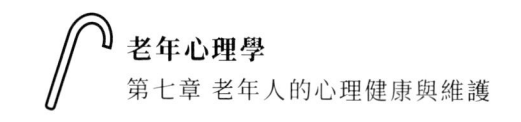

根據個人的興趣學習書法、繪畫，透過上老年大學等來滿足自己的興趣，找到精神的寄託。

4. 不斷更新觀念，適應社會

老年人一旦有了積極進取的精神，心情也會保持愉快。社會環境在不斷變化，這就要求老年人要及時更新思想觀念，積極投身到社會生活中，這也是繼續社會化的過程。

5. 參加勞動鍛鍊

老年人進行身體鍛鍊有助於維持身心健康，能夠有效延緩身體機能和心理的衰老，增強抗病能力。

三、家庭和社會對老年人心理健康的維護和促進

（一）幫助老年人正確認識和評價衰老、健康和死亡

1. 人不可能長生不老，所有物種都有其應有的生命週期

古代很多皇帝想透過吃仙丹長生不老，都只是一個美好的願望，世上沒有長生不老的藥，老年人能做的是保持一顆健康年輕的心。

2. 老年人也可以有所作為

老年人具有豐富的人生經驗，知識淵博，可以為社會、家庭發揮餘熱，實現老有所為、老有所用，從而使自己得到心理的滿足。

3. 樹立正確的健康觀

老年人只有客觀地評價自己的健康狀況，正確對待自己的疾病，積極求醫，才能促進病情的穩定和康復。很多長壽老人都有著樂觀的生活方式，健康老齡化的前提是保持身心健康。

4. 樹立正確的生死觀

死亡是生命的一個過程，死亡和衰老相鄰，誰都逃脫不了，樹立正確的生死觀，克服對死亡的恐懼，才會更加珍惜生命。

（二）做好退休的心理調節

1. 正確看待退休

老年人工作到一定年齡得從工作退休，是一個正常的經歷過程。一些研究表明，退休前做過妥善安排，有心理準備的老年人，退休後其心理適應會更快。因此，快到退休年齡時，老年人心理上準備接受退休這一事實，就會愉快轉入退休角色。

2. 避免因退休而產生的消極不良情緒

老年人離開工作崗位，各方面待遇都不如從前，心理上的落差、孤獨感都會增加，在這時老年人應儘可能多地與親朋好友交往，將自己心中的鬱悶、苦惱進行宣洩，及時消化不良的情緒，求得心理上的平衡。與其回憶過去的輝煌，不如將退休作為人生的另一個起點，繼續開拓進取。

（三）鼓勵老年人勤用腦

研究表明對老年人聽、視、嗅、味、觸等的刺激，可增進其感知覺，提高記憶力、智力等認知功能，從而降低老年痴呆的發病率，這些對於延緩腦衰老和腦功能退化都非常有用。

（四）營造良好的社會支持系統

1. 進一步樹立和發揚尊老敬老的社會風氣

政府、社會、單位、家庭及親友都應該對老年人給予安慰、關心和支持，為老年人建立廣泛的社會支持系統，形成良好的尊老敬老氛圍。

2. 滿足老年人的物質和文化需要

發展老年人服務事業，提供老齡化的服裝和食品；建立高服務水準的老年公寓、敬老院；建立老年康復中心、護理站，定期為老年人進行健康體檢；建立老年大學、俱樂部、委員會，以豐富老年人的精神文化生活。

3. 盡快完善相關立法，維護老年人的合法權益

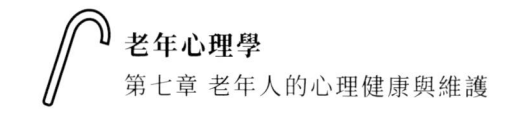

老年心理學
第七章 老年人的心理健康與維護

複習鞏固

1. 簡述積極老齡化。

2. 老年人如何對自己的心理健康進行維護？

3. 社會怎樣對老年人心理健康進行維護和促進？

拓展閱讀

心理暗示抗病作用大

一位大學教授在講台上拿起一個玻璃瓶對學生說：「瓶子裡是有異味的氣體，現在要測這種氣體在空氣中的傳播速度，等打開瓶蓋後，誰聞到這種異味，請舉手。」教授打開瓶蓋，自己很快露出聞到異味的表情，隨即看表計時。15秒後，前排同學舉起了手；1分鐘後，四分之三同學舉起了手……然而事實上玻璃瓶裡只是普通的空氣，什麼味也沒有。這就是心理學關於心理暗示的一個典型實驗。

還有一個發生在洛杉磯市蒙特利公園橄欖球場上的故事。當時，有幾位隊員出現食物中毒的現象，經推斷可能是汽水有問題，因為這些人都是在喝了汽水之後出現異樣的。之後，喇叭便開始廣播，警告人們注意別去買售貨機裡的飲料，因為有人病了，同時描述發病的症狀。

這時，整個觀眾席便發生恐慌，有人開始反胃，有人昏厥，甚至只是經過售貨機而沒有買汽水喝的人都覺得不舒服。那天救護車飛馳於球場與醫院之間，忙著載運病人。後來經過證實，售貨機中的汽水沒有問題。先前出現症狀者竟都不藥而癒了。這就是在不知不覺中影響了我們生活的心理暗示。

有國外研究者以就要執行死刑的犯人做試驗，告知被試在特殊的裝置情境下，要給他們以大量抽血的方式結束其生命，來測試人的生命能經受抽多少血。

被試不能看到卻能聽到抽出血液的嘀嗒聲，結果經過一定時間後，被試真的結束了生命。其實這一切都是虛擬的，根本就沒有給被試抽血。那麼，為什麼被試結束了生命？就是消極心理暗示摧毀了人的生命。生活中也有這

第四節 老年人心理健康的維護與促進

樣的情形，一位公司職員為趕火車，跑了一段路後心跳過速，胸部發悶，導致昏厥。本來這沒什麼大不了，他卻認為是發作了心臟病，精神緊張起來，再也不敢單獨出門。

隨後，他自訴的症狀越來越多、越來越重，以至臥床不起。這豈不是杯弓蛇影的消極心理暗示帶來的危害？相反，積極的心理暗示會產生巨大的力量，從而創造奇蹟。比如有一個人到醫院就診，訴說身體如何難受，而且身體日漸消瘦，百藥無效。醫生檢查後，發現此人患的是「疑病症」。後來，一位心理醫生接受了他的求治。醫生對他說：「你患的是一種症候群。正巧，目前剛試驗成功一種特效藥，專治你這種病的，注射一支，保證三天康復。」

打針三天後，求治者果然痊癒出院了。其實，所謂的「特效藥」不過是普通的葡萄糖，真正治好病的，是醫生語言的積極暗示以及引起積極的自我暗示的作用。又如胃大部切除的病人，痛得不得了，醫生給他打針止痛，告訴他是嗎啡，一打就好了，40% 的人完全不痛了，其實他們打的是生理鹽水。實際上，即使是打嗎啡，也只能有 95% 的人能有效止痛。然而，心理暗示就有這麼大的作用。

心理暗示就好像給人貼了一個標籤，人常常會如標籤所表明的那樣發展。有人把這叫做「標籤效應」。就身體功能來說，消極的標籤效應常常讓人沒病找病。一些老年朋友，也是因為退休後不斷跑醫院，結果真的把自己「跑」成了一個病人。哈佛大學亨利·比徹博士的一項實驗證實了這一點。實驗以 100 個醫學院的學生為被試，分為兩組，各 50 人。第一組分配了紅色膠囊包裝的興奮劑，第二組則分配了藍色膠囊包裝的鎮靜劑。實際上膠囊裡面的藥粉卻調了包，只是被試不知道。

結果兩組被試的反應都如先前所以為的那樣，吃了紅色膠囊的一組很興奮，吃了藍色膠囊的一組則很平靜。可見，是他們不同的心理暗示抑制了身體用藥後的生化反應。就是這樣，當個體自以為是怎樣時，他的神經系統便會傳達一個不容置疑的指令，命令他身體的生化功能發生相應的極大改變，這就是「標籤效應」的原理。

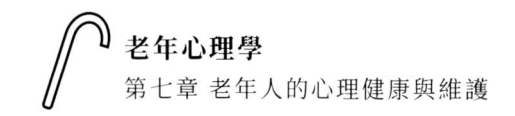

老年心理學
第七章 老年人的心理健康與維護

本章要點小結

1. 廣義上講，心理健康是一種高效而滿意的持續心理狀態。從狹義上講，心理健康是指人的基本心理活動的過程內容完整、協調一致，即認識、情感、意志、行為、人格完整協調，能適應周圍環境，與社會保持同步。

2. 馬斯洛提出的心理健康十大標準，主要包括自我安全感、瞭解自己、生活目標切合實際、不脫離周圍現實環境、人格完整、善於學習、良好的人際關係、能控制情緒、適度發揮個性、能滿足個人的基本需求等方面。

3. 學者許又新提出了衡量精神（心理）健康的體驗標準、操作標準和發展標準。

4. 老年人常見心理問題包括：

（1）感知覺下降；

（2）情緒不穩定；

（3）智力、記憶力下降；

（4）性格改變；

（5）意志異常。

5. 老年人心理發展的主要矛盾：老有所為與身心衰老的衝突、角色轉變與社會適應的衝突、安度晚年與意外刺激的衝突、老有所養與經濟保障不充分的衝突。

6. 親子關係與老年人積極心理結果：

（1）親子關係對老年人的健康自評有直接的影響；

（2）親子關係是影響老年人主觀生活質量的重要因素之一，也是成功老齡化的一個必要條件；

（3）親子關係影響老年人的生活滿意度；

（4）親子關係影響老年人的自尊；

（5）親子關係影響老年人的幸福感。

7. 親子關係與老年人消極心理結果：

（1）親子關係與老年人心理痛苦程度相關；

（2）親子關係與老年人的孤獨感相關；

（3）親子關係與老年人自殺行為相關。

8. 空巢症候群是由於子女不在身邊，年邁的老人出現的一系列心理問題。其主要表現有：焦慮、失落、憂鬱、恐懼、失眠、頭痛、食慾不良等。這些症狀如長期得不到緩解就會導致老年人的性格變得孤僻、自閉，內分泌紊亂，免疫力下降，嚴重時甚至可能引發老年痴呆。

9. 空巢老人心理健康的影響因素：

（1）親人（尤其是子女）的支持常常能給老人帶來更多動力；

（2）女性空巢老人與男性空巢老人相比，其心理健康狀況更欠佳；

（3）女性更容易出現憂鬱；

（4）如果經濟狀況不佳，會增加死亡的風險；

（5）宗教信仰可以讓他們的精神有所寄託，轉移注意，減少憂鬱；

（6）身體狀況不佳往往也會給他們造成精神上的壓力，帶來心理上的痛苦；

（7）教育水準偏高的空巢老人更容易調節心情。

10. 老年痴呆的一般症狀表現：

（1）輕度痴呆期症狀（1～3年）表現為記憶減退、判斷能力下降、注意力難以集中、學習困難、定向障礙、言語貧乏。

（2）中度痴呆期症狀（2～10年）表現為遠近記憶嚴重受損，視空間能力下降，不能獨立進行室外活動、不能計算、出現各種神經症狀；重度痴呆期（8～12年）表現為嚴重記憶力喪失，無法交流、日常生活不能自理。

11. 老年痴呆的家庭護理：

（1）防止走失；

（2）照顧要有耐心；

（3）鼓勵患者多動手；

（4）給患者聽一些他們喜歡的音樂，活躍其精神情緒。

（5）根據患者的病情進行記憶

12. 老年憂鬱的臨床表現：

（1）情緒低落；

（2）思維遲緩，反應遲鈍；

（3）生活懶散，興趣喪失；

（4）嚴重憂鬱患者常伴有自殺觀念和行為；

（5）軀體症狀也較常見。

13. 焦慮症的臨床表現主要有焦慮的情緒體驗、自主神經功能失調和運動不安；臨床上將焦慮分為驚恐障礙和廣泛性焦慮障礙兩種形式。

14. 積極老齡化承認老齡化既是成就又是挑戰，強調老年人作為重要社會資源之一，在與年輕人共享社會的同時，有責任和義務以其技能、經驗和資源積極參與社會發展；強調老齡化應變被動為主動、變消極為積極。

15. 老年人心理健康的自我維護的要點：

（1）保持自我意識；

（2）維護人際關係；

（3）培養學習興趣；

（4）不斷更新觀念；

（5）參加勞動鍛鍊。

16. 家庭和社會對老年人心理健康的維護和促進：

（1）幫助老年人正確認識和評價衰老、健康和死亡；

（2）做好退休的心理調節；

（3）鼓勵老年人勤用腦；

（4）營造良好的社會支持系統。

關鍵術語表

心理健康 mental health

空巢症候群 empty nest syndrome

社交孤立 social isolation

阿茲海默症病 Alzheimer's disease

血管性痴呆 Vascular Dementia

憂鬱症 Depression

焦慮症 Anxiety disorders

成功老齡化 successful aging

健康老齡化 healthy aging

積極老齡化 active aging

選擇題

1. 從廣義上講，心理健康是一種高效而滿意的持續心理狀態。從狹義上講，心理健康是指人的基本心理活動的過程內容完整、協調一致，即（　　）人格完整協調，能適應周圍環境，與社會保持同步。

A. 認識

B. 情感

C. 意志

D. 行為

2. 許又新（2000）提出了衡量精神（心理）健康的表徵有（　）。

A. 體驗標準

B. 成長表徵

C. 操作標準

D. 發展標準

3. 老年人心理發展的主要矛盾包括（　）。

A. 老有所為與身心衰老的衝突

B. 角色轉變與社會適應的衝突

C. 安度晚年與意外刺激的衝突

D. 老有所養與經濟保障不充分的衝突

4. 老年人常見心理疾病有（　）。

A. 老年痴呆

B. 老年憂鬱

C. 老年焦慮

D. 老年喪偶

5. 根據病因和病情將老年痴呆大致分兩類，原發性痴呆和繼發性痴呆主要指（　）

A. 帕金森氏症

B. 阿茲海默症型老年痴呆

C. 血管性痴呆

D. 焦慮型痴呆

6. 重度憂鬱患者的最大風險是（　）。

A. 食慾減退

B. 社會功能退縮

C. 自殺

D. 睡眠差

7. 焦慮可分為三大類，包括（　）三個組成部分。

A. 現實性或客觀性焦慮

B. 道德性焦慮

C. 緊張性焦慮

D. 神經過敏性焦慮

8. 2002年4月在西班牙召開的第二屆世界老齡大會提出「積極老齡化」全球行動綱領是（　）。

A. 健康

B. 和諧

C. 保障

D. 參與

9. 退休前後往往在一些老人中引起一些心理變化。有相當一部分人由於難以適應，心理上還出現一些毛病，如空虛、寂寞、焦慮、憂傷、憂鬱等，人稱為（　）。

A. 老年憂鬱症

B. 退休症候群

C. 老年焦慮症

D. 老年孤獨症

10. 老年人心理健康的自我維護主要包括（　）。

A. 維護人際關係

B. 培養學習興趣

C. 不斷更新觀念、適應社會

D. 參加勞動鍛鍊

第八章 工作、退休與休閒

　　隨著科技進步與經濟發展，越來越多的老年人選擇繼續留在工作崗位上發光發熱，不過大多數的老年人還是走上退休之路。留心觀察你的爺爺奶奶或父輩群體，他們平時的生活是怎樣的？是退休在家頤養天年，還是繼續留在工作崗位上發光發熱？你是否關注過老人們在家一天的生活起居？若是退休在家的老人，他們每天擁有大量的閒暇時間，休閒成為他們的主要活動，你看到的老人們的休閒活動是如何開展的？他們的晚年生活是否充實而有意義？無論是正在工作的老年人還是退休的老年人，在人生的夕陽階段都應過得豐富多彩，這不僅是自身發展與健康的需要，更是國家長治久安的重要命題。

第一節 工作

　　在美國，越來越多的老年人選擇延遲退休或退休後繼續工作。這些 65 歲以上的老人原本可以選擇一個氣候適宜的養老地安度晚年生活，但在當今美國社會卻活躍著一大批生機勃勃的銀髮工作族。隨著經濟的飛速發展，人們生活水準、健康水準大幅提高，對待老年生活的態度也發生了很大變化。

　　根據國際標準，當一個國家或地區的 60 歲及以上人口占總人口的比重超過 10% 或 65 歲及以上人口占總人口的比重超過 7%，則這個國家或地區就已經進入高齡化社會。迎接老齡化挑戰，實現「老有所養、老有所醫、老有所學、老有所為、老有所樂」已經成為全社會的共識。

　　特別是老年人在退休後如何做到「老有所為」，實現老年人口人力資源的利用，逐漸成為社會和學術界關注的焦點問題。在進行老年人力資源的開發時，在實現「老有所為」的眾多途徑之中，尤以退休人員繼續就業的影響最大，引起的關注也最為強烈。可以說，老年人的再就業無論對老年人自身健康長壽還是對國家的長遠發展都是有積極意義的。

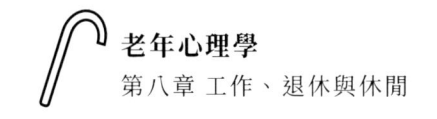

一、老年人再就業的必要性

1. 有助於減輕社會負擔和國家財政壓力

人才資源的培養需要國家與社會投入非常大的人力與財力。現代人力資源管理學認為，人的職業道路要經過培育期、成長期、成熟期、鼎盛期、維持期和衰退期這幾個階段。在 45 歲～65 歲這個階段，個體進入維持期，但是個人的職業能力依然處於較高的水準。而現有的退休制度在客觀上使老年人的工作生涯戛然而止，造成人才資源的極大浪費。如果在維持期和衰退期繼續鼓勵老年人再就業——特別是高學歷和掌握特殊技能的人才——發揮自己的技能專長，那麼個人的能力就會得到充分釋放，這就提高了人才資源利用率，從而減輕了社會的負擔，並為國家帶來很大的經濟利益。

2. 有助於緩解人才資源的結構性短缺

老年人力資源也是整個社會人力資源的重要組成部分。老年人力資源具有三大優勢：一是知識資本；二是網絡資本或者關係資本；三是老年人力資源的投入成本相對較低，收效快而高，有拿來就可用的特點。充分發揮老年人才資源的優勢，對彌補、豐富社會人才資源結構，對經濟與社會發展都能造成促進作用。

3. 有助於調整老年人的各種不良心態，促使老年人身心愉悅

再就業的老年人，在充滿朝氣、活力和流動著的社會生活中，避免了長期居家可能帶來的種種不利的心理影響，發揮餘熱的同時也豐富了自己的生活。可以說，與非再就業老年人相比，再就業老年人的生活更為充實與快樂。退休後的老年人，借助自己的一技之長，在社會中找到自己的位置，從而繼續保持與社會接觸的過程。這樣的接觸，對於老年人的晚年生活，無論是精神生活還是物質生活，都具有重要意義。透過社會參與，老年人能夠正確地進行自我認識和自我評價，同時也使社會對老年人有一個客觀正確的認識和評價。繼續就業首先可以作為解除煩悶的手段，其次是能給老年人提供獲得成功和展露雄心的機會，使其自我價值得以實現，從而可以延緩或防止衰老。

二、老年人再就業的影響因素

1. 身體狀況

影響老年人再就業最為直接的因素就是身體狀況。老年人隨著年齡的增長，生存的風險係數變大，強烈的求生慾望與身心的衰老逐漸成為主要矛盾，心理上最基本的願望是健康長壽。因此，一方面從客觀上說，老年人的體力和精力決定著他能否再走上工作崗位；另一方面從主觀意願上說，對於身體狀況的考慮是老年人選擇是否再就業的重要因素。

2. 經濟狀況

個人經濟狀況的寬裕與否同樣也是老年人想不想再就業的一個重要因素。退休後經濟狀況很好或者比較好的老年人，其重新工作的願望就不再那麼強烈；而個人經濟狀況不好的老年人，希望重新工作的比例就要高得多。其中，退休金收入的高低是退休人員再就業的重要決定因素。如果退休之後的養老金收入與待遇相對優厚，老年人就不會在異常嚴峻的就業市場中去再度勞累，除非再就業的收入比較優厚。如果其退休之後獲得的養老金非常微薄，生活比較艱苦，老年人就會不計較再就業報酬的多少，以重新獲得的這份薪資報酬去有限度地提高自己及家人的生活質量。此外，由於退休金的增長慢於在職職工薪資和物價的增長，老年人的存在為其家庭帶來了一定的經濟負擔。老年人的再就業為家庭帶來了經濟上的實惠，從而改變了自己在家庭中「經濟負擔」的地位，消除了可能由經濟問題產生的隔閡和矛盾。

3. 受教育程度

老年人的自身素質，尤其是其受教育程度是制約老年人就業的重要因素。王紅漫等人（2001）考察了 60～79 歲老年人（主要是退休的教職員工及其家屬）的就業意願。她選擇了老年人的性別、年齡、受教育程度、職業、身體狀況、經濟狀況和晚年生活觀念作為變量來考察影響老年人就業意願的因素，並得出老年人的受教育程度是影響老年人就業觀念的最重要因素的結論。其中受教育程度主要影響了老年人晚年賦閒和自我充實需求的觀念。

老年人的再就業願望強烈與否，除了與老年人的社會責任和義務看法相關以外，還與其退休後的賦閒觀念有著直接的關係。老年人的賦閒觀念包含有兩個內在含義，一是對退休後在家賦閒無事的態度，二是賦閒在家不再就業是否是智力資源的浪費問題。受教育程度越高的老年人，越認為退休在家賦閒無事可做不好，並且認為賦閒在家不再就業是對其智力資源的極大浪費。但也有研究認為，學歷對退休人員再就業的影響不顯著，因為對於老年勞動者來說，在其再就業過程中由於知識不斷更新，學歷所起的作用已經很小，招聘人員在面對老年退休勞動者時看重的是經驗、技能而不是學歷。

生活中的心理學

忙碌的老人

海倫·哈姆倫今年已經89歲了，但身體仍然很強健。作為聯合國國際老齡聯合會的一名代表，她每天都在忙碌地工作，甚至都沒有時間去看望子女。在她的日程表上，白天的會議和夜間的約見都安排得很緊湊，海倫不遺餘力地為老年人和女性權益而奮發工作。她被同事戲稱為「周遊世界的美洲灰豹」，不停地奔波於馬德里、墨爾本和哥本哈根之間。下個月，她還要去布拉格參加第11屆全球老齡化會議。海倫現在還能熟練地開車，但為了保證安全，晚上就不開了，改為坐地鐵上下班。

作為一名退休再就業的社會工作者，海倫將自己旺盛的精力首先歸功於活到92歲的母親，其次就是以為他人服務為榮的觀念。海倫周圍的同事都是年輕人，這讓她覺得自己的心態也很年輕。在稍有閒暇的晚上或週末，海倫就會去看電影、參觀博物館、聽音樂會。海倫現在走起路來步伐還非常輕快，她給大家的建議就是：每天忙碌一些，但要照顧好自己。經常去看醫生，遵從醫囑。她說：「我是一個非常幸運的人，我希望能活到115歲！」

三、老年人再就業的心理學基礎

對於老年人能否繼續參與社會活動、能否再就業，主要的爭論在於老年人在生理、心理方面發生的退行性變化是否會對繼續參與工作產生消極影響。進入老年期後，個體的認知活動，特別是感知覺和記憶能力通常會發生一定

程度的退化，不過老年人記憶方面的衰退是可以延緩和彌補的。另外學者對老年期的智力是否降低也存在不同看法，一些人認為 20 歲之後智力水準就開始顯現下降的趨勢，但同時也有研究顯示在 60 歲以後智力水準衰退並不明顯，並且老年人的智力也有一定可塑性。這些相關心理學研究都為老年人再就業的可能性提供了一些證據支持。

老年人保持較好的認知功能可以補償減退較早的認知功能。具體體現在雖然與速度及空間關係整合有關的液體智力隨增齡減退較早，但表現在知識、理解、判斷力等方面的實用性晶體智力則保持較好。保持較好的晶體智力可以彌補衰退的液體智力帶來的不足。許淑蓮等人（2000）的研究發現，訓練老年人運用「製造意義練習法」可以使機械記憶衰退的老年人用已有知識經驗完成記憶作業，其成績有顯著提高。索薩斯 (Salthause, 2000) 的研究發現，雖然老打字員的按鍵速度比年輕打字員慢，但是他們善於運用「一次多看幾行」的策略，因此仍然能取得優良成績。

在老年人再就業過程中，很多人認為老年人存在反應速度慢、機械記憶差等劣勢，但老年人豐富的知識經驗及較強的理解能力可以彌補這些不足，從而達到跟青年人差不多的工作水準。特別是在專業性較強的工作領域，老年人透過多年的經驗和實踐積累瞭解決問題和做出決策的許多辦法，這個「知識寶庫」使他們面對問題時足以跨越年輕人需要經過的不少步驟。這些老年人用他們的專長補償了他們的缺陷。

另外，老年人的認知功能還有很大的可塑性。相當多的關於老年人認知功能可塑性的研究結果一致表明，60～80 歲的老年人經過學習訓練，他們的記憶或智力測驗成績可達到未經訓練的青年人水準。沙因（1986）的著名縱向研究表明，在對老年人進行推理測驗和空間定向測驗訓練後，老年人已衰退的認知功能得到逆轉，且尚未衰退的認知功能得到提高。

除此之外，在人格方面，雖然老年人對新鮮事物的開放性比青年人低，但他們的神經質分比青年人低，和諧性分比青年人高，外向性和認真負責方面與青年人相近，這都表明他們情緒穩定，能與人友好交往，對目標任務自覺安排。除自覺記憶等能力下降外，精神狀態、自我力量和自我意識都和青

年人相近，自尊和自制這兩方面比青年人強些。這些都是心理健康並能繼續有成效地做出貢獻的基本條件。從古至今，對於老年人的印象都是沉穩、和藹且充滿生活智慧的，老年人經歷了生活的風霜與歲月的洗禮，他們所表現出來的穩重、智慧都是青年人所不能及的。現如今在一些工作領域，如學術領域、政治領域，老年人都發揮著舉足輕重的作用。

複習鞏固

1. 請簡述老年人再就業的心理與社會意義。
2. 請簡述老年人再就業的影響因素。
3. 老年人是否有能力再就業？請簡述老年人再就業的心理學基礎。

第二節 退休

傑米在一家公司工作了 30 年，65 歲的他打算在今年退休，享受退休生活。但是，由於近期美國社會保障政策的改變，他必須工作到 66 歲才能拿到他全部的社會保障金，因此他不得不把退休計劃延遲到 66 歲。傑米的妻子普里西拉也與他一樣將在同一年離開工作了二十多年的崗位，正式進入退休生活，並且兩個人都將拿到一筆可觀的養老金。更加幸運的是，由於普里西拉當年在政策鼓勵下決定在女兒上高中以後開始全職工作，因此，他們每個月又可以從原公司獲得一定的養老補助。

這些養老金足以使傑米夫妻倆衣食無憂，安度晚年生活。傑米打算一退休就先與妻子一起去很多地方旅行，然後搬到一個遠離城市的安靜鄉村裡好好規劃他們人生的金色夕陽生活。傑米計劃他們的晚年生活應該包括休閒、安頓整理家務和一定程度的社區志願工作。

一、什麼是退休

有的人選擇到了花甲之年還繼續留在工作崗位上發光發熱；有的人選擇從事一份過渡性的兼職工作，以便更好地適應從繁忙工作生活到閒暇生活的轉變；而有的人，就像前面提到的傑米和妻子普里西拉，他們選擇徹底地離

開有償的工作崗位,享受閒適的晚年時光。那麼,究竟什麼是退休?退休的意義為何?是什麼導致不同的人選擇不同的退休生活呢?

退休是指勞動者根據國家有關規定在一定年齡停止有償勞動的一種社會制度。退休是人生中的里程碑與轉折點,是人生的一個新的階段的開始,意味著老年人從忙忙碌碌的工作生活到安逸休閒的居家生活的轉變。每個人對自己的退休生活都有著不同的打算,每個人從什麼時候開始規劃自己的退休生活也大不相同,不過人生的退休階段都將經歷社會勞動參與減少、職業生涯終止、養老金和自我概念的轉變。

有著長期穩定工作的個體面臨退休時會比較容易適應這個轉變的過程,他們通常會較為主動地選擇退休,並在離開工作崗位時較為容易接受自己已經退休這個事實。前文中所提到的傑米夫婦正是如此,他們主動地選擇何時退休,並積極地安排規劃自己的退休生活。但是,實際上有不少個體的退休並不是自主自願的,很多時候由於身體健康狀況、人事變動、公司裁員或者出於照顧其他家人的義務而不得不退休。有研究表明,在非自願退休人群中,女性群體占大部分。

二、退休帶來了什麼

這是由於女性群體大多承擔著照顧孩子和年老父母的責任,因而她們的職業生涯總是因為外界原因而停止。因此我們很難分辨這種離開職場的行為是暫時性的職業中斷(只是新、老工作間的間隙)還是退休。這類人群退休情況較突然,缺少主動應對的過程,更多的是被動接受,因此他們面對突如其來的變化通常較難適應。

觀察個體在退休後發生的變化是件比較困難的事,因為我們沒法控制個體是否退休或者何時退休。對於那些因為公司裁員或者自身健康問題而非自願退休的人來說,離開原先熟悉的工作崗位、無法繼續發揮自己的專長、與相處多年的同事情誼中斷,這些都會對個體的身心健康產生消極影響。相反,對於自願退休的老年人來說,退休在他們心裡是預先有準備的而不是突如其

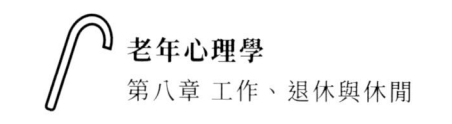

來的，他們有足夠的時間來認識到這是人生的必經階段，因此退休所帶來的消極影響會小得多。

為了研究退休在社會心理學角度上帶來的影響，賴茨、馬特姆和費爾南德斯 (Reitzes, Mutram & Fernandez, 1996) 進行了一項長達兩年的縱向研究，此研究在兩年中每六個月對 757 名男性、女性老年員工（其中 83% 為歐裔美國人，年齡為 58～64 歲）的自尊和憂鬱水準進行測查。在兩年中，有 299 名被試經歷了從全職工作到退休的轉變，剩餘被試則繼續留在工作崗位上。對比退休與未退休兩組被試的成績發現，兩組的自尊水準分數在兩年中都維持相對穩定，但是憂鬱水準的分數存在顯著差異，已退休組的被試憂鬱水準顯著低於未退休組。這或許是因為已退休的老年人在工作方面的壓力明顯減輕。

赫佐格、豪斯和摩根 (Herzog, House & Morgan, 1991) 對 1339 名 55 歲以上個體調查發現，個體對自身勞動參與程度的選擇自主性對個體身體健康和幸福感有較大影響。個體對勞動的參與程度的選擇有以下幾種方式：全職工作、兼職工作、不工作。當個體可以自己支配、自由選擇自己的勞動參與方式時，健康水準和幸福感都將有所提升，相反，如果個體不能自由支配自己的工作時間和工作量，往往會對身體健康和幸福感產生消極影響。也就是說，自願退休的老年人他們的幸福感和身體狀況或許會高於非自願選擇退休的老年人。

當一個人失去了扮演多年的職業角色，改變了熟悉的生活軌道，無論對退休是否有準備，在剛剛步入退休生活階段還是難免會出現心理甚至生理上的不適應。那麼這種社會角色的轉變是否會帶來自我認同方面的問題，造成自我同一性危機，從而對心理生理帶來負面影響呢？弗萊徹和漢森 (Fletcher & Hansson, 1991) 認為，一些個體在預期或者面臨退休時的確會有焦慮情緒產生，不過工作角色的缺失一般不會造成自我同一感危機。這是因為大部分人都能較好地將他們在職時期的社會角色和社會關係轉移。

對於大多數的老年人來說，退休前後的幾年時間是一個重要的過渡時期。在剛剛退休後的幾年，他們內心的社會角色依然會得以延續，這樣使得個體

從在職到退休在心理上不會有太大落差。比如說，老教師退居二線後，他們內心依然認同自己的教師角色，依然會覺得自己是教師團隊中的一員，儘管他們已經離開原來的學校和班級。

除此之外，退休對夫妻關係還會造成哪些影響呢？威尼克和艾科泰特 (Vinick & Ekerdt, 1991) 對雙方都已退休的 55 歲以上夫妻進行了研究。其中，男性普遍反映退休後他們在家務中的分工更多了，並且絕大多數夫妻反映他們共同參與的休閒活動明顯增多。大約有一半的女性表示丈夫退休後自己的個人活動時間明顯減少，不過其中大多數人稱她們已經適應這樣的生活。現如今，全職工作的女性越來越多，面臨退休選擇的女性也隨之增多。在雙收入家庭中，夫妻雙方共同規劃安排、相互協調的退休生活並共同分擔家務，這樣可以使夫妻雙方幸福感提升。

三、退休規劃

退休絕不是一個突發事件，也不是一個突然的決定。艾科泰特（2004）指出，如果你認為退休還只是一個人到老年才會提及的事情那就錯了，現在，中年人甚至青年人也應該開始規劃自己的退休生活，最起碼要從經濟上有一個長遠的規劃。阿奇利 (Atchley, 1994) 提出退休應該分為 6 個階段，分別是退休前階段、短暫和諧階段、覺醒階段、再定位階段、穩定階段、終止階段（圖 8-1）。

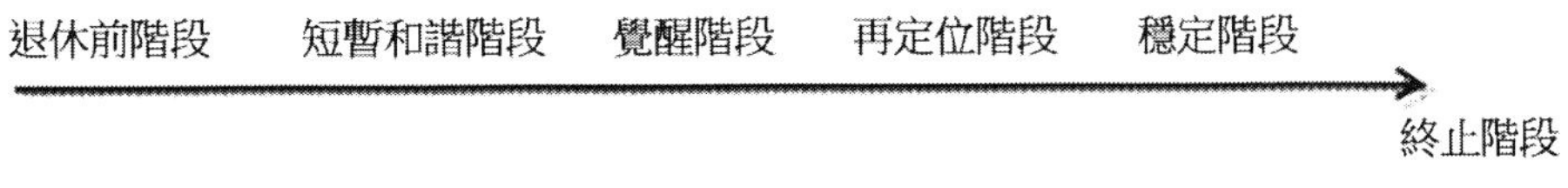

圖8-1　阿奇利的退休6階段

在退休前階段，個體開始對退休做長遠打算，並逐步細化、推進這些計劃。一旦退休之日到來，一些個體從繁忙的工作中得以解脫，他們通常會為自己安排一系列與自身興趣相符的、有意思的休閒活動，開始進入短暫和諧階段。在這個階段中，退休的老年人會嘗試許多之前沒有時間、沒有機會去做的事，大部分人會選擇去遊山玩水，或者出國走走。這個階段一般不會持

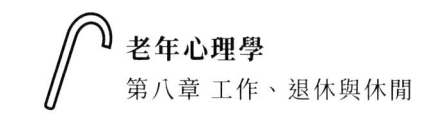

續太久，時間長短取決於老年人的身體狀況和經濟條件。在短暫的和諧階段以後，老年人開始進入覺醒階段。這一階段中個體往往會產生低落、無聊甚至是憂鬱的情緒，心理問題大多在這一階段產生。

如果不良情緒能夠及時得到排解，老年人會進入再定位階段，即為生活尋找一個新的、基於實際的、有建構性的方向。他們開始發展出新的愛好或者繼續自己之前的特長，並且樂於拜訪之前的老朋友和結交新的志同道合的朋友。還有些老年人志願參與社區義務勞動，豐富充實自己生活的同時提高自身的意義與價值。一旦這些安定的、閒適的生活習慣養成，個體的退休生活便進入到一個穩定的階段。

不過，有一些老年人的退休生活會走入終止階段。通常當他們退休後的社會角色無法滿足自身的需求時，老年人會試圖終止這種閒適生活，而選擇重新從事一些勞動活動。有一位91歲的老人便是這樣的個體之一，儘管已經年過古稀，但他不安於無所事事的退休生活，而是選擇到商業街上的一家麵包店當銷售員。在他兩年的工作時間裡，儘管他每週僅工作16～20個小時，他還是多次獲得「月銷售之星」稱號。對於這位老人來說，工作為他帶來快樂和成就感，使他的晚年生活再次迸發活力。

四、退休心理問題

張老伯，62歲，退休前曾是公司裡的主要負責人。退休後，曾被公司再次聘用一段時間繼續擔任部門負責人工作。去年張老伯徹底告別了公司，回到家裡養老。起初在兒女的勸說下，他曾到公園老年人較多的地方轉了幾天，但是很快就不再出門了，整天悶在家中，不與別人來往。漸漸地，兒女們發現，父親的性格有了很大的變化，愛生氣、愛嘮叨，對一些社會現象經常看不慣、憤憤不平；每次到原公司辦事回來後，他還常常嘮叨：「要是我當主管，肯定不會這樣……」尤其是到了年節，來登門看望老張的人明顯少了，老張更是滿腹感慨、情緒低落。兒女們不知該如何勸慰父親，於是向心理醫生求助。

第二節 退休

李阿姨，58歲。退休前在公司裡任處長，是個女強人。退休後，李阿姨情緒低落，總是懷疑自己得了疾病。兒女領她到醫院做了全面的檢查，檢查結果卻是很健康。在醫生的提示下，兒女求助於心理醫生。

儘管多數老年人在走入退休生活後都能在一段時間以後適應，但是在這個過程中還是有不少老年人會遇到一些「麻煩」。有研究發現，對退休角色轉換感受十分消極的人多處在兩個極端位置上，即社會地位高、受教育水準較高、收入水準較高的人和社會地位很低、受教育水準很低、收入很低的人。

如上文案例所提，張老伯和李阿姨退休前都曾是原先公司中的第一把交椅，都是優質人才，由於退休後生活反差很大，變化極其顯著，他們都產生了對退休生活適應困難的感覺。而後一種人對退休的適應不良，主要是由於退休後的主要經濟來源是養老金，比原先的薪資低，再加上本來家庭經濟狀況就比較困難，退休後生活水準更是大幅下降。有研究表示，退休與憂鬱、焦慮等消極情緒的出現並無直接聯繫，經濟收入的降低才是退休引起的最主要、最普遍的問題。人們對退休的消極反應很大程度上來源於經濟狀況的惡化。因此，建立健全的社會養老保障制度，保證足夠的養老金，會對個體的退休體驗帶來很大影響。

生活中的心理學

退休老人心理狀況小自查

你是否覺得記憶力比大多數人差？

你是否情願待在家裡而不肯去做些新鮮事？

你是否大多數時間感覺精神好？

你是否覺得平常日子空虛？

你是否常有無助的感覺？

你是否以為如今活著很愜意？

你是否常感到厭惡？

老年心理學
第八章 工作、退休與休閒

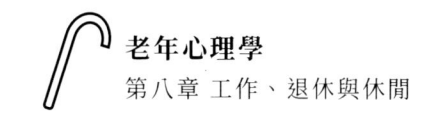

你對平常日子基本上滿意嗎？

你是否懼怕會有可怕的事落到你頭上？

你是否大多數時間感到不高興？

你是否拋棄了許多活動和愛好？

若老年朋友們對上述症狀的回答大多是肯定的，那麼您就需要對您的心理狀況多加警惕了，或者及時向心理諮詢師尋求幫助。

那麼，有什麼切實可行的方法能夠使老年人更好地面對退休所帶來的一系列心理問題呢？

1. 隨角色改變，調整角色行為

一個人的主要社會角色隨著年齡變化而發生改變。退休以前，個體往往在社會、家庭中扮演「主角」，但一進入老年期退休以後，不但生理功能有所減退，在社會、家庭中所肩負的責任也發生了變化，由「主角」逐漸轉變為「配角」，從一個家庭支柱轉變成為賦閒養老的老年人，從有規律的在職生活轉變為悠閒的家居生活。因此，有許多退休老人感到不習慣或心理上無所適從，一時難以適應這種「清閒」，從而產生了孤獨感、寂寞感，造成心理衝突或心理矛盾，導致老年性憂鬱症和其他心因性疾病的發生。因此，老年人應主動適應角色改變、調整角色行為。

能否主動適應角色的改變，是老年人能否適應新的環境、安度晚年的關鍵。如果老年人不能適應，可能會因自己的行為方式與角色不相稱而增添麻煩、遭受挫折、影響心身健康。如某局長，退休後不適應角色變化，仍覺得自己是局長，仍以局長的「身份」參與集體活動，指揮別人，自然與周圍環境不協調，因而遭到冷落，出現強烈的情緒波動，造成睡眠障礙。所以老年人應面對現實，審時度勢，根據自己的角色變化，來採取相應的行為方式。

除了對角色轉換的適應，老年人還應該瞭解角色期待、調整角色行為。角色期待是在社會或群體中每個人提出符合自身身份的要求，角色本人應瞭解這種期待，及時調整自己的行為，才能和周圍的人保持融洽的關係。如某

主任離休後,他熱愛集體,關心單位的發展建設,經常以普通一兵的身份回到單位和基層人員促膝談心,解決他們的思想問題,幫助協調上下級關係,獲得了大家的一致好評,他本人也心情舒暢,樂在其中。

2. 正確認識,盡快適應退休生活

退休是一種社會現象,也是生理規律的必然。如果不能很好地適應,退休有可能造成個體不同程度的「失落感」,悵然若失或煩躁不安,出現厭倦、憂鬱、焦慮及生理功能失調等「退休症候群」。但如果能積極進行心理調整,主動適應離休生活,上述情況則可以避免。

在退休之前,個體應做好退休前的思想準備。接近退休的老年人,要適當學習有關老年心理學的知識,瞭解退休後老年人的心理變化特點及適應方法,對退休後的生活、活動時間安排要給予具體考慮,以便做好主動適應。

除了心理準備外,老年人還應做好退休前的工作準備。接近退休的老年人要根據自己的特點和特長,主動培養自己的愛好,如書法、繪畫、閱讀、資料積累、文體特長、科技特長等,以便退休後仍能在社會生活中發揮積極的作用,使自己的生活過得愉快而充實,消除失落感。

3. 妥善處理人際關係,克服孤獨感

退休後,老年人由於生理功能的減退,活動能力的逐漸降低,與原來工作單位的聯繫減少,加之子女長大成人大都工作在外,因此人際交往範圍驟然縮小,很容易感到孤獨、憂鬱,從而成為影響其心身健康的重要因素。所以,老年人應認識到退休後人際交往的變化是客觀存在的,應逐漸努力建立新的人際、在新的內容上進行交往,以克服孤獨感。首先,增加與周圍同齡人或同行的交往,安排一定的時間和周圍的同齡人或同行聊天、散步或進行其他活動,多參加一些有益的社會活動,多交幾個知心朋友,以維持和社會的接觸。

其次,人到老年,雖然退出了工作崗位,但仍是社會一員,仍應關心國家大事、關心社群,不要自我疏遠。老年人應量力而行,儘可能為社會、為他人做點事,如做義務保健員、義務郵遞員等,這樣既充實了自己的生活,

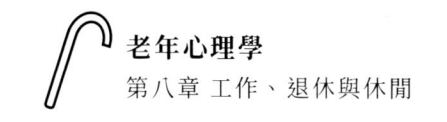

又克服了退休後出現的遠離熟悉群體的孤獨感。此外，在家庭生活中，應盡自己所能，關心、體諒其他成員，對家庭大事要發揚民主精神，小事應儘量隨和，以保持家庭各成員間融洽和諧的氣氛，安享天倫之樂。

4. 正確對待衰老和疾病，增強心理承受能力

進入老年後，個體各種生理功能都進入了衰退階段，如形態的老化、感覺器官功能下降、神經運動功能緩慢、記憶力減退等，而對衰老症狀的自我感受和認識，反過來又會影響衰老的進程。有的老年人察覺或意識到衰老，過多地關注自己的健康，就容易焦慮多疑，心情沮喪、頹廢，從而加速衰老。

因此，對這些必須正確認識和對待。首先要識老、服老，合理、實事求是地安排工作、學習和生活，避免過分勞累和緊張；但又要不畏老、不服老，切忌憂心忡忡、意志消沉，甚至產生老朽感、末日感。實際上，人到老年，雖然生理功能多有減退，但就整體心理能力而言，多數老年人在完全衰老以前，不僅可以繼續保持學習的能力，而且智力水準還可以因知識和經驗的積累有所提高，不少70～80歲的科學家、政治家還能對社會做出積極貢獻，所以退休老年人應克服人為的自我頹廢心理，振奮精神，繼續為社會發揮餘熱。

其次，人到老年，各種疾病，特別是老年性疾病的增加，對身心健康有一定的影響。對疾病的態度，一是要警惕，二是不要懷疑、憂慮。在身體狀況有變化或感到不適時，要重視，及時檢查，發現疾病及時診治；但是，也不要稍有不適就終日憂慮，甚至懷疑自己得了不治之症，以致讓疑慮憂鬱損害自己的身心健康。

5. 保持良好的情緒，增強心理應對能力

情緒是心理因素中對健康影響最大、作用最強的成分，因此，培養健康的情緒、注意情緒的緊張適度、使情緒有適當的穩定、保持心理平衡，對老年人的心身健康起著決定性的作用。

善於控制自己的情緒，保持平和淡定的心境。退休老年人會因為生理和心理等因素而陷入失落、低迷、煩躁或是憂鬱等消極情緒中去。在這種情況

下，老年人就應該學會適當地自我調節，使自己能夠保持樂觀、平和的心境，控制自己的情緒，避免因過大的情緒起伏而引起不必要的疾病。

善於處理心理矛盾，避免焦慮。退休老年人有心理矛盾或感到憂傷、絕望時，應向家人朋友傾訴或發洩，增加「心理透明度」，這樣有助於心理問題的迎刃而解，也可以減輕鬱悶、壓抑的心理；此外，當情緒不好的時候，還可以採取轉移注意力的方法，如從事自己最感興趣的活動、看喜歡的書、欣賞音樂、和知心朋友聊天、參加有意義的社會活動等，這樣有利於消除或減輕心理壓抑。

總之，充分認識和明確角色的改變，學會自我調節，合理安排自己的生活與學習，適時合理宣洩消極情緒，保持愉悅的心態，逐漸培養、建立心理適應能力和心理承受能力，以健康的心態對待，才能讓自己的晚年生活幸福快樂。

複習鞏固

1. 列舉退休的幾個階段。

2. 你是否也設想過自己的晚年生活？請談談自己的退休生活規劃。

3. 如何克服退休心理問題？請談談你的看法。

第三節 老年休閒生活

老年人離開工作崗位，正式進入退休生活，其生活的主旋律由工作轉為休閒。想想我們家裡的老人，他們的閒暇時光都是怎樣度過的？是讀書看報、健身習畫，還是撲克牌麻將、鄰里閒聊？他們過得是否充實而有意義？是什麼影響了他們的休閒生活質量？

一、休閒概述

休閒對於每個人來說都是必經的生活體驗，但是每個人的休閒方式又大有不同。對於退休的老年人來說，休閒更是生活中的重要部分。那麼，究竟什麼是休閒？休閒的概念沒有統一的界定，學者們由於各自研究的出發點不

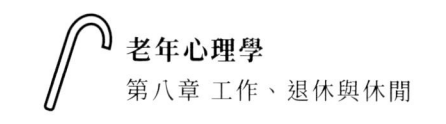

同，所界定的概念也不相同。筆者在此傾向於樓嘉軍（2005）對休閒的概念界定：所謂休閒是個人閒暇時間的總稱，也是人們對可自由支配時間的一種科學和合理的使用。休閒活動雖然與人們所從事的日常工作毫無關係，但與勞動並不衝突，休閒活動是人們自我發展和完善的途徑。

卡瓦納（Cavanaugh, 1990）的研究表明，隨著年齡的增長，個體更多地從需要較強身體運動的休閒活動轉向需要少量身體運動的休閒活動。對於青年人來說，他們更傾向於尋求緊張、新鮮、刺激的休閒活動；中年人則多集中於家庭中的緊張度較弱的休閒活動；對於老年人來說，他們的休閒活動選擇範圍更窄，緊張度更弱。造成以上差異的主要原因在於老年人的身體狀況大不如年輕人，而且對新鮮事物的感興趣程度也大幅降低。

不過對於老年人來說，休閒活動所占生活之比重遠比年輕人多。據調查，在業人員的人均休閒時間為每天 3～5 小時，而已經退休的老年人閒暇時間容量最大，除了滿足基本生理需要和家務時間外，每天大多有 8 小時以上的自由支配時間。所以，合理安排閒暇時間、積極參與休閒活動，對於豐富老年人的晚年生活、提高老年人的生活質量，有著非常重要的意義。

二、影響老年人休閒生活的主要因素

（一）性別的影響

不同性別的老年人在休閒時間擁有量、休閒活動方式上都存在著較明顯的差異。有調查顯示，男性老年人的休閒時間平均每天為 592.1 分鐘，女性老年人為 502 分鐘。這一方面顯示出老年人在休閒時間擁有量上比較充裕，另一方面也反映出男女兩性老年人在休閒時間擁有量上存在著不平等現象。家務勞動時間是影響休閒時間的一個重要因素，家務勞動時間越多，休閒時間就會越少。而家務勞動時間又與性別有著密切的關係。傳統的社會性別分工觀念認為「男主外，女主內」，把家務勞動看成是女性的職責，並主要由女性來承擔。

在調查中，男性老年人平均每天的家務勞動時間為 134.8 分鐘，女性老年人則為 269.3 分鐘，女性老年人的家務勞動時間遠遠多於男性老年人。男

女兩性老年人在休閒活動中之所以會出現這些差異，除受到男女兩性本身的性格特徵影響之外，更多的是受到休閒意識、收入和文化程度等影響。受傳統社會性別觀念的影響，女性老年人的休閒意識弱於男性老年人，她們習慣於將丈夫和孩子的需要放在第一位，而且往往總是覺得有許多忙不完的事情，難以去享受休閒。同時，她們的收入和文化程度也低於男性老年人。

在被調查的老年人中，有57.6%的男性老年人個人月收入在1000元以上，而只有42.4%的女性老年人屬於這一範圍；從初中及以下文化程度的人數來看，女性老年人的比例是41.3%，而男性老年人的比例只有28.2%。收入和文化程度的偏低，嚴重地制約了女性老年人休閒意識的提高和休閒技能的培養。

（二）收入的影響

收入對老年人休閒的影響體現在休閒方式的選擇和休閒消費的支出上。家庭經濟狀況對城市老年人的休閒生活質量有著重要的影響。經濟狀況會影響到老年人休閒時間的擁有量。在調查中發現，城市老年人個人月收入與家務勞動時間和休閒時間都具有相關性。個人月收入越高，其家務勞動時間呈現出減少的趨勢，而休閒時間則呈現出增加的趨勢；個人月收入越低，每天家務勞動時間越長，而用於休閒的時間則相應減少。收入偏低使老年人不得不在家務勞動上多消耗時間。

同樣，休閒活動的開展也需要一定的經濟基礎。在外出遊玩等需要一定花費的休閒活動方面，個人月收入高的老年人的休閒活動比較豐富。而低收入老年人的休閒活動則主要集中在不用多少花費的諸如看電視、散步、下棋、打牌、聊天等項目上，對一些需要有一定支出的如外出遊玩，到體育場館、娛樂場所活動等則很少參加，這是因為長期的低收入使他們為生計而操心，限制了他們的休閒支出，也在一定程度上影響了他們的休閒意識。

收入稍高些的老人就有可能選擇花費較多的休閒方式。當然，單純的月收入不能充當休閒花費的決定因素，還要受休閒消費觀念以及月收入的滿意程度的影響。由調查得知，雖然樣本老人的收入處於中低層，但是收入的滿意程度卻相對較高。

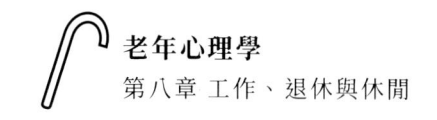

（三）文化程度的影響

一個人的休閒生活質量與其文化程度有著密切的關係，不同文化程度的人會形成不同的需要和滿足機制，從而選擇不同的休閒活動方式。從調查中可以發現，文化程度越低的老年人，「無事休息」的時間越長；文化程度越高的老年人，從事休閒活動的項數越多，特別是參與提高型休閒活動的人數與投入的時間都呈現出增加的趨勢。同時，文化程度低的老年人，一些相應的休閒技能也比較缺乏，因而造成了他們的休閒活動內容的單調化，使他們在休閒活動的內容和結構上不協調，純粹的娛樂消遣性活動過多，而用於提高型休閒活動的時間則太少。

總體來看，文化程度越高的老年人，其休閒意識越強，對自己休閒時間的利用更有計劃性、更具效率，從而其休閒質量也相對較高。受教育程度的不同也會在很大程度上導致收入的不同，而且一般來說，受教育程度較高的老人會在休閒觀念上更加積極，而且也會選擇更加豐富的休閒活動類型。

（四）社區環境的影響

老年人的日常休閒活動主要是在離家較近的範圍內進行，而社區就是他們的一個主要活動場所，社區環境的好壞會影響到老年人的休閒生活質量。社區環境既包括社區的自然環境，也包括社區的人文環境，兩者對老年人的休閒活動都會產生一定的影響。不過目前社區用於方便老人休閒的場所並不多見，有的也只是開設了書籍閱覽、棋牌娛樂、健身運動等少數項目，沒有提供更豐富的服務內容，也使一部分老年人覺得太單調而提不起興趣。部分老年人由於身體健康狀況的原因，行動不便，只能在家附近活動，而社區又沒有可供活動的地方，因而就選擇閒坐、閒聊，這極大地影響了他們的休閒生活質量。

三、提高休閒生活質量的對策

（一）個人層面

從休閒的三種限制因素（個人內在心理的限制、人際限制和結構限制）來看，最關鍵的就在於克服個人內在心理的限制，而這實際上涉及老年人的

休閒意識和休閒技能的問題。當前城市老年人休閒中的個人內在心理限制主要是由老年人休閒意識不強、休閒技能缺乏所造成的。因此，必須增強老年人個人的休閒意識，提高他們的休閒技能，鼓勵他們積極參與各項適合自己的休閒活動。

目前老年人口特別是高齡老年人，他們成長於艱難困苦的生活環境中，在當時特殊的歷史條件下，休閒是一種「奢侈品」。在這樣一種社會氛圍下，他們的休閒意識往往比較淡薄，休閒要求不強烈，也缺乏休閒技能的積累。因此，要提高城市老年人的休閒生活質量，關鍵就在於老年人要樹立新的休閒價值觀，調整好心態，積極參與各種休閒活動。為此，可以從家庭、社區、社會等方面入手，增強他們的休閒意識，培養休閒新觀念，幫助他們提高休閒技能，廣泛開展休閒娛樂活動，使他們自然參與、融入其中，尋找適合自己的休閒活動。

（二）家庭層面

從家庭層面看，應儘可能減少老年人的家務勞動時間，從物質上和情感上支持老年人的休閒活動，幫助他們增強休閒意識、提高休閒技能。與其他群體相比較，城市老年人的休閒時間是比較充足的，但仍有一部分老年人的家務勞動時間過長，擠占了休閒時間，限制了他們休閒活動的開展。因此，要提高老年人的休閒生活質量，就必須減少他們的家務勞動時間，增加他們的休閒時間擁有量。此外，經濟狀況也會影響到老年人對休閒活動的選擇，低收入狀態使他們傾向於參加一些不需要什麼花費的活動。

因而，作為家庭中的年輕人，應給予老年人在經濟上力所能及的幫助，還可以利用節假日帶老人外出旅遊，或鼓勵他們參加旅遊團體。這樣，一方面可以增進年輕人與老人之間的感情，另一方面也給老年人提供了與他人交流的平台，認識更多的朋友，豐富老年人的精神生活。

（三）社區層面

從社區層面來看，應建設相關休閒場所，組建社區休閒活動團體，豐富老年人的休閒生活。社區是城市老年人活動、交往、生活的主要場所，大部

分老年人的休閒生活主要是在社區範圍內進行的。有調查顯示，約有 39.8% 的老年人認為社區內的活動場所不能滿足他們的休閒需求。這說明，社區所能提供的休閒活動場所與老年人的休閒需求之間還有一定的距離。要把社區建設成老年人休閒的樂園，就必須加大對相關休閒活動場所的建設。

在建設相關休閒活動場所時，還應多調查本社區老年人的需求，合理建設與老年人本人相符合的健身器材、娛樂設施和場地。除此之外，社區工作人員應充分挖掘和培訓本社區的文化娛樂活動主力，根據不同年齡段以及不同的興趣愛好，組建各種老年休閒活動團體，進行有組織的休閒活動培訓，帶動社區中廣大老年人參與到豐富多彩的休閒活動中去。

我們應積極主動關心老年人，尤其是高齡老人，適當為他們增加一些社會活動，社區要創造條件，拓寬和完善服務方式和內容，開展多種活動，培養老年人的興趣愛好，豐富老年人生活。社區要增設活動場所，如老年人活動中心等，為老年人提供活動、消遣和交流的場所，以延緩他們生理、心理以及社會功能的下降。營造良好的社會環境和家庭環境也是提高老年人生活質量的一個重要因素，要努力營造一種尊老、愛老的社會和家庭氛圍，使老年人感受到自己被重視和尊重，從而保持良好的心態。

最後，我們不妨來看看外國老人們有趣而獨特的休閒方式，是否可以借鑑，更加豐富老年生活呢？

（1）打乒乓球：在瑞典的老年人活動中心，乒乓球是一項熱門運動。各個老年人活動中心還經常舉行友誼比賽。屆時，不少老年人興致勃勃，其子女乃至第三代也都到場助威，十分熱烈。

（2）參加樂隊：奧地利健康專家的一項研究證實，現場演奏音樂可有效降低老年人的血壓，幫助驅除焦慮、憂鬱、孤獨等負面情緒。因此，最近幾年來，有越來越多的奧地利老年人參加了樂隊。

（3）騎驢：近年來，驢子在法國突然吃香起來。馬賽等城市的寵物商店甚至開始出售或出租驢，而騎驢者大多是下鄉郊遊的老年人。一位擁有兩頭

驢的 70 歲老者說：「驢子生性老實，脾氣溫和，步速緩慢，老年人騎著郊遊很合適！」

（4）赤足跑：在英國，老年人最時興的運動是赤足跑。赤足跑一般在戶外進行，場地為草坪、自行車道或路面平滑清潔的鄉間小路。赤足跑不但能加快感冒等常見病的康復，還能減輕憂鬱症、狂躁症等的症狀。

（5）滾鐵環：滾鐵環本是少年兒童玩的遊戲。如今西班牙有越來越多的老年人也滾起了鐵環，並將它當作一種時尚的健身活動。不過，老年人滾的鐵環比少年兒童的要大得多，而且也稍粗些，滾動起來平穩、緩慢。

（6）泡漂浮箱：美國越來越多的老年人開始熱衷「泡漂浮箱」。漂浮箱內有一定濃度的鹽水和天然芳香劑。當老年人裸身浸入漂浮箱後即處在半浮半沉狀態。箱門關閉後，水溫漸漸升高，香味越來越濃，健身者隨即進入半夢半醒狀態。泡漂浮箱有降低血壓、軟化血管、減少中風和心臟病發作之效，同時還能預防多種皮膚病。

（7）學爬行：自從巴西老年病治療專家查爾沃醫生創辦了「爬行俱樂部」以後，在老年人中掀起了爬行熱，那些身患心血管疾病、痔瘡、失眠、消化功能紊亂的老年人紛紛在家中臥室的地板上學起了爬行。爬行運動不僅可以預防、緩解 20 多種老年病，而且不易使老年健身者受傷。不過，老年人學爬行應根據自己的體質量力進行。

複習鞏固

1. 老年人休閒活動的特點是什麼？

2. 結合自身生活觀察體驗，說說現今老年人休閒存在的問題，並尋找對策。

3. 簡述休閒對於老年人的心理學意義。

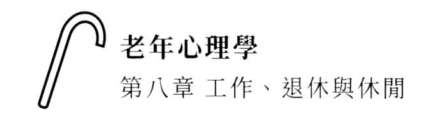

拓展閱讀

退休年齡延遲之爭

延遲退休不是一個新話題。從些年來，因為政府財政不佳，延遲退休圍繞這個問題的爭論就不曾停止。

「延退」再一次被提出，引發熱議。

網友們紛紛表示，把到了退休年齡的職工工作年限再延長5年，國家是最大的受益者。也就是說，國家可以少支付5年的退休金。對於勞動者而言，要多交5年的養老金才能享受到本該在5年前就享受到的待遇。對於那些奮戰在生產第一線的苦髒累工種的職工而言，這種延長實際上是加重了他們的工作強度和更大的體力付出。

延遲退休年齡一頭關乎養老，另一頭牽著就業。還有網友擔心，在大學生就業壓力十分嚴峻、待業人員謀生艱難的情況下，延遲退休年齡，實際上是在跟大學生和待業人員搶飯碗，會使原本就很大的就業壓力變得更大了。

而少數支持者同樣理直氣壯。他們認為，延長退休年齡是適應人均預期壽命延長、受教育年限延長，以及人口老齡化趨勢的必然選擇。現階段的退休政策亟待修改，提出延遲退休的理由也很充分，無論主觀同不同意，延遲退休勢在必行且利大於弊。

無論是出於民生還是國情，退休政策改革肯定是要緊跟時代步伐的。儘管現在對於「延退」之爭，民眾中反對之聲高於贊同之聲，不過從國家發展和整個世界退休制度發展趨勢來說，延遲退休年齡是大勢所趨。那麼，你怎樣看待「延退」呢？是支持還是反對？不妨談談自己的看法。

本章要點小結

1. 老年人再就業有助於減輕社會負擔和國家財政壓力、緩解人才資源結構性短缺和調整個體不良心態。

2. 老年人力資源三大優勢：一是知識資本；二是網路資本或者關係資本；三是老年人力資源的投入成本相對較低，收效快而高，有拿來就可用的特點。

第三節 老年休閒生活

3. 影響老年人再就業意願的主要因素是身體狀況、經濟狀況和受教育程度。

4. 老年人的認知功能具有可塑性，保持較好的認知功能可以補償減退較早的認知功能，並且老年人的人格也較青年人來說具有一定優勢，這些都為老年人能夠繼續工作提供了心理學基礎。

5. 退休是指勞動者根據各個國家有關規定在一定年齡停止有償勞動的一種社會制度。

6. 退休大致伴隨以下幾個必然因素：社會勞動參與減少、職業生涯終止和自我概念的轉變。

7. 個體對自身勞動參與程度的選擇自主性對個體身體健康和幸福感有較大影響，即自願退休的老年人的幸福感和身體狀況或許會優於非自願選擇的老年人。

8. 一些個體在預期到或者面臨退休時的確會有焦慮情緒產生，不過工作角色的缺失一般不會造成自我同一感危機。這是因為大部分人都能較好地將他們在職時期的社會角色和社會關係轉移，在剛剛退休後的幾年中內心社會角色依然得以延續，這樣使得個體從在職到退休在心理上不會有太大落差。

9. 夫妻雙方共同規劃安排、相互協調退休生活，並共同分擔家務，可以使夫妻雙方幸福感提升。

10. 阿奇利提出退休應該分為 6 個階段，分別是退休前階段、短暫和諧階段、覺醒階段、再定位階段、穩定階段、終止階段。

11. 對退休角色轉換感受十分消極的人多處在兩個極端位置上，即社會地位高、受教育水準較高、收入水準較高的人和社會地位很低、受教育水準很低、收入很低的人。

12. 經濟收入的降低是退休引起的最主要、最普遍的問題。人們對退休的消極反應很大程度上來源於經濟狀況的惡化而產生的憂慮。因此，建立健

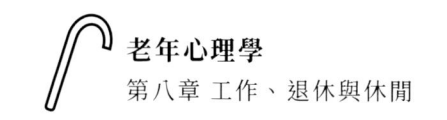

全的社會養老保障制度，保證足夠的養老金，會對個體的退休體驗帶來很大影響。

13. 退休心理問題對策：隨角色改變，調整角色行為；正確認識，盡快適應退休生活；妥善處理人際關係，克服孤獨感；正確對待衰老和疾病，增強心理承受能力；保持良好的情緒，增強良好的心理應對能力。

14. 所謂休閒是個人閒暇時間的總稱，也是人們對可自由支配時間的一種科學、合理的使用；休閒活動雖然與人們所從事的日常工作毫無關係，但與勞動並不衝突，休閒活動是人們自我發展和完善的途徑。

15. 隨著年齡的增長，個體更多地從需要較強身體運動的休閒活動轉向需要少量身體運動的休閒活動。對於青年人來說，他們更傾向於尋求緊張、新鮮、刺激的休閒活動；中年人則多集中於家庭中的緊張度較弱的休閒活動；對於老年人來說，他們的休閒活動選擇範圍更窄，緊張度更弱。

16. 男、女老年人在休閒時間上存在顯著差異，主要是由於女性老年人承擔了更多的家務。另外，收入和文化程度的偏低也嚴重地制約了女性老年人休閒意識的提高和休閒技能的培養。

17. 收入對老年人休閒的影響體現在休閒方式的選擇和休閒消費的支出上。

18. 不同文化程度的人會形成不同的需要和滿足機制，從而選擇不同的休閒活動方式。

19. 社區環境既包括社區的自然環境，也包括社區的人文環境，兩者對老年人的休閒活動都會產生一定的影響。但目前現有的社區環境不能滿足老年人的休閒需求，需進一步加強建設。

20. 提高休閒生活質量的對策：增強老年人的休閒觀念；家庭給予物質與精神支持；加強社區基礎設施建設，為老年人提供更多休閒可能。

第三節 老年休閒生活

關鍵術語表

人口老齡化 aging population

老年人再就業 elderly re-employment

退休 retirement

縱向研究 longitudinal research

角色轉換 role change

自我同一感危機 identity crisis

休閒方式 leisure life-style

休閒觀念 concept of leisure

選擇題

1. 老年人力資源的優勢包括（　）。

A. 知識資本

B. 關係資本

C. 智力資本

D. 投入成本低，拿來可用

2. 老年人再就業的影響因素包括（　）。

A. 身體狀況

B. 經濟狀況

C. 受教育水準

D. 政策因素

3. 關於老年人再就業的心理學基礎，以下描述錯誤的是（　）。

A. 老年人衰退的認知能力可被彌補

B. 老年人的認知功能具有很大可塑性

C. 老年人的人格特徵具有沉穩、自律的優勢

D. 老年人的智商普遍高於年輕人

4. 以下群體中，哪個更容易適應退休轉變過程（　　）。

A. 無穩定工作，非自願退休

B. 有穩定工作，非自願退休

C. 無穩定工作，自願退休

D. 有穩定工作，自願退休

5. 關於退休，以下描述正確的是（　　）。

A. 現行退休制度的法定退休年齡女性為 55～60 歲，男性為 60～65 歲

B. 退休後個體憂鬱水準顯著增高

C. 夫妻雙方共同規劃退休生活並共同分擔家務可使夫妻雙方幸福感提升

D. 退休一般會導致個體自我同一感危機

6. 在退休的短暫和諧階段，個體更傾向於（　　）。

A. 旅遊

B. 參加社區義務勞動

C. 在家無所事事

D. 工作

7. 對退休帶來的角色轉換感受比較消極的群體一般是（　　）。

A. 非自願退休的人

B. 社會地位高的人

C. 社會中層群體

D. 社會地位很低的人

8. 以下關於休閒的描述，正確的是（　　）。

第三節 老年休閒生活

A. 休閒活動與勞動是相衝突的

B. 老年人休閒活動選擇範圍較窄、緊張度較弱

C. 休閒活動是人們自我發展和完善的載體

D. 相比於老年人，對於年輕人來說，休閒活動更為重要

9. 不同性別的老年人休閒活動差異的主要原因是（　）。

A. 老年女性體質比男性較差

B. 普遍來說，女性的收入水準低於男性

C. 在傳統社會觀念中，女性更多的精力放在「相夫教子」上，而休閒觀念較弱

D. 在傳統觀念中，女性老年人更多地承擔了家務勞動，而休閒時間較少

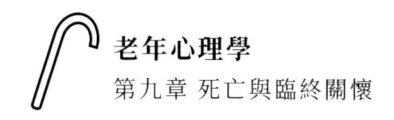

老年心理學
第九章 死亡與臨終關懷

第九章 死亡與臨終關懷

死亡是我們每個人必須面對的一個話題,隨著年齡的增長,我們會對死亡逐漸重視起來。你是否覺得當一個人的心跳停止時就可以認定其死亡?再者,假設再過一段時間,你的人生進入暮年,當你由於疾病躺在重症監護室時,你是否願意用高科技的醫療器械去艱難維持即將逝去的生命?你知道什麼是臨終關懷嗎?你對安樂死真的很瞭解嗎?本章將重點介紹死亡的定義、標準及過程,同時讓更多的人能夠瞭解臨終關懷的發展歷史,掌握臨終關懷的定義、目的及臨終病人的心理特徵,瞭解臨終關懷事業的發展背景及其存在的現實問題,掌握開展臨終關懷的具體策略和意義。

個體從來到這個世界上的那一刻起,就無法避免死亡這個問題。死亡是生命之旅的終點,但它不是生命的驟然停止,而是一個連續發展的問題。那麼從心理學的角度出發去分析、探討關於死亡與臨終關懷的問題又會有怎樣的不同呢?當個體進入暮年時,會比以往任何一個階段更加關注死亡與臨終關懷事業。為了使心理學或者非心理學專業的研究者對死亡與臨終關懷有一個全面的認識,加強對老年人心理狀態的關注,接下來我們將對死亡及臨終關懷做一個全面的介紹。

第一節 對死亡的認識

對於死亡,東方和西方有著不一樣的觀點。在中國,傳統文化賦予了獨特的死亡觀:喜談生、避談死。人們對於死亡更多的是注重葬禮的排場,並且相信死亡是另一種重生,這是一種拒絕接受死亡事實的心態。世俗的死亡觀喜生而懼死,死亡降臨的不確定性、無時間性、不可體驗性帶給人們的恐怖氣氛,讓人們想盡辦法來避免死亡。但是,西方的哲學家卻有著與東方相反的死亡觀:勸死學。他們認為死亡是一種必然,是一種自然現象,意味著真正的永恆和幸福的開始。

古希臘的柏拉圖認為死亡時靈魂掙脫肉體的束縛而獲得永生。叔本華認為,生命原本空虛,人生是一場悲劇,但死亡並不可怕,死亡不能否定意志

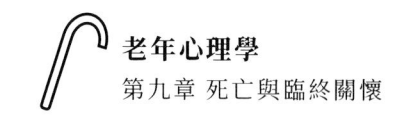

本身，事物真正本質的存在與生死無關。而《聖經》認為，人生如筵席，人生活到一定的年齡就無所掛念地離開筵席，去面對死亡。唯物主義較樂觀的死亡觀也指出，死亡對我們無足輕重，因為當我們活著的時候，瀕臨死亡或面對死亡時，才覺得它很恐怖，可當死亡真正來臨時，人們已經不知道恐怖了，因此沒有必要懼怕死亡。

一、死亡的定義與死亡過程的分期

儘管人在任何年齡階段都有可能死亡，但我們只把老年期的死亡視為生物上的生命自然終結，它不僅是個人生命的終止，還會給家人朋友帶來巨大的影響。死亡是生命活動不可逆的終止，是人的本質特徵的永久消失，是機體完整性的破壞和新陳代謝的停止。死亡雖然是生命的終點，但它並不是一個戛然而止的事件，而是一個連續的過程。具體的死亡過程在醫學上分為三個時期。

首先，瀕死期是死亡過程的開始階段，表現為意識模糊或喪失，呼吸、循環衰竭，代謝紊亂，機體各系統功能嚴重障礙。其次，臨床死亡期表現為心跳和呼吸完全停止，各種反射消失，但各種組織細胞仍有微弱而短暫的代謝活動。最後，生物學死亡期是死亡過程的最後階段，此時機體新陳代謝全部停止。不管是自己所愛的人故去還是自己的死，每個人都要勇敢地面對。死亡作為一種心理事件將在下文中進行討論。

二、死亡的標準

先進的醫療設備讓死亡的標準變得複雜起來。早在 1968 年以前，死亡常常是以個體生物功能的喪失為界限。如停止心跳、停止脈搏跳動、身體變硬等，即心肺死亡。直到 1968 年，哈佛大學提出「腦死亡標準」。腦死亡的診斷標準是不可逆的深度昏迷，對各種內外刺激均無反應，自主呼吸停止，腦幹反射消失，腦電波消失。同時要求以上四條標準在 24 小時或 72 小時內反覆測試的結果無變化。同時排除體溫過低（低於 32℃）及中樞神經抑制劑的影響，才能做出腦死亡的判斷。

「腦死亡標準」的轉變有著極其重要的意義。首先，能夠及時搶救假死狀態的患者，維護了人的生命。其次，為處置腦功能處於不可逆而有心跳的患者提供了科學依據，有利於節約醫療資源，同時也有利於器官移植的開展。

近年來大部分外科醫生定義腦死亡通常包括高級皮質功能的死亡以及低級腦幹功能的死亡。一些醫學專家認為死亡的標準應該只包含高級皮質功能的死亡。如果採用皮質功能死亡這一定義，那麼即使一個人的低級腦幹系統起著作用而高級皮質作用喪失的話，外科醫生就會宣布這個人死亡了。皮質死亡這一定義的支持者認為，某些高級功能如智力、個性等均位於大腦的皮質部分，他們認為當這些功能喪失的時候，個體也已經不會再活著了。

死亡也是一種權利，在個體生命垂危之際，是繼續在醫療設備及技術的支撐下維持生命還是放棄也是一種選擇。在有些情況下，如在特別重大的疾病或緊急情況下，病人或許不能夠表達自己是否願意用醫療設備去維持自己的生命。

三、生死的選擇權

為了避免這種情況的發生，專家們給出另外一種選擇，即永久授權書。永久授權書是一個關於個體決定是否使用醫療設備去維持自己生命的文件。在此文件中，個體可以決定在自己生命垂危時何時或者何種情況下撤銷醫療器械的使用或者維持醫療器械的使用。

安樂死一詞源於希臘文，指「幸福的死亡」，有時又稱「仁慈殺死」。它包括兩層含義：一是無痛苦的死亡，二是無痛致死術。安樂死是指患不治之症的病人在瀕死狀態下，由於精神和軀體的極端痛苦，在本人及其親屬的要求下，經醫生認可，停止救治或用人道的人為方式使其無痛苦地快速死亡。前者叫做消極安樂死，後者叫做積極安樂死。按照安樂死的執行方式可以分為主動安樂死和被動安樂死，按照患者同意的方式分類可以分為自願安樂死和非自願安樂死。

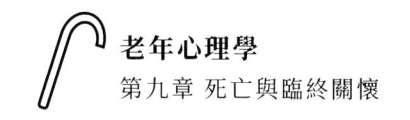

四、安樂死

安樂死一般主要針對晚期惡性腫瘤失去治癒機會者、重要器官嚴重衰竭並且不可逆轉者、因各種疾病或傷殘導致大腦功能喪失的部分「植物人」狀態的病人、有嚴重缺陷的新生兒、患有嚴重精神疾病且經過長期治療也不可能恢復正常者、先天性智力喪失無獨立生活能力並不可能恢復正常者。大部分國家以及除奧勒岡州外的美國所有州中，積極安樂死都是犯罪行為。1994年，奧勒岡州透過了尊嚴死法案，允許積極安樂死。

至 2001 年，該州有 91 名個體是透過積極安樂死的方式死亡的。在荷蘭和烏拉圭，積極安樂死也是合法的。就醫生是如何看待安樂死這一問題上，沃克、格魯曼和布蘭克 (Walke, Gruman & Blank, 1999) 做過一項針對 900 多名醫師的調查。反對積極安樂死的人認為，如果能夠完全控制疼痛，那麼也就沒有安樂死的必要了，並且他們認為醫師的主要責任就是維持人的生命。他們還認為濫用積極安樂死有很大的潛在危險，許多人也認為這是違反道德的。

傅達仁安樂死事件

傅達仁晚年飽受胰臟癌所苦，健康每況愈下，2017 年受訪曾透露：「我膽囊全部摘除，再加上早年胃切除一半，消化系統嚴重失靈，膽管做支架痛苦不已，最近還檢查出有胰臟癌，活得很沒尊嚴。」因營養吸收不良，體重從 74 公斤降到 48 公斤，原本近 180 公分高的運動健將變得骨瘦如柴、弱不禁風。

他接受報紙專訪時透露「吃了就拉，生不如死」、「我都已經痛成這樣，沒有活的條件，你說我還不安樂死嗎？」2017 年 11 月攜家帶眷造訪瑞士，與相關人士談話後，獲得「尊嚴」機構執行安樂死「綠燈」資格，但因兒子傅俊豪臨時發高燒，最終取消行程、打道回府。他曾於 2017 年 10 月 11 日坦承生命只剩 2 個月，如今經歷上帝給予的「延長賽」，為 85 載精彩人生劃下句點，他說：「日子也是上帝給的，我只是選擇了方法。」

2018 年初因為兒子參加結婚與天氣因素延後實施，最終才與家人重返蘇黎世，6 月 2 日他在臉書預告：「這次來到瑞士，花那麼多錢和生命，就是要做首例，就是要示範給大家看！不會再回來了！再見！」言語間透露他求死的意志非常堅定。

傅達仁一家人兩趟瑞士行耗資 300 萬元台幣，他強調：「我是找一個法治、公正、自由、人權的國家來做，我一定要跑到這來，300 萬！如果我們國家有這個法，不但不花 300 萬，也不需要客死他鄉。」

傅達仁曾說父親是為國捐軀，6 月 6 日是諾曼第登陸的日子，原本想同一天走，因預約已滿，只能將 7 日當作 6 日。2018 年 6 月 7 日，歐洲中部夏令時間上午 11 點（台灣標準時間同日下午 5 點），傅達仁接受協助自殺並於中午 12 點 58 分（台灣標準時間同日下午 6 點 58 分）辭世。衛生福利部金門醫院精神科醫師徐志雲表示，傅達仁申請到的是協助自殺，不是安樂死。

在 2019 年 2 月 26 日，傅達仁過世約九個月後，傅達仁的兒子傅俊豪等人宣布成立「安樂死合法施行基金會」，繼承傅達仁的遺志。在成立當日，播放了傅達仁向台灣民眾、政商名流最後告別的遺言，隨後仰藥過世的影片。傅俊豪表示，每次看到此段影片都會掩面哭泣，是大媽鄭玉珏不斷的催促下忍住悲傷，成立此基金會，與會者除了政商名流，還有包含家庭醫學科、精神科（身心科）等在內的醫師、台灣中北部的各大小院長，衛福部亦派出主任祕書為代表與會。

複習鞏固

1. 死亡的定義是什麼？

2. 請簡述死亡標準的轉變及倫理意義。

3. 安樂死的含義有哪些？

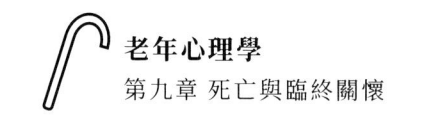

第二節 臨終關懷

臨終關懷事業從何而來？臨終關懷的定義是什麼？是不是每個老人都需要臨終關懷？臨終關懷的目的又是什麼呢？

我們只有瞭解並掌握了臨終病人的心理特徵，做到對症下藥，才能夠更好地進行臨終關懷這項工作。

一、臨終關懷的發展歷史

美國奧勒岡健康與科學大學的學者蘇珊·托爾等人認為，大多數要求安樂死的重症病人並非真的要求現代意義上的安樂死，他們只是對病痛或其他問題感到恐懼。因此，最關鍵的問題是他們需要寬慰和心理疏導。能夠解決此問題的措施就是為患者提供臨終關懷。

臨終關懷指的是為生命即將結束的病人及其家屬提供全面的心身照護與支持，使病人平靜、安然地度過人生的最後歷程。由此可見，臨終關懷的服務理念與安樂死的本意以及傳統的「善終」一脈相承。隨著歷史發展，各種觀點的碰撞和匯合推動著人類社會的死亡倫理思想進入新的發展階段。

在公元前就有人意識到臨終關懷的意義及其重要性。早在兩千四百多年前，古希臘的哲學家柏拉圖就曾在其《理想國》一書中提到家庭對於個人所能產生的安慰與支持作用。1842年，法國有位女士在里昂為久病不治的人蓋了一所醫院，成為臨終關懷護理院的一個雛形。隨著時代的發展，臨終關懷學也在不斷地成長中，各地的臨終關懷工作也逐漸得到關注和重視並漸漸開展起來。

1967年在英國倫敦，桑德斯 (Cicely Saunders) 博士和許多熱心奉獻的人經過多方籌劃與準備，依靠多種捐款建立了「聖克里斯多福安寧療養院」，率先嘗試了醫療團隊全程陪伴癌症晚期病人、並輔導家屬度過哀慟期的醫療照顧方式。桑德斯的成功「點燃了世界臨終關懷運動的燈塔」，其影響隨之波及全球，很快臨終關懷在美國、英國、日本等先進國家不斷壯大。

第二節　臨終關懷

1974 年，美國建立了首家臨終關懷醫院——新港臨終關懷醫院。1983 年，臨終關懷的理論與實踐獲得美國聯邦政府和美國國會認可，並透過專門法案將臨終關懷列入醫療保險的項目內。到 1995 年，美國已有 2510 家臨終關懷醫院，每年約有 34 萬患者住在那裡。1975 年加拿大成立了皇家維多利亞安息護理病區。日本於 1981 年建立起第一所臨終關懷機構，一年之後就發展到 11 所。

臨終關懷是對臨終患者全方位地實行人道主義關懷的一種服務措施，是一個服務的觀念，是一種為瀕死的病人及其家屬提供全面照顧的工作。它使臨終患者在人生的最後一段歷程中同樣能夠得到熱情的照顧和關懷、感受到人間的溫暖，體驗到生命的價值、生活的意義和生存的尊嚴，這都顯示了人道主義和倫理道德。

二、臨終關懷的服務對象

臨終關懷是一種特殊的衛生保健服務。其工作內容是為臨終病人及家屬提供生理、心理、社會、精神等方面的全面支持與照護，其目的是為病人追求生命品質，提高生活質量，提供安適、有意義、有希望的生活。

臨終關懷的服務對象，狹義上是指患有惡性和非惡性疾病的病重垂危病人，具體指診斷明確、治療無望、估計生命期在 10 個月左右的患者。惡性疾病病人，即晚期癌症病人，占接受臨終關懷服務的病人的絕大多數。香港的臨終關懷對象中 90% 為癌症病人，有 45% 死於癌症的病人獲得了「善終服務」。

非惡性疾病病人，是指患有心臟疾病、腦血管疾病、慢性呼吸系統疾病、帕金森氏症和 AIDS 等疾病且病程發展到晚期難以救治的病人。據 2006 年統計，英國接受臨終關懷的非惡性疾病病人約占 10%，而美國此類病人更達到 20%～30%。廣義上，臨終關懷的服務對象包括病重垂危病人及其家屬。大部分病人家屬在陪伴病人度過人生最後旅程的同時也接受了醫務人員的心理輔導和精神支持，並使家屬在居喪期間因悲哀引起的軀體不適、情感和認知的大起大落及行為異常等狀況得到減輕。

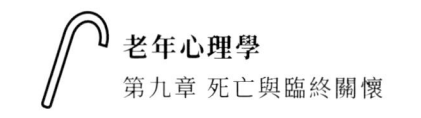

三、臨終病人的心理特徵

庫柏勒·羅斯（1969）曾按照臨終病人的心理和行為反應，將其心理特徵劃分為五個階段。

否認期。當病人得知自己的疾病已進入晚期時，最初的心理反應就是否認。不承認自己患有無法逆轉的疾病，表示懷疑診斷是否出了差錯，這是病人面對嚴重應激時的心理防禦機制，有其合理性，可暫時成為掩蓋事實的積極心理屏障。病人常常會說：「不，不會是我，這絕對不可能。」但這種反應並不會持續太久，病人很快就會意識到自己的處境。然而，否認往往只是一種暫時性的防禦，它最終被日益增長的其他意識所取代，這些意識主要來自於有關經濟方面、未竟的事業方面以及對家人未來生活的擔憂等等。

憤怒期。否認期是短暫的，隨著病情的進展，疾病的症狀越來越明顯，病人會產生焦慮、憤怒、怨恨和克制力下降等現象。病人常常會說：「為什麼是我？」在這個階段，病人通常脾氣很壞，特別難照顧。這時，醫生、護士及家人會體會到與其相處的困難。「即將失去一切」這一現實對他們來說影響巨大，尤其是對於那些之前作為家庭主要支撐的個體來說，死亡帶給他們的憤怒與嫉妒將更加突出。

協議期。當病人感到憤怒怨恨於事無補，相反可能加劇疾病的進程時，病人試圖用合作的態度和良好的表現來換取延續生命或其他願望的實現，情緒較平靜，積極配合治療。在這階段病人的求生意念較強，他們可能會想：「是的，我即將死去，但是……」為了能從上帝那裡討來多活幾天、幾週或是幾個月的機會，他會承諾要改過自新、做更多有益於人類的事。

抑鬱期。隨著身體狀況的日益惡化，病人逐漸意識到現代醫療技術已無力回天，自己生命將盡，因而陷入深刻的悲哀和絕望，伴隨有相對的孤獨感，抑鬱愁悶，萬念俱灰，食慾不振，極度疲勞，精神渙散等。這個階段，病人會異常的安靜，且大部分時間在哭泣或是悲傷，這種行為是一種正常反應，它是瀕死的人試圖斷絕自己同周圍事物關係的表現。

接受期。死亡是即將發生的事，病人無可奈何地默認了殘酷的現實。此時病人體力處於極度疲勞、衰竭的狀態，常會表現出平靜，原有的恐懼、焦慮和最大的痛苦逐漸消失，這是死亡前的最後一個階段。

沒有人能夠去證明個體是否是按照以上的五個階段一步步走向死亡。庫柏勒·羅斯常常覺得別人沒有真正理解他的意思。他從不認為死亡的這個五個階段具有不變性、唯一性。雖然他曾經一度強調死亡的五個階段的重要性，但庫柏勒·羅斯也認為這五個階段可能只是一種假設。

四、怎樣面對死亡

（一）老年人怎樣面對死亡

老年人比中年人、青少年更多地想到死亡，也更多地與其他人探討死亡。他們會對死亡有比較直接的體驗，因為他們的朋友和親人也許正面臨著或經歷了病痛和死亡，所以老年人不得不去思考生命和死亡的意義，這時，如果老人能對自己的一生有一個完整的、積極的回顧和評價，那麼他就可以更從容地接受死亡。

老年人相比於其他年齡階段的人來說，很少有一些未完成的事情，他們不再承擔養育子女長大的義務，他們的配偶也很有可能面臨著死亡，在事業上也不需要他再繼續完善了，沒有了這些期許，也許對他們的心理來說就不那麼悲觀和痛苦了。不同的老年人對死亡的態度是不同的，一位 82 歲的老人稱他已經度過了完整的一生並且已經準備好了生命的結束，另一位 82 歲的老人卻覺得死亡是對她生命遺憾的終止，因為她再也感受不到她的親人和朋友了。

當老年人面對死亡時，有意識的控制和否認便成為一種適應策略，當一個人認為他能夠影響或控制某一事件時，比如延長生命，他就會覺得愉悅。否認也是個體面對死亡時經常產生的心理，它可以保護我們遠離那種將要死亡的痛苦感覺。

否認有很多種形式：首先，個體可以否認事實，例如一個被告知因為得了癌症要做手術的女人，她會認為這個腫瘤只是良性的；其次，個體還可能

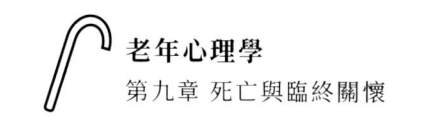

否認疾病帶來的影響或是對生活的威脅，例如一個人也許接受了得病的事實卻不相信疾病會導致死亡；甚至有人認為即使肉體上死亡了也不代表生命的終結，靈魂將會永遠地存在於世界裡。

否認本身沒有好壞之分，它既有可能是適宜的，也有可能是不適宜的，否認可以幫助個體避免由死亡威脅所帶來的巨大的精神創傷，但是如果否認使病人拒絕做手術，那麼否認便是不適宜的。

對於即將死亡的人來說，在怎樣的環境下死去是很重要的。大部分人是在醫院裡去世的，醫院可以為病人提供很多有利的條件，有專業的陪護人員和醫療器械來延長生命，但醫院也許並不是離開人世的最理想地點。大部分人更想要在家中離開人世 (Kalish & Reynolds, 1976)，這樣可以得到子孫的照顧，內心會感到更加溫暖，但這無疑也會給家人增加負擔，並且他們會擔心家中的醫療條件是否能夠應付緊急情況。

最近一項對 9000 名臨危病人的研究發現，他們大都有一種自我存在感的缺失，並且和朋友、家人、醫生的交流很少 (Knaus & others, 1995)。這些臨危病人都有一種到九種以上的嚴重疾病，比如昏迷、呼吸困難、心臟病、癌症等，他們的平均剩餘壽命只有六個月。這項研究分為兩個階段，第一階段病人和醫生之間的交流很少，並且遲遲不做何時放棄治療的決定；第二階段一半病人（控制組）繼續之前的模式，另一半病人（實驗組）會得到醫生和家人的特殊幫助。

在實驗組中，每一個病人都有一個護士來瞭解他的身體狀況，並保持病人和醫生的溝通，醫生可以獲得病人狀況的詳細資料，包括病人的願望。研究者希望透過這些額外的資訊和更好的溝通可以得到更早的醫療決定、更好的緩解病痛的效果，或是減少醫院的花費，但是他們期望的這些結果都沒有發生。

（二）怎樣面對他人的死亡

人的一生中會失去很多東西，比如離異、寵物的去世、失業等等，但沒有任何一種失去比失去一個在乎的人更重要的了。人們不得不面對父母、親

第二節 臨終關懷

人及朋友的離世，老年人可能會更多地目睹死亡、面臨死亡，人們應該如何與一個即將離世的人溝通？如何對待一個即將去世的親人或朋友？

大多數心理學家認為應該讓個體得知他們將要離開人世，這樣個體就可以與他周圍的親人和朋友做到良好的溝通，這樣帶來很多好處，比如可以讓即將離世的人在這有限的時間裡完成一些未完成的事，為活著的親友做些安排，親自安排自己的葬禮和追悼會；他們可以緬懷過去，與他們在乎的人交流、交談，以自己喜歡的方式離開這個世界；即將離世的人如果知道自己身體的真實情況和治療方案，會增加一些安全感 (Kalish, 1981)。

除了有這樣一個開放性的交流環境以外，一些專家還認為最好不要過多地與病人討論病情和死亡這一話題，可以多交流一些病人現在所擁有的資源以及在餘下的時間裡個體還能做些什麼，交流旨在幫助個體內在的成長。臨終前的安撫工作不一定非要一個專業的心理從業人員來做，一個細心的護士、一個專業的醫生、一個敏感的伴侶或是一個親密的朋友都可以為這個臨終之人提供精神上的支撐。下面呈現了一些如何與臨終老人相處的有效方式。

1. 建立起你的存在感，不要害怕與臨終之人接觸，一個即將離世的人往往渴望與他人接觸。

2. 一個臨終老人由於能量的缺失也許已經十分虛弱了，所以拜訪他的時間不要過長。

3. 不要單方面認為臨終老人已經接受了死亡這個事實，也許他還在否認這一現實；另一方面也不要堅持認為臨終老人無法接受死亡的事實。

4. 允許臨終老人表達一些內疚和憤怒的情緒，並鼓勵他們表達自己的感覺。

5. 有時臨終老人沒有辦法接觸到他想見的人，所以如果你能聯繫到這個人就應該儘量滿足老人的願望。

6. 鼓勵臨終老人回顧過去，尤其是當你們有一些共同的回憶時。

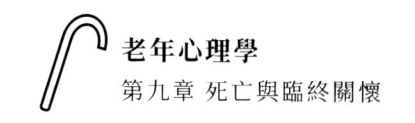

7. 去表達你對臨終老人的關心，不要害怕表達內心的愛，也不要害怕說再見。

面對所愛的人離開人世，人們往往會陷入悲痛之中，這是一種很複雜的情感，有麻木、傷心、絕望、焦慮和孤獨。有一種觀點認為，當我們面對親人朋友的離世時會經歷三個階段：陣痛期、絕望期和恢復期 (Averill, 1968)。也有心理學家認為會經歷四個時期，分別是麻木期、痛苦期、絕望期和恢復期。

面對這樣的痛苦也不是完全沒有好處，它可以促使人們對人生和世界進行思考，使人們更深層次地領悟到生命和死亡的意義。老年人不得不面臨喪偶這一事件，活著的老人將要承受很多痛苦，比如健康狀況的下降、孤獨、心態的失衡，甚至絕望。由於女性的平均壽命比男性長且一對夫妻中通常男性比女性年長，因此女性有更大的概率面臨喪偶這一事件。

老年女性群體應該得到應有的關注，她們在喪偶後的晚年生活是很困難的，常伴隨著一些身體的疾病甚至死亡的威脅。有研究表明越貧窮、受教育程度越低的喪偶者，她們的孤獨感越強，這也就需要子女和朋友與她們經常進行溝通，不只從物質上給予她們保證，更要從精神層面多加安撫。

面對喪偶，能否良好地適應受到多種因素的影響，在這一點上通常女性做得比男性要好。因為在當下社會中，妻子主要承擔精神生活的角色，丈夫負責物質生活，這樣，女性有更好的朋友關係網，與親屬的精神交流要更多一些，所以就會受到更多的心理撫慰。無論是夫妻雙方中的哪一方喪失了配偶，社會都應該幫助他們適應這一現實 (Hughes, 1995; Kastenbaum, 1995)。

19 世紀 60 年代在美國便成立了這樣的一個組織，它為新喪偶的女性提供幫助，目的是為了減少喪偶給女性帶來的負面影響，這些喪偶女性團結起來共同分享自己的問題，相互交流溝通，並且組織一些社會活動，這種模式已經被很多社會組織所接受。

五、給予臨終者更好的照顧

死亡通常是孤獨的、漫長的、痛苦的，臨終者要麼得不到應有的關注，要麼被照顧得太多。醫療水準的進步讓死亡的期限得以延長卻讓死亡變得更加艱難 (Muth, 2000)。即便有止痛藥，大部分人在生命的最後時光仍會承受巨大的疼痛 (Fine & Peterson, 2002)，很多臨終照料者並沒有接受過培訓，不能給病人提供足夠的生命晚期護理，甚至不明白這種護理的重要性。1997年，一組專家建議，應改革制度從而使醫生能更容易地給需要止痛藥的臨終病人開出止痛藥 (Institute of Medicine, 1997)。

臨終護理包括對目標、病人喜好、病人選擇以及病人家庭的尊重 (Kirchhoff, 2002; Nidetz & others, 2005; Rich, 2005)，很多臨終者是需要同情的。在生命的晚期，幾乎沒有能完全避免痛苦的措施，以下一些措施可以供參考：可以立一份遺囑，並確保醫生能夠注意到它；指定一個法定代理人，並確保此人瞭解你關於醫療護理的想法；給你的醫生說明你想要怎樣的醫療救治手段，從「不要搶救」到「盡一切可能挽救生命」，這些都可以和醫生或家人進行商量。

六、臨終關懷的目的

臨終關懷，顧名思義就是對臨終者的關懷，關懷的內容包括生理、心理及社會各個方面。臨終關懷的英文名是「hospice care」，由於歷史上的臨終關懷活動與現代的臨終關懷活動內容不盡相同，又因不同國家和地區的具體情況不同，學者對這一詞的翻譯也不一樣，但究其本意，均是對垂危病人的照護。其護理目的是以整個人為對象，提供精心照料，解除軀體痛苦，緩解個體對死亡的恐懼，維護其做人的尊嚴，提高其尚存生命的質量，並給予其家屬心理關懷，最終使逝者死而無憾、生者問心無愧。

如果一個臨終病人得到了成功的護理，他死時就會感到活得有價值。臨終病人由於軀體疾病的折磨，其對生的渴求和對死的恐懼會產生一系列複雜的心理改變，甚至行為與人格的改變。病人從獲知病情到臨終時期的心理反應和行為改變可以總結為震驚與否認、協議乞求、憂鬱等五個典型階段。臨

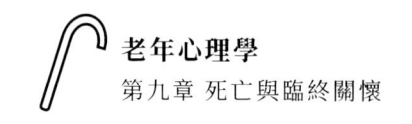

終也是生活，是一種特殊類型的生活，正確認識和尊重臨終病人最後生活的價值，提高其生活質量是對臨終病人最有效的服務，幫助他們能較安詳舒適地過好人生最後的生活。

死亡是生命的一個自然階段，是機體生命活動和新陳代謝的終止，是不可抗拒的自然規律。臨終關懷事業是物質與精神文明發展到一定階段的社會必然需要，關懷臨終者是遵循了人類社會發展的客觀規律。臨終關懷不但是一種醫療衛生事業，更是一種心理服務事業。隨著人類社會的進步和心理學的迅速發展，臨終關懷將會得到越來越多的重視。

生活中的心理學

臨終關懷是一門新學科，對心理學來說是一種新的發展和延續。因此，心理工作者除了掌握本專業的知識以外，還必須掌握與臨終關懷工作密切相關的知識。心理工作者被稱為「心靈的天使」，臨終關懷工作被視為是對「生命的守候」，所以心理工作者更應當在生命的最終關懷領域當中有所作為，進一步推動臨終關懷事業的完善和發展。

複習鞏固

1. 簡述臨終關懷事業的發展歷史。
2. 什麼是臨終關懷？
3. 臨終關懷的服務對象是什麼？

第三節 臨終關懷事業的發展

臨終關懷事業的發展需要有一定的社會背景，目前人口的不斷老齡化加快了臨終關懷事業的發展，但是依然有許多困難擺在我們面前。我們需要不斷地制定各種策略以期更好地解決這些困難，從而使臨終關懷事業蓬勃發展，讓每一位臨終病人都能夠在人生的最後一段歷程中得到熱情的照顧和關懷，感受到人間的溫暖，體現出其生命的價值、生活的意義和生存的尊嚴。

第三節 臨終關懷事業的發展

一、臨終關懷事業發展的社會背景

（一）人口老齡化壓力增大

目前臨終關懷在的進程受很多因素的制約。但是它的出現是必然的。它的出現一方面是隨著社會物質文明與精神文明的進步而提出的自然需求，另一方面更是出於現實的各種需要。

（二）各種慢性病患病人口的增加

隨著環境和食品安全問題的日漸嚴重、人口老齡化趨勢的加強、慢性疾病以及晚期腫瘤病人的不斷增多，很多病人在人生終末期都需要他人在生活上給予照顧，病人的生活大多不能自理；「空巢現象」和普通人員缺乏專業護理技能導致家庭護理困難；絕大部分家庭難以承擔在綜合性大醫院住院的費用，另外多數綜合性大醫院為了經濟效益、周轉率等問題也往往拒收那些無治療價值且病情相對穩定的病人。

二、臨終關懷發展中存在的現實問題

（一）傳統思想的約束

受儒家、道家、佛教傳統文化思想的薰陶，人們認為死亡是不祥和恐懼的象徵，對死亡採取否認、朦蔽的態度，在言語中避免談及死亡，不能坦然地面對死亡。且在傳統文化史中，儒家文化始終是傳統文化的核心，儒家文化是一種入世文化，它所深切關注的是人的現世生活，而不是人死後的世界。所以，在幾千年的文化傳承中，死亡一直被看作是不吉利的，人們要極力去避免談及死亡，這一方面可能是出於對死者的尊重，而另一方面也更加說明了人們對於死亡的恐懼。這種對待死亡的負面態度就在某種程度上阻礙和制約了臨終關懷事業的發展。

（二）傳統習俗的阻礙

「孝道」觀念在中華民族文化中一直有極其重要的地位。「百善孝為先」，孝是行為的最高準則。孝道的實施，集中於病、老、死之際，民諺云「養兒防老」，所以古來皆強調子女盡心竭力送終為盡孝道。

传统观念总是把父母临终时子女是否亲自服侍在侧直至送终作为人们评价子女是否孝敬的一个标准。我们的社会观念是：如果子孙到老人临终时，不能够亲自去侍候和照顾，就是不肖子孙，而把患者送到临终关怀医院，不仅妨碍儿女尽孝道，更无异于宣判患者死刑、放弃治疗，这将不可避免地受到社会舆论的谴责。

（三）大众传媒及教育的影响

目前政府对临终关怀的关注较少，对社会公众生死观的教育远远不够。各种传媒报导的也只是一些负面新闻，而对临终关怀的正面宣传和引导却少得可怜，临终关怀只停留在专业人员和学术范围内。并且死亡一直以来都是人们很避讳的一个话题，人们不会去谈及死亡，即使谈及也会用别的词语代替，例如去了、走了等等，也很少进行死亡教育，因此人们对于死亡的认识非常有限，教育的力度远远跟不上临终关怀发展的脚步。

三、关于临终关怀发展策略的展望

（一）加强死亡教育以及宣传活动

应充分利用大众媒体进行群众性、普及性的死亡教育，例如透过网络、电视、报刊等媒体多形式、多渠道地向群众宣传与生死相关的医学、心理、社会、伦理、文化等方面的知识。可能的话，将死亡教育纳入中小学义务教育，尽早对幼儿园、小学、中学、大学的学生进行死亡教育。

积极创造条件，实施专业性死亡教育，可在医学院校设立相关的专业和课程，同时加强对心理工作者的死亡教育。心理工作者应该是临终关怀事业的前锋，只有加强对其教育，他们才能更深入更有意义地看待生命与死亡。只有首先接受死亡教育，树立科学的死亡观，才能提高处理死亡的能力，更好地履行职责。

（二）完善法律法规

目前临终关怀规模太小，只有很少一部分人能够得到这种护理，供需严重失衡。临终关怀作为一项重要的社会公共事业，其责任主体应是各级政府。

政府應盡快敦促立法機關為臨終關懷制定專門法律，以法律的形式確保人人享有臨終關懷的權利。

（三）加強老年心理學的教育

心理學工作在某種意義上可以稱為臨終關懷事業的開拓者。只有加強對人們老年心理學的教育，才能使臨終關懷事業繼續健康地發展下去。透過學習老年心理學使人們認識到臨終關懷的重要性，同時傳授人們專業的理論知識和實際的操作技能。

此外，要面對臨終關懷的患者，還需要有一份認真對待生命的責任心、一顆每個人都需要擁有的愛心。或許可以這樣說，愛是臨終關懷事業的核心，更是基礎。正是出於以人為本的理念，正是出於對生命的尊重，才有了臨終關懷。所以愛是一切行為的前提，沒有愛的任何關懷、任何操作都如同隔靴搔癢，不能讓患者感到真正的溫暖。

（五）增加資金投入

沒有經濟支撐的事業是不能持續發展的，何況是臨終關懷這樣不以營利為目的的社會事業。因此，政府需要加大資金的投入來積極開展臨終關懷事業，使其健康可持續地發展。同時，政府可以組織慈善機構對臨終關懷事業進行援助，也可以透過其他方式讓大型的企業來支持和資助臨終關懷事業。

四、老年人臨終關懷的意義

步入高齡化社會後，家庭規模的縮小、功能的弱化使老年人的照護尤其是臨終關懷問題突顯出來。老年人對臨終關懷的需求更為普遍、迫切。發展老年人臨終關懷事業，具有重要的意義。

（一）提高老年臨終者生存質量，維護生命尊嚴

較多的臨終老年人在生命的最後一段日子裡，不是在舒適、平靜中度過，而是處於現代醫療技術、麻醉、藥物的控制下，在死亡之前均有接受侵入性治療等痛苦的經歷，身上插著各種管子，充滿了恐懼、痛苦和無奈。臨終關懷則為臨終老年人及家屬提高心理上的關懷與安慰，幫助臨終者減少和解除

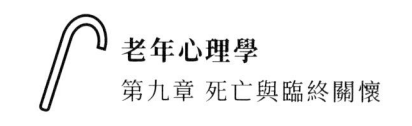

軀體上的痛苦，緩解心理上的恐懼，維護尊嚴、提高生命質量，使逝者平靜、安寧、舒適地抵達人生的終點。因此，臨終關懷護理是滿足老年人「老能善終」的最好舉措。

（二）安撫家屬子女，解決老年人家庭照料困難

臨終關懷將家庭成員的工作轉移到社會。社會化的老年人的照顧，尤其是對臨終老年人的照顧，不僅是老年人自身的需要，同時也是他們家屬和子女的需要。對於一些家庭，特別是對一些低收入的家庭來說，臨終關懷讓老年人走得安詳、讓病人家屬擺脫沉重的醫療負擔的同時，也安慰了他們的親屬子女，讓他們更好地投身到事業中去，也不至於受到社會上的指責。因此臨終關懷是解決臨終老年人家庭照料困難這一問題的一個重要途徑。

（三）節省費用，減少醫療資源的浪費

儘管臨終關懷需要社會支付較多的服務費用，但對於那些身患不治之症的病人來說，接受臨終關懷服務可以減少大量的、甚至是巨額的醫療費用。如果將這些高額無效的費用轉移到其他有希望救助的病人身上，它將發揮更大的價值。醫療保險費用能夠獲得最大的效益。同時建立附設的臨終關懷機構，即綜合醫院內的專科病房或病區，可以解決目前大多數醫院利用率不足、資源閒置浪費的問題，又可以綜合利用醫院現有的醫護人員和儀器設備。

（四）轉變觀念，真正體現人道主義精神

推廣臨終關懷是一場觀念上的革命。一方面教育人們要轉變對死亡的傳統觀念，面對現實，承認死亡；另一方面，承認醫治對某些瀕死病人來說是無效的客觀現實，而透過臨終關懷來替代醫療資源的無謂消耗，合理分配、利用有限的醫療資源，以保證醫療服務的公平性和可及性。它實質上體現了對病人及大多數人真正的人道主義精神。

因此，臨終關懷不僅是社會發展與人口老齡化的需要，也是人類文明發展的標誌。

第三節 臨終關懷事業的發展

複習鞏固

1. 臨終關懷事業發展的背景有哪些？

2. 臨終關懷事業發展中存在的具體問題有哪些？

3. 簡述臨終關懷事業的發展策略。

本章要點小結

1. 死亡是生命活動不可逆的終止，是人的本質特徵的永久消失，是機體完整性的破壞和新陳代謝的停止。

2. 在1968年以前，醫學界一般以心肺死亡作為死亡的標準，1968年，哈佛大學提出「腦死亡標準」。

3. 「腦死亡標準」的轉變有著極其重要的意義。它的提出，有利於及時搶救假死狀態的患者，維護了人的生命；為處置腦功能處於不可逆狀態而有心跳的患者提供了科學依據，有利於節約醫療資源；同時也有利於器官移植的開展。

4. 臨終關懷是一種特殊的衛生保健服務。其工作內容是為臨終病人及其家屬提供生理、心理、社會、精神等方面的支持與照護，其目的是追求生命品質，提高生活質量，提供安適、有意義、有希望的生活。

5. 臨終關懷的對象是指處於臨終階段的臨終者。具體指診斷明確、治療無望、估計生命期在10個月左右的患者。

6. 臨終病人的心理特徵：否認期、憤怒期、協議期、抑鬱期、接受期。

7. 老年人臨終護理應注意以下方面：

（1）觸摸；

（2）耐心傾聽和誠懇交談；

（3）允許家屬陪護老年人，參與臨終護理；

（4）幫助老年人保持社會聯繫；

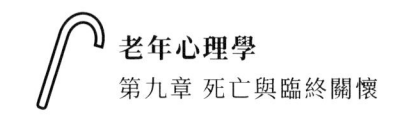

（5）適時有度地宣傳優死的意義；

（6）重視與彌留之際老年人的心靈溝通。

8. 臨終關懷事業發展的社會背景：人口老齡化壓力增大、各種慢性病患病人口的增加。

9. 臨終關懷發展中存在的現實問題：人們固有的死亡觀念、傳統「孝道」的影響、大眾教育和社會輿論導向不力、經濟實力的制約、醫療體制和保險制度不健全、工作人員總體素質不高、慈善組織和義工服務不能滿足需要、社會工作者和志願者缺乏。

10. 臨終關懷發展策略：

（1）開展死亡教育，加大宣傳力度；

（2）制定和完善法律法規；

（3）加入醫療保險；

（4）提高從業人員的綜合素質；

（5）加大臨終關懷資金投入，擴充資金來源途徑；

（6）鼓勵學生參與義工行動。

11. 老年人臨終關懷的意義：

（1）提高老年臨終者的生存質量，維護生命尊嚴；

（2）安撫家屬子女，解決老年人家庭照料的困難；

（3）節省費用，減少醫療資源的浪費；

（4）轉變觀念，真正體現人道主義精神。

關鍵術語表

腦死亡標準 brain death criteria

臨終關懷 hospice care

否認期 deny stage

憤怒期 angry stage

協議期 consult stage

抑鬱期 depression stage

接受期 acceptance stage

選擇題

1. 死亡的過程在醫學上分為三個時期，分別是（　）。

A. 絕望期

B. 瀕死期

C. 臨床死亡期

D. 生物學死亡期

2.1968 年，哈佛大學提出「腦死亡標準」，腦死亡診斷標準是（　）。

A. 不可逆的深度昏迷

B. 對各種內外刺激均無反應

C. 自主呼吸停止

D. 腦幹反射消失、腦電波消失

3.（　）的成功「點燃了世界臨終關懷運動的燈塔」，影響隨之波及全球。

A. CicelySaunders

B. 黃中田

C. 蘇珊·托爾

D. 羅杰斯

4. 臨終病人的心理特徵包括否認期及（　）。

A. 憤怒期

B. 協議期

C. 抑鬱期

D. 接受期

5. 按照安樂死的執行方式可以分為（　）。

A. 主動安樂死

B. 積極安樂死

C. 被動安樂死

D. 消極安樂死

6. 按照患者同意的方式分類可以分為（　）。

A. 自願安樂死

B. 非自願安樂死

C. 主動安樂死

D. 被動安樂死

7. 安樂死目前在哪些國家是合法的（　）。

A. 中國

B. 美國

C. 法國

D. 荷蘭

8. 下列哪些患者可以尋求安樂死（　）。

A. 晚期惡性腫瘤失去治癒機會者及器官嚴重衰竭並且不可逆轉者

B. 因各種疾病或傷殘導致大腦功能喪失的部分「植物人」狀態的病人

C. 有嚴重缺陷的新生、患有嚴重精神疾病且經過長期治療也不可能恢復正常者

D. 先天性智力喪失、無獨立生活能力並不可能恢復正常者

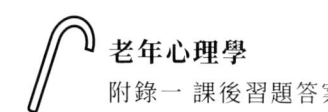

老年心理學
附錄一 課後習題答案

附錄一 課後習題答案

第一章 緒論

第一節

1. 從現實中可以觀察到有關老年人的心理學理論和科學研究較少，但隨著老年人在社會人口中的比例的增加，對老年人的關注有助於社會各項工作的開展；從科學的視角上來看，因為以往研究的樣本都來自於青年人；從個人的立場上來看，有關老年期和老化的知識能給我們的生活帶來很大的幫助。

2. 第一階段，農業社會或工業化之前的社會，高出生率和高死亡率；第二階段，死亡率逐漸下降，但是出生率依然保持較高的水準；第三階段，出生率降低，人口增長速度降低，老年人口的比例出現明顯的增長；第四階段，出生率和死亡率都極低，社會總體人口增長得十分緩慢，各個年齡階段的人口數變得平均。

第二節

1. 一般情況下，將 65 歲以上的人群定義為老年人，不同國家的界定存在些許差異。老年群體內部可以分成兩個階段，第三年齡的老人在 60 至 85 歲之間，第四年齡的老人是指 85 歲以上的高齡老人；也可以劃分為初老、中老以及老老三類。

2. 年代年齡；生理年齡；功能年齡；心理年齡；社會年齡。

3. 年齡歧視是指對老年人的一種歧視的態度，它以一種消極的想法和刻板印象把老年人看成一個相似的群體。我們應該儘量意識到這些不正確社會評價，消除誤解。

第三節

1. SOA 理論模型建立在這樣一個假設上：認為每個個體的發展過程就是一個逐步適應的過程，人們能夠做出改變、進一步學習，並且喚醒保存的能力，另外一個假設是，在個體發展的一生中都會體驗到得到和失去，然而在

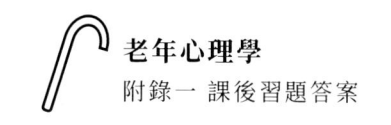

老化的過程中，人們可能會體驗到更多的失去，但這並不意味著會失去一切，一些策略的使用可以最大限度地得到成功老化的機會。

2. 老化的生態模型認為，個體與環境間的相互作用決定了個體的適應水準，周圍的環境會給個體帶來挑戰和壓力，這種挑戰和壓力會對個人的能力產生需求。如果想要產生一種積極的適應，個體的能力等級就要與他所處的環境所帶來的壓力相匹配。

第四節

1. 年齡階段的普遍影響，社會歷史因素的普遍影響，個人特殊事件的影響。

2. 遺傳與環境是常被提到的兩個因素，遺傳主要是指基因和生物學因素的影響，環境主要指一些外部條件如生活條件、教養方式、生活經歷等的影響。早期的發展心理學家們對個體的發展究竟應該歸因於遺傳還是環境產生了很多爭論，而現在人們越來越偏向於認為個體的發展是由兩者之間的交互作用產生的。

選擇題答案：

1.ABC 2.ABCD 3.AD 4.ACD 5.ABD 6.ABCD

第二章 老年心理學的研究方法

第一節

1. 橫斷研究設計是指在同一時間對不同年齡組的被試進行測量，從而比較各個年齡組的被試在某個心理行為特徵上的差異。

2. 優點是可以確定年齡因素對心理特徵改變的影響，因為是在不同時間施測同一批人。缺點是混淆年齡因素與測量時間；容易產生練習效應；耗時較長，容易造成被試流失；外部效度較差。

3. 包括群組序列設計、時間序列設計、交叉序列設計以及綜合年齡、群組、測量時間三因素的序列研究設計。

第二節

1. 研究者必須主動對某些變量進行操縱，操縱這些變量後可能會引起因變量的變化；研究者必須控制一些自變量之外的無關變量，以消除這些變量對因變量的影響；實驗研究要求隨機分配被試，以消除被試間的個體差異；研究者透過實驗研究可以得到自變量和因變量之間的因果關係。

2. 相關研究是為了確定兩個或兩個以上變量之間的關聯程度而進行的研究。

3. 實驗者可利用實際的生活情景來研究被試心理活動的變化規律，被試處於自然狀態，所得的結果會比較切合實際，可以有效地應用於實踐。自然研究在一定程度上避免了實驗室實驗中的明顯的人為因素。

第三節

1. 機械模型，機體模型，情境模型，生物 - 心理 - 社會模型。

2. 生物 - 心理 - 社會模型強調生物、心理和社會三方面的發展力量的相互作用。生物 - 心理 - 社會模型是將發展和老化過程中的生物影響、心理影響和社會影響有機結合起來的有效方法。

3. 包括人際關係、內在因素、生理因素和生命週期四部分。

選擇題答案：

1.ABC 2.A 3.ABCD 4.A 5.C 6.B 7.C 8.CD 9.ABCD

第三章 生理變化

第一節

1. 視覺適應分為暗適應和明適應。暗適應是指照明停止或由亮處轉入暗處時視覺感受性提高的時間過程。明適應指照明開始或由暗處轉入亮處時人眼感受性下降的時間過程。老年人暗適應或明適應所需要的時間都明顯長於年輕人，由於老年人的感受細胞密度降低，使得他們視覺適應的時間變長。

2. 老年人聽覺功能的退化主要表現在音調和音響上。他們對兩個不同音調聲音的辨別能力逐漸降低，對高音調聲音間差別的識別能力下降得更快。若想知覺到同樣的音響，老年人比青年人需要更高的聲音強度。老年人聽覺功能的變化直接影響到他們的言語知覺能力和理解能力，也影響他們對聲音方位的定向。

3. 老年人皮膚感覺的靈敏度變差，定位性也顯著減弱。老年人觸覺的定位能力比青年人明顯變差。老年人的溫度感知能力和年輕人沒有顯著的差別，只是老年人抵抗高溫和低溫的能力低於年輕人。老年人的深感覺也發生了明顯的退化，影響到了他們的口頭語言和文字書寫能力。

第二節

1. 人的大腦也會伴隨著人的衰老而老化。腦的老化主要表現為腦萎縮，尤以額葉及顳葉變化明顯，表現為腦溝、腦裂增寬，腦回縮窄，腦室擴大。大腦重量減少大約 10%～15%，腦細胞數量減少，腦的血流量也減少。

2. 老年人記憶的特點是近事記憶減退、遠事記憶保持，但當近事記憶減退嚴重時也會慢慢影響到遠事記憶，嚴重的情況下也會出現遺忘症或記憶的喪失。老年人對有重大意義的事件記憶不差，但對生活中瑣碎事情和無情景的機械記憶能力明顯下降。流體智力會隨著年齡的增長而逐漸下降，而晶體智力在人的一生中一直在發展。

3. 老年性痴呆、腦血管性痴呆、腦中風和帕金森氏症。

第三節

1. 老年人的感知覺等心理活動除了受客觀環境及生理的影響，他們的主觀世界，對客觀事物的認識、態度、意志和本身的經歷，也起著重要的作用。

2. 首先要根據神經細胞活動的規律來進行學習和工作，保持腦力的最佳狀態。其次，科學地安排用腦時間。最後，要勞逸結合。

3. 老年人可以透過快走、改變呼吸方式、加強手指活動等方法鍛鍊大腦的功能，同時也要注意飲食，加強大腦的營養。

選擇題答案：

1.A 2.C 3.ABCD 4.AC 5.C 6.ADBC 7.ABD 8.ABC 9.ABD

第四章 老年人的記憶

第一節

1. 記憶是指先前的刺激不復存在時所保持的有關刺激、事件、意象、觀念等資訊的心理機能，是個體對其經驗的識記、保持、回憶或再認的過程。從資訊加工的觀點來看，記憶就是對資訊進行的編碼、儲存和提取。

2. 根據資訊保持時間的長短，記憶可以分為感覺記憶（即瞬時記憶）、短時記憶和長時記憶。長時記憶可以分為情景記憶和語義記憶；根據記憶過程中意識的參與程度不同，記憶可以分為內隱記憶和外顯記憶；根據記憶內容的性質，記憶可以分為陳述性記憶和程序性記憶。

3. 編碼、儲存和提取是記憶的三個基本過程。編碼是人們獲得個體經驗的過程，或者說是對外界資訊進行形式轉換形成心智表徵的過程；儲存是把感知過的事物、體驗過的情感、做過的動作等，以一定的形式保持在人們的頭腦中；提取指從記憶中查找已有資訊的過程。

第二節

1. 傳統的觀點認為，人的心理機能（包括記憶）從成年期開始衰退，隨著年齡的增長，衰退的趨勢越來越明顯，就大多數老年人來說，其記憶的總的趨勢是隨年齡增長而衰退。

老年人的記憶並非是全面衰退，而是和作業的性質和內容有關，有些種類的記憶甚至比年輕人還要好，如語義記憶。同時老年人的記憶衰退存在著很大的個體差異。

2. （1）短時記憶較長時記憶好；

（2）再認能力明顯比回憶能力好；

（3）意義記憶比機械記憶減退緩慢；

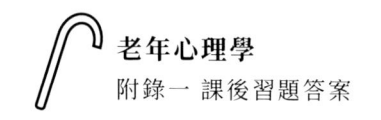

（4）老年人對日常生活記憶的保持較實驗室記憶好；

（5）前瞻性記憶：老年人以時間為基礎的前瞻性記憶不如年輕人好，線索有助於減少以事件為基礎的前瞻性記憶年齡差異；

（6）內隱記憶始終保持穩定。

3.（1）生理原因：腦組織和腦神經的退行性變化；神經系統和心血管系統疾病；營養不良或營養缺乏；睡眠質量下降。

（2）心理原因：加工速度減慢；工作記憶衰退；注意資源減少；抑制能力衰退。

（3）其他原因：文化與職業的不同影響記憶老化的速度；缺乏記憶訓練；消極的「自我暗示」。

第三節

1.（1）加強體育鍛鍊，可以延緩身體特別是大腦的早衰。

（2）增強營養，合理營養。

（3）利用並發揮老年期記憶的特點或優勢。

（4）學習並利用科學的記憶方法。

（5）透過各方面努力提高老年人的社會支持程度。結合實際事例從以上幾個方面來談，言之有理即可。

2. 多通道記憶法；過度學習法；備忘錄記憶法；精細回憶法

多選題答案：

1.ABC 2.AB 3.ABD 4.ABC 5.D 6.ABCD 7.AB 8.ABCD 9.ABCD

第五章 老年人智力

第一節

1. 斯皮爾曼認為智力由一般因素 G 因素和一系列特殊因素 S 因素構成，G 因素滲透在一切智力活動當中，一個人的 G 因素越高，則越聰明。而 S 因素指個體從事特殊活動時所具備的能力。

2. 成分智力：教師安排課堂教學活動。經驗智力：有經驗的獵人能夠在險惡環境下生存。情境智力：如一個人能夠快速地融入新環境。

3. 流體智力是與基本心理過程有關的智力，是一種以生理為基礎的認知能力，隨年齡的老化而減退。晶體智力是透過掌握社會文化經驗獲得的智力，晶體智力在人的一生中保持相對穩定。

4. 智力的因素論者認為智力由若干種因素構成；智力的結構理論者認為智力不可拆分，應該用若干種維度衡量；智力的認知理論將智力看作資訊加工的過程，是資訊的獲得、儲存、加工和使用的過程。

第二節

1. 測驗信度也叫測驗的可靠性，指的是測驗結果是否穩定可靠。效度是指測試的有效性，指測驗對所要測量特質的考察程度。

2. 常模團體是由具有某種共同特徵的人所組成的一個群體或群體的一個樣本，常模團體的分數分布，就是常模。

3. 根據老人的自身條件，結合所選智力量表的特點進行回答即可。

第三節

1. 智力的研究範式有橫斷法和縱向法兩種。橫斷法是指在同一時期收集大量不同年齡被試的測驗成績並進行比較，縱向法又稱追蹤研究法，是指對相同的被試每隔一定時間便進行一次測驗，並對歷年來的測驗成績進行比較。橫斷法可以在短時間內蒐集到大量個體資料，但個體之間的差異也非常明顯。縱向法使個體間的差異得到很好的控制，但不足之處在於需要耗費較多的時間與精力。

2. 言語能力分測驗上的得分在老年階段能夠相對保持穩定，然而實踐操作能力分測驗上的得分則顯示出隨年齡增長而下降的顯著趨勢。

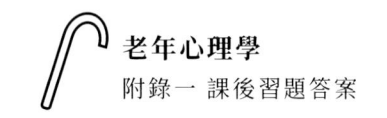

3. 例如勤於鍛鍊，保持身體健康可以延緩由於生物學因素造成的智力衰退；關注新鮮資訊，在生活中保持較強的好奇心可以防止資訊處理速度下降；養成良好的用腦習慣，改善認知能力。

第四節

1. 阿茲海默症、帕金森氏症、亨廷頓舞蹈症、血管性失智症、匹克症。

2. 前期：症狀具有輕微的認知困難，影響大部分複雜的日常生活活動，出現記憶力衰退。早期：病患身上的學習和記憶障礙愈見明顯。中期：患者失去獨立性而無法進行大多數日常行為活動。晚期：語言能力極度退化，情感冷漠，行動能力退化至沒有，等待死亡。

3. 從積極參加適當的體力、腦力活動，均衡飲食，保證充足睡眠，樹立良好的心態，保持愉快心情，積極參加社交活動等方面展開回答。

第五節

1. 傳統的心理測試雖然經過了長期發展和使用，但由於採用問卷的形式，使得考察的題目或多或少地脫離了現實。因此，為了彌補智力測驗生態效度的不足，從日常任務的解決入手考察老年人的智力水準，是一種省時省力的方法，對於沒有條件接受正規心理測試的老年人來說，是一種簡潔有效的方式。日常生活問題種類形式多樣，符合心理學家對於智力本質、智力成分構成的定義，因此可以全面反映出老年人的實際智力水準。

2. 用藥、理財、購買日用品、使用通信工具、烹飪、做家務等。

3. 考察老年人對日常工具性活動相關的任務，這類任務需要老年人在日常生活中完成，完成的水準可以反映出老年人智力水準，具有較高的生態效度。

選擇題答案：

1.BC 2.ABC 3.CD 4.AD 5.ACD 6.BC 7.AB 8.ABCD 9.BD 10.ABCD

第六章 老年人的人格和社會性發展

第一節

1. 人格特質理論認為特質是個體區別於他人的可辨別的、相對穩定的方式，人格在老年期可能只會出現微小的改變；埃里克森的心理發展八階段理論認為老年期是人格發展的最後階段，老年人的人格仍然會改變；認知理論認為進入成年期以後，人格改變不會減弱，我們每個人都有改變的潛力，但能否改變則取決於我們對改變的渴望程度。

2. 生命回顧使老年人看到全新的生活意義；幫助老年人減少對死亡的恐懼，做好接受死亡來臨的準備；幫助老年人改變他們對自己的看法和認識。需要結合實際或調查資料。

3. 個性變化：更加成熟，年輕時的某種性格特徵的顯現以及與年輕時個性特徵相反的變化。既有變化的一面，也有穩定的一面。情緒情感：出現一些消極變化；情緒情感體驗較深刻，重視美感；持續時間長，不會輕易隨環境變化而改變。

第二節

1. 分離理論，活動理論，社會崩潰與重建理論。

2. 完美祖母、年長者、保守、機能衰竭、脾氣壞、沮喪、離群索居。

3. 中心角色，作為長者的價值，在家族中的地位，回憶和再次參與自己的過去，獲得愉悅感。

第三節

1. 從內控者和外控者兩方面回答，觀點正確即可。

2. 從社會和他人對老年人的認識看法和老年人對自身的認識兩方面回答，觀點正確即可。

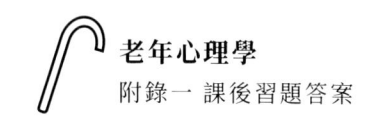

3. 從提高老年人內部控制傾向，提高老年人對自己老化狀態的積極認識，人格與生活環境相適應，進行全面合理正確的社會比較等幾個方面回答。言之有理即可。

選擇題答案：

1.A 2.ABC 3.ACD 4.C 5.ACD 6.ABCD 7.ABCD 8.B 9.A 10.ABC 11.ABD 12.BCD

第七章 老年人的心理健康與維護

第一節

1. 從廣義上講，心理健康是一種高效而滿意的持續的心理狀態。從狹義上講，心理健康是指人的基本心理活動的過程內容完整、協調一致，即認識、情感、意志、行為、人格完整協調，能適應周圍環境，與社會保持同步。

2. 許又新（2000）提出了衡量精神（心理）健康的體驗標準、操作標準和發展標準。

3. 感知覺下降，情緒不穩定，智力、記憶力下降，性格改變，意志異常。

4. 老有所為與身心衰老的衝突，角色轉變與社會適應的衝突，安度晚年與意外刺激的衝突，老有所養與經濟保障不充分的衝突。

第二節

1. 積極方面：良好的親子關係會使老人感到自己的身體狀況較好，使其感知到的生活質量更高，良好的親子關係也是成功老齡化的一個必要條件，它影響老年人生活滿意度、自尊和幸福感。消極方面：糟糕的親子關係會增加老年人的心理痛苦、孤獨感和自殺行為。

2. 主要的影響因素有社會支持、性別與婚姻狀況、經濟狀況、宗教信仰、身體狀況、教育水準等。

3. 首先，改善空巢老人的經濟狀況、居住條件並保障其安全。其次，加強空巢老人社會支持系統的建設。最後，需要政府與社會的介入，加快養老保障制度的完善，建立健全社區服務與教育干預系統。

第三節

1. 早期症狀（1～3年）：為輕度痴呆期，表現為記憶減退，對近事遺忘突出；判斷能力下降。中度痴呆期2～10年：記憶嚴重受損，視空間能力下降，時間、地點定向障礙；情感由淡漠變為急躁不安，常走動不停，可見尿失禁。重度痴呆期（8～12年）：嚴重記憶力喪失，日常生活不能自理，大小便失禁，呈現緘默、肢體僵直，有強握、摸索和吸吮等原始反射。

2. （1）情緒低落是憂鬱障礙的核心症狀；

（2）思維遲緩；

（3）意志活動減退；

（4）嚴重憂鬱發作的患者常伴有消極自殺觀念和行為；

（5）睡眠障礙、食慾減退、體重下降、性慾減退、便祕、軀體某部位的疼痛、陽痿、閉經、乏力等。

3. 認知——行為治療（CBT）、催眠療法、森田療法和綜合心理治療等

第四節

1. 2002年4月在西班牙召開第二屆世界老齡大會提出積極老齡化，承認老齡化既是成就又是挑戰，強調老年人作為重要社會資源之一，在與年輕人共享社會的同時，有責任和義務以其技能、經驗和資源積極參與社會發展，強調老齡化應變被動為主動、變消極為積極。

2. （1）保持自我意識；

（2）維護人際關係；

（3）培養學習興趣；

（4）不斷更新觀念，適應社會；

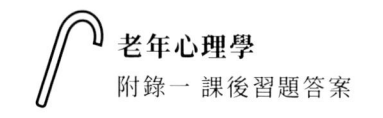

(5) 參加勞動鍛鍊。

3.（1）幫助老年人正確認識和評價衰老、健康和死亡；

（2）做好退休的心理調節；

（3）鼓勵老年人勤用腦；

（4）營造良好的社會支持系統。

選擇題答案

1.ABCD 2.ACD 3.ABCD 4.ABC 5.BC 6.C 7.ABD 8.ACD 9.B 10.ABCD

第八章 工作、退休與休閒

第一節

1. 再就業有助於老年人充實生活，調整健康心態，透過持續性的社會活動、人際交往和腦力勞動使老年人保持較活躍的思維和良好的心情，能夠延緩與防治老化。另外，老年人再就業還有助於減輕社會負擔和國家財政壓力，有助於緩解人才資源結構性短缺。

2. 身體狀況：客觀上說老年人的體力、精力決定他們能否再走上工作崗位，主觀上說對於健康狀況的考慮是影響老年人就業意願的主要因素。經濟狀況：個人經濟狀況好的老年人再就業意願會相對較低，退休金微薄的老年人更願意繼續工作以補生計。受教育水準：受教育水準高的老年人再就業意願更強。

3. 雖然個體進入老年期後各項認知能力特別是感知覺和記憶力發生一定程度的退化，不過有研究表明這些能力是可以透過訓練延緩退化或繼續維持的，而且老年人豐富的經驗和較強的理解力可以彌補生理上的衰退帶來的不足。另外老年人的人格較年輕人來說更為穩定，自律性也較強。這些都是老年人能繼續參加工作的心理學基礎。

第二節

1. 退休前階段、短暫和諧階段、覺醒階段、再定位階段、穩定階段、終止階段。

2. 可從本節學習內容入手,結合自身的生活情況與興趣,健康、科學地對退休後生活做簡單設想(具體答案略)。

3. 隨角色改變,調整角色行為;正確認識,盡快適應退休生活;妥善處理人際關係,克服孤獨感;正確對待衰老和疾病,增強心理承受能力;保持良好的情緒,增強良好的心理應對能力。

第三節

1. 老年人休閒活動的選擇範圍比較窄、緊張度弱,但是休閒活動所占生活的比重遠比年輕人多。

2. 問題包括休閒觀念不足、老套,針對老年人的休閒配套設施不完善等。對策:改變觀念,增加老年休閒設施、加強老年休閒場所建設;減輕老年人的家務負擔。

3. 休閒活動可以促使老人與社會接觸、與人交往,從而減輕老年人的不安感和無所事事感,從休閒活動中增加自己的自信心和自尊心,有助於使老人杜絕自我封閉的生活方式,從而延緩衰老,健康地生活。

選擇題答案:

1.ABD 2.ABCD 3.D 4.D 5.C 6.A 7.ABD 8.BC 9.BCD

第九章 死亡與臨終關懷

第一節

1. 死亡是生命活動不可逆的終止,是人的本質特徵的永久消失,是機體完整性的破壞和新陳代謝的停止。

2.1968 年,哈佛大學提出「腦死亡標準」。腦死亡診斷標準是不可逆的深度昏迷,對各種內外刺激均無反應,自主呼吸停止,腦幹反射消失,腦電波消失。同時要求以上四條標準在 24 小時或 72 小時內反覆測試,結果無變

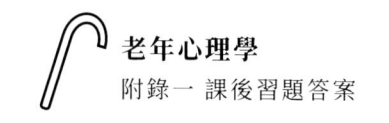

化。同時排除體溫過低（低於 32°C）及中樞神經抑製劑的影響，才能做出腦死亡的判斷。「腦死亡標準」的轉變有著極其重要的意義。首先，能夠及時地搶救假死狀態的患者，維護人的生命。其次，為處置腦功能處於不可逆狀態而有心跳的患者提供了科學依據，有利於節約衛生資源。同時也有利於器官移植的開展。

3. 包括兩層含義：一是無痛苦的死亡；二是無痛致死術。安樂死是指患不治之症的患者在瀕死狀態下，由於精神和軀體的極端痛苦，在本人及其親屬的要求下，經醫生認可，停止救治或用人道的人為方式使其無痛苦地快速死亡。

第二節

1.1974 年，美國建立了首家臨終關懷醫院—新港臨終關懷醫院。1983 年，臨終關懷的理論與實踐獲得美國聯邦政府和美國國會認可，並透過專門法案，將臨終關懷列入醫療保險的項目內。1975 年加拿大成立了皇家維多利亞安息護理病區。日本於 1981 年建立起第一所臨終關懷機構。

2. 臨終關懷是一種特殊的衛生保健服務。其工作內容是為臨終病人及家屬提供生理、心理、社會、精神等方面的全面支持與照護，其目的是追求生命品質，提高生活質量，提供安適、有意義、有希望的生活。

3. 臨終關懷的對象是指處於臨終階段的臨終者，具體指診斷明確、治療無望、估計生命期在 10 個月左右的患者。

第三節

1.（1）人口老齡化壓力增大；

（2）各種慢性病患病人口的增加。

2.（1）傳統思想的約束；

（2）傳統習俗的阻礙；

（3）大眾傳媒及教育的影響；

（4）經濟實力的制約；

（5）醫療體制和保險制度不健全；

（6）專業人員總體素質不高；

（7）社會支持系統不完善。

3.（1）加強死亡教育及宣傳活動；

（2）完善法律法規；

（3）加入醫療保險；

（4）加強老年心理學的教育；

（5）加大資金投入。

選擇題答案：

1.BCD 2.ABCD 3.A 4.ABCD 5.AC 6.AB 7.D 8.ABCD

國家圖書館出版品預行編目（CIP）資料

老年心理學 / 張志杰, 王銘維 主編 . -- 第一版 .
-- 臺北市：崧燁文化, 2019.07
　　　面；　公分
POD 版

ISBN 978-957-681-870-7(平裝)

1. 老年心理學

173.5　　　　　　　　　　　　　　　　　　108010017

書　　名：老年心理學
作　　者：張志杰, 王銘維 主編
發 行 人：黃振庭
出 版 者：崧燁文化事業有限公司
發 行 者：崧燁文化事業有限公司
E - m a i l：sonbookservice@gmail.com
粉 絲 頁：　　　　　　網　址：
地　　址：台北市中正區重慶南路一段六十一號八樓 815 室
8F.-815, No.61, Sec. 1, Chongqing S. Rd., Zhongzheng
Dist., Taipei City 100, Taiwan (R.O.C.)
電　　話：(02)2370-3310　傳　真：(02) 2370-3210
總 經 銷：紅螞蟻圖書有限公司
地　　址：台北市內湖區舊宗路二段 121 巷 19 號
電　　話：02-2795-3656　傳真：02-2795-4100　　網址：
印　　刷：京峯彩色印刷有限公司（京峰數位）

　　本書版權為西南師範教育出版社所有授權崧博出版事業股份有限公司獨家發行
　　電子書及繁體書繁體字版。若有其他相關權利及授權需求請與本公司聯繫。

定　　價：480 元
發行日期：2019 年 07 月第一版
◎ 本書以 POD 印製發行